W0061976

Jörg Dräger | Ralph Müller-Eiselt

DIE DIGITALE BILDUNGSREVOLUTION

Jörg Dräger | Ralph Müller-Eiselt

DIE DIGITALE BILDUNGSREVOLUTION

Der radikale Wandel des Lernens und wie wir ihn gestalten können

Deutsche Verlags-Anstalt

Verlagsgruppe Random House FSC® N001967
Das für dieses Buch verwendete FSC®-zertifizierte Papier
Munken Premium Cream liefert Arctic Paper Munkedals AB, Schweden.

2. Auflage 2015

Umschlaggestaltung: Büro Jorge Schmidt, München
Typografie und Satz: DVA/Brigitte Müller
Gesetzt aus der Scala
Grafiken: Peter Palm, Berlin
Druck und Bindung: GGP Media GmbH, Pößneck
Printed in Germany
ISBN 978-3-421-04709-0

www.dva.de

INHALTSVERZEICHNIS

AUSBLICK

DIE REVOLUTION KOMMT – EIN VORWORT

Ein Schüler erhält täglich einen auf ihn persönlich zugeschnittenen Lernplan, den ein Rechenzentrum am New Yorker Broadway über Nacht erstellt. Ein Investmentbanker erklärt seiner Cousine in selbstgedrehten Videos die Mathematik und wird im Netz zum ersten Popstar der Bildungsszene. Eine Universität arbeitet mit Software, die für jeden Studierenden die optimalen Fächer ermittelt, inklusive der voraussichtlichen Abschlussnoten. Ein Konzern lässt seine Bewerber in einem virtuellen Restaurant Sushi servieren, weil das Computerspiel ihren beruflichen Erfolg vorhersagt. Das ist die digitale Zukunft des Lernens. Wir sind ihr auf unseren Rechercheréisen begegnet; in den USA, Asien und Lateinamerika haben wir gesehen, welch radikaler Wandel sich ankündigt, technologisch und pädagogisch. Und wir haben eine Idee davon bekommen, wie Internet und Big Data nicht nur das Bildungssystem, sondern auch eine Gesellschaft von Grund auf verändern.

Manche vergleichen digitales Lernen mit der Erfindung des Buchdrucks, sehen darin das Potenzial, Wissen zu demokratisieren und gute Bildung weltweit jedem zugänglich zu machen. Andere fürchten einen Tsunami, der Schulen und Hochschulen zu zerstören droht. Egal wer recht hat, eines ist gewiss: Die digitale Bildungsrevolution hat bereits begonnen und wird nicht aufzuhalten sein. In Deutschland, dem Land der Reformpädagogik und des Humboldtschen Bildungsideals, ist davon allerdings noch wenig zu spüren. Die Schulen liegen bei der Nutzung von Computern im internationalen Vergleich weit zurück, viele Pädagogen äußern Bedenken, was ihren Einsatz im Unterricht betrifft. Doch Skepsis oder gar Ablehnung werden den Wandel nicht stoppen.

So wie die industrielle Revolution weit mehr als Produktionsprozesse verändert hat, wird die digitale Revolution nicht nur Lernprozesse, sondern auch gesellschaftliche Strukturen verändern. Wenn bisher Abgehängte Zugang zu günstiger und guter Bildung erhalten, wenn Können mehr zählt als Titel, wenn soziale Netzwerke für die Karriere wichtiger sind als persönliche Beziehungen, dann geraten bisherige Eliten unter Druck: Internet-Unis öffnen Harvard für alle, zwanzig Minuten Computerspielen verhilft zu attraktiven Jobs, Onlineplattformen machen Kindergärtnerinnen zu Millionären. Das führt zu einer faireren Gesellschaft. Wer motiviert ist und Einsatz zeigt, wer bereit ist zum lebenslangen Lernen, wer die Hilfe von Fachcommunities zu nutzen weiß, dem steht die Welt offen. Das war schon Wilhelm von Humboldts großes Ziel, er wollte »Bildung für alle« als Grundlage für ein selbstbestimmtes Leben.

Wir sehen in der Digitalisierung des Lernens eine große Chance. Sie rückt den Einzelnen in den Mittelpunkt, seine Talente ebenso wie seine Probleme. Digitale Hilfsmittel schaffen Zeit für das Wesentliche; eine Lehrerin erzählt, dank Lernvideos und Computerprogrammen könne sie nun endlich Kinder statt Standardwissen unterrichten.

Uns geht es nicht darum, die digitale Bildung gegen die analoge auszuspielen, sondern darum, beide Welten sinnvoll miteinander zu verbinden. Die Digitalisierung kann weder sämtliche Probleme des Bildungssystems lösen noch alle Inhalte und Fähigkeiten vermitteln, die Schüler und Studenten auf ihrem Weg durchs Leben brauchen. Empathie und Interesse, Vertrauen und Moral – vieles, was eine Persönlichkeit ausmacht, wird auch in Zukunft mehr durch Menschen als durch Maschinen vermittelt. Bildung ist zu einem wichtigen Teil Beziehungsarbeit – dafür sind Tablets weniger geeignet. Doch digitales Lernen kann dazu beitragen, dass jeder die Möglichkeit erhält, sein Wissen zu erweitern und so seine persönlichen Talente zu entfalten. Das ist unsere Überzeugung.

Den großen Chancen stehen auch große Risiken gegenüber. Digitale Bildung birgt nicht nur Humboldts Ideal, sondern auch den Schrecken George Orwells: Es werden Unmengen an Daten erfasst und ausgewertet, Menschen zu Objekten von Algorithmen und Wahrscheinlichkeiten gemacht. Der Lerner wird gläsern und hinterlässt im Netz unauslöschliche Spuren. Im schlimmsten Fall fördert die Digitalisierung nicht mehr Gerechtigkeit, sondern schafft mehr Ungerechtigkeit. Wenn bildungsferne junge Menschen das Internet und ihre elektronischen Geräte nicht sinnvoll nutzen, wenn Lerndaten zweckentfremdet und missbraucht werden, dann droht die soziale Ungleichheit in der Gesellschaft weiter zuzunehmen.

Gerade im Bewusstsein dieser Risiken sind wir alle gefordert, den digitalen Wandel aktiv zu gestalten. Die Unsicherheit angesichts der bevorstehenden Veränderungen ist nachvollziehbar. Ebenso die Sorge traditioneller Bildungsinstitutionen, an Bedeutung zu verlieren. Schule, Hochschule und Weiterbildung bekommen eine Konkurrenz aus dem Netz, die Teile ihres heutigen Angebots überflüssig macht. Denn so wie die Digitalisierung binnen weniger Jahre Industrie und Handel revolutioniert hat, wird sie auch das Bildungswesen umwälzen.

Uns als Autoren betrifft und fasziniert das Thema dieses Buches auf unterschiedliche Weise. Den einen als Wissenschaftsmanager und Vorstand der Bertelsmann Stiftung, der sich für ein faires und leistungsfähiges Bildungssystem einsetzt. Der zudem als Vater erlebt, wie die eigenen Kinder die digitale Welt für sich erschließen. Und der im Freundeskreis beobachtet, wie die größten Kritiker nach einigen Diskussionen Lern-Apps und Nachhilfevideos für ihren Nachwuchs entdecken und selber ihre Freizeit mit Onlinevorlesungen verbringen. Für den anderen ist digitales Lernen und Arbeiten ein selbstverständlicher Bestandteil seines Alltags. Er ist mit dem Internet aufgewachsen, lebt vernetzt und mobil, löst Probleme am liebsten im Team. Viele seiner Berliner Freunde sind Start-up-Gründer und Laptop-Arbeiter. Fast wäre er auch einer geworden, befasst sich jetzt aber als Experte der Stiftung mit den Chancen und Risiken der Digitalisierung.

Diese unterschiedlichen Blickwinkel haben uns ermutigt, die digitale Bildungsrevolution gemeinsam zu beschreiben. Wir wollen Hintergründe, Ausmaß und Folgen aufzeigen und Lösungsansätze entwickeln, wie sie sich gestalten und beherrschen lässt. Wir wollen neugierig machen, auch in Deutschland eine Debatte über die Zukunft der Bildung anstoßen, damit der Digitalisierung mit weniger Angst und mehr Optimismus begegnet wird. Und wir wollen die politisch und institutionell Verantwortlichen überzeugen, den Wandel anzuführen statt ihn nur geschehen zu lassen.

Das Buch folgt einem dreiteiligen Aufbau: Im *Auftakt* beschreiben wir die Vorboten der Revolution, berichten von ungewöhnlichen Reformern ebenso wie vom steigenden Veränderungsdruck in Bildung und Gesellschaft. Es folgen sechs *Szenen*. Sie erzählen davon, was digitale Bildung bereits ermöglichen kann und was sie noch ermöglichen wird. Im dritten Teil, dem *Ausblick*, setzen wir uns mit den Gefahren von Big Data auseinander, zeigen auf, wo sich die größten systemischen Veränderungen im Bildungswesen ankündigen, und skizzieren, was jetzt zu tun ist. Fast jedem Kapitel haben wir Beispiele aus der Praxis vorangestellt: Fallstudien aus aller Welt berichten über Menschen, die den digitalen Wandel schon (er)leben. Manche der beschriebenen Initiativen mögen sich bald ändern oder von anderen abgelöst werden; ihr grundlegendes Prinzip aber wird bestehen bleiben und steht für langfristige Entwicklungen, die wir darstellen und analysieren. Die Digitalisierung der Bildung ist noch jung, es gibt nur wenige empirische Befunde oder gar Langzeituntersuchungen. Umso wichtiger erscheint uns die Beschreibung und Einordnung dessen, was heute schon passiert. Die digitale Revolution kommt. Kommen Sie mit.

Jörg Dräger und Ralph Müller-Eiselt im Juli 2015

AUFTAKT

1 DIE SPIELREGELN ÄNDERN SICH
Wie Digitalisierung die Bildung revolutioniert

»Die größte Gefahr für unser Geschäft ist, dass ein Tüftler irgendetwas erfindet, was die Regeln in unserer Branche vollkommen verändert, genauso wie Michael [Dell] und ich es getan haben.«[1]

Bill Gates

»School of One hat die Spielregeln vollkommen verändert.«[2]

Dominick D'Angelo, Schulleiter der David A. Boody Schule

Zugang für alle

Silicon Valley im Herbst 2011. Stanford gilt als eine der besten Universitäten der Welt. Wer hier studiert, der hat es geschafft. Nur jeder zwanzigste Bewerber wird aufgenommen, weniger als an irgendeiner größeren Hochschule in den USA. Zu den Stanford-Absolventen gehören Vordenker des Silicon Valley wie William Hewlett und David Packard oder die Google-Gründer Larry Page und Sergey Brin. Die Studiengebühren liegen bei bis zu 52 000 US-Dollar im Jahr, dafür erhalten die Studenten Zugang zu den klügsten Professoren – und ein Netzwerk fürs Leben. So innovativ das Umfeld der Hochschule in Kalifornien ist, so traditionell funktioniert die akademische Welt: Gelehrt und gelernt wird ganz klassisch in Hörsälen oder in der Bibliothek.

Im Jahr 2011 wagen die beiden Professoren Sebastian Thrun und Peter Norvig Unerhörtes. Statt nur auf dem Campus bieten die beiden ihren Kurs »Einführung in die künstliche Intelligenz« auch im Internet an – kostenlos, mit Videos und Übungsaufgaben. Thrun, im niederrheinischen Solingen geboren, hat zu diesem Zeitpunkt nicht nur eine Professur in Stanford, sondern leitet auch die sagenumwobene Forschungsabteilung »Google X«, in deren Labor Roboter frei herumlaufen und Kühlschränke selbständig Lebensmittel nachbestellen. Nun will sich Thrun zusammen mit seinem Kollegen in der Onlinelehre ausprobieren. Was als Experiment beginnt, wird am Ende eine Welle auslösen, die manche als »digitalen Tsunami« bezeichnen.

Zunächst nur über einen akademischen Fachverteiler bekannt gemacht, geht das Angebot eines kostenlosen Stanford-Kurses in Windeseile um die Welt. »Die E-Mail verbreitete sich wie ein Virus, es haben sich an jedem Tag 5000 weitere Teilnehmer angemeldet«, erinnert sich Thrun an seinen ersten Massive Open Online Course (MOOC).[3] Früher als geplant muss die Plattform geschlossen werden, nachdem sich mehr als 160 000 Menschen aus 190 Ländern eingeschrieben haben. Über drei Monate hören sie dieselben Vorlesungen, erhalten dieselben Übungsaufgaben und absolvieren dieselben Prüfungen wie die Studenten auf dem Campus, nur eben ausschließlich online und ohne einen Cent dafür zu bezahlen. Ein Computer übernimmt die Korrektur der Übungen, Fragen und Probleme können in Diskussionsforen erörtert werden. Auch für die höchst selektiv ausgewählten Studierenden der Stanford University entsteht so ein neues Angebot: Viele von ihnen bevorzugen die Internetvariante gegenüber der üblichen Vorlesung.

Am Ende bestehen 23 000 Studierende die Abschlussprüfung und erhalten ein Zertifikat. Das sind mehr Menschen, als Thrun in seinem ganzen Professorenleben im Hörsaal hätte erreichen können. Das eigentlich Tsunamihafte an seinem Onlineseminar ist aber nicht die Zahl der Teilnehmer, sondern der Angriff auf die traditionelle Bildungselite: Unter den 248 Studierenden mit der Spitzennote ist kein Einziger aus

Stanford. Der Beste von ihnen belegt im Abschlussexamen lediglich den 413. Platz. 412 Menschen aus aller Welt, die es nicht nach Stanford geschafft haben, sind der vermeintlichen Elite überlegen.

Sebastian Thrun erkennt dieses Potenzial und gründet die Internet-Uni Udacity. Der Name ist Botschaft und Programm zugleich: Hochschule (university) kombiniert mit Wagemut (audacity). Für sein Projekt gibt Thrun sogar seine gut bezahlte Professur in Stanford auf, und später auch seinen Forschungsposten bei Google: »Ich will die Universitätslandschaft revolutionieren. Nicht nur in Amerika, sondern weltweit. Das System hat sich seit hunderten von Jahren kaum erneuert. Es ist … ein elitäres System, das Bildung für einen kleinen Kreis von Privilegierten in den Industriestaaten anbietet. Das wollen wir ändern, und damit werden wir Geschichte schreiben.«[4]

Was in der Bildung noch als kühne Zukunftsvision gilt, ist in anderen Lebensbereichen schon selbstverständliche Realität. Die Digitalisierung revolutioniert Branchen und Märkte ebenso wie unser Konsumverhalten. Der Klick vom Sofa ist bequemer als der Gang in den Laden, die Auswahl größer und die Lieferung in der Regel kostenfrei. Seitdem sich Filme und Musik einfach, günstig und längst auch legal im Internet herunterladen oder streamen lassen, verschwinden Videotheken und CD-Läden. Auch Buchhandlungen haben es schwer, zunehmend wird heutzutage über Amazon oder andere Onlineplattformen bestellt. Selbst staatlich reglementierte Branchen wie das Taxigewerbe hat die Digitalisierung erfasst. Waren die Fahrer jahrzehntelang bei der Auftragsvermittlung auf die Taxizentrale und deren Konditionen angewiesen, sorgen mittlerweile Apps wie mytaxi für ein neues Vertriebsmodell: Fahrgäste und Taxifahrer finden unkomplizierter, schneller und günstiger zueinander.

Während der digitale Wandel die Spielregeln in der Wirtschaft bereits verändert hat und weiter verändern wird, scheinen die Hierarchien in unserer Gesellschaft wie erstarrt. Trotz aller Errungenschaften des vergangenen Jahrhunderts, trotz aller Aufstiegsmöglichkeiten – die Oberschicht und Teile der gehobenen Mittelschicht bleiben im Großen und Ganzen unter sich. Diese Abschottung hat vor allem mit unserem Bildungssystem zu tun: Exzellente Schulen sind rar, der Zugang zu den Hochschulen ist streng reguliert, die Kosten – zumindest im Vergleich mit einer vergüteten Ausbildung – hoch. Und auch der Grundstein für persönliche Netzwerke, die später den Weg in gute Jobs ebnen, wird oft auf dem Universitätscampus gelegt. Gesellschaftlicher Aufstieg bleibt noch die Ausnahme. Über den Bildungserfolg entscheidet meist nicht, was in den Köpfen der Kinder steckt, sondern Portemonnaie, Ehrgeiz und Bildungshintergrund der Eltern.

Ideen wie die Internet-Universität von Sebastian Thrun machen Druck auf eine starre Gesellschaft, in der sich sozialer Status weitgehend vererbt. So liegt im digitalen Wandel die Chance auf eine echte Demokratisierung des Bildungssystems. Bisher exklusive Angebote werden über wenige Mausklicks für jeden Interessierten zugänglich. Hohe Kosten und strenge Auswahlverfahren sind dann keine unüberwindbaren Hindernisse mehr. Wer Fähigkeit, Ehrgeiz und Ausdauer hat, egal ob er aus Berlin-Neukölln oder den Armenvierteln Kalkuttas kommt, wird Wege zu Bildung und Aufstieg finden. Die Digitalisierung eröffnet einer verhinderten Elite die Möglichkeit, sich bislang abgeschottete Arbeitsmärkte zu erschließen, und Ländern wie Deutschland, den wachsenden Mangel an Fachkräften zu kompensieren. Diese Entwicklung birgt auch Gefahren: Der online ausgebildete Buchhalter, Grafiker oder Übersetzer aus Indien arbeitet für einen monatlichen Lohn, den sein Kollege in Deutschland am Tag verdienen möchte.

Lohndumping und eine Abwärtsspirale der Arbeitsbedingungen sind ernste Herausforderungen.

Allerdings: Kostenlose Onlinevorlesungen von Eliteuniversitäten wie Stanford oder Harvard allein werden unsere Gesellschaftsordnung nicht verändern. Diese Angebote sind für die breite Masse zu anspruchsvoll, setzen sie doch ein hohes Bildungsniveau voraus. Der freie, kostenlose Zugang ist eben nur ein erster Schritt, um Aufstiegschancen für alle Realität werden zu lassen. Was außerdem fehlt, ist ein individualisiertes Bildungsangebot, das nicht nur den schlauesten Köpfen der Welt ermöglicht, das Beste aus sich herauszuholen.

Personalisierung für jeden

Berlin und Montevideo im Herbst 2014. Mathematik ist für viele ein Horror, kaum ein Schulfach teilt Klassen so sehr in Abgehängte und Überflieger. Egal ob Bruchrechnen, binomische Formeln oder Integrale – wer einmal den Anschluss verpasst hat, holt selten wieder auf. Der reguläre Unterricht kann da kaum gegensteuern: Die Aufgaben so lange zu wiederholen, bis jeder sie verstanden hat, würde den Besseren in der Klasse nicht gerecht werden. Wer Glück hat, dem zahlen die Eltern einen Nachhilfelehrer. Für die anderen aber bleibt Mathe ein ewiges Zahlenrätsel. Dabei sind diese Kenntnisse für viele Studien- und Berufsfelder eine Grundvoraussetzung. Wer hier schon in der Schule nicht mitkommt, dem sind auch im späteren Leben viele Türen verschlossen.

Arndt Kwiatkowski ist 53 Jahre alt, Vater von vier Kindern, und auf seinem Abschlusszeugnis stand in Mathematik ein *befriedigend*. Er gehört zu den Menschen, die aus der Not eine Tugend machen – und aus der Tugend dann eine Geschäftsidee. Das ist so, als er 1997 die Internetplattform Immobilienscout24 gründet, weil er nach etlichen Umzügen genau weiß, wie langwierig und kompliziert die Suche nach einer neuen Wohnung ist. Und das ist so, als er 2008 in Berlin das Online-Mathelernsystem bettermarks an den Start bringt, weil er auch Kindern von weniger zahlungskräftigen Eltern die Chance auf Nachhilfeunterricht geben will: »Wenn meine Eltern mich nicht so intensiv betreut hätten, wäre ich in Mathe aus der Kurve geflogen … Das hat mich zu dem Gedanken geführt: Was ist eigentlich mit denen, die eine solche Betreuung durch das Elternhaus oder Nachhilfe nicht bekommen können?«[5] Die Idee von bettermarks: Ein persönlicher Mathecoach für jeden – in Form einer Lernsoftware, die mit dem Schüler kommuniziert und ihn da abholt, wo er gerade im Stoff steht.

Bettermarks funktioniert wie ein interaktives Mathebuch. Die Themen werden erklärt und mit Rechenbeispielen anschaulich gemacht. Im Unterschied zum gedruckten Buch führt die Software jeden Schüler nach seinem Können und seinem Tempo auf einem ganz persönlichen Lernpfad durch die Aufgaben. Zu Beginn wird der individuelle Leistungsstand erfasst, anschließend wählt das Programm aus über 100 000 Übungen die jeweils passenden aus. Je nach Lernfortschritt werden die Lektionen anspruchsvoller. Macht der Schüler beim Lösen der Aufgaben einen Fehler, erklärt das System die einzelnen Rechenschritte und analysiert somit auch die Wissenslücken. »Wir wollen systematischen Wissensaufbau ermöglichen«, sagt Kwiatkowski.[6] Zugleich können die Kinder so aus ihren Fehlern lernen: »Der Schüler erhält bei jedem Aufgabenschritt eine Rückmeldung und bekommt bei Fehlern genau die Dinge, die er eigentlich vertiefen müsste, als Übungsserie angeboten.«[7] Nicht mehr der Schüler muss sich ans Lehrbuch anpassen, sondern das Lernprogramm passt sich an den Schüler an.

So auch beim Bruchrechnen in einer sechsten Klasse einer Berliner Grundschule. Sowohl Max, der schon immer Schwierigkeiten in Mathematik hatte, als auch Paula, die seit jeher ein Mathefan ist, gehen mit bettermarks ihren persönlichen Lernweg. Max gerät bei der Addition von Brüchen ins Stocken: $\frac{2}{7} + \frac{11}{14} =$ __. Er tippt in das freie Feld: $\frac{13}{21}$. Das Lernsystem erkennt den Fehler und gibt Max einen Hinweis: »Addiere nicht Zähler und Nenner. Bilde den Hauptnenner.« Er ist unsicher und lässt sich einen weiteren Tipp anzeigen: »Bei gleichem Nenner darfst du die beiden Zähler auf einen Bruchstrich schreiben.« Da klickt es bei Max. Nach ein paar Übungen fühlt er sich sicherer. Seine Mitschülerin Paula hingegen ist lange vor ihm fertig. Bevor sie sich langweilt, kann sie selbständig und in ihrem Tempo mit anderen, vertiefenden Aufgaben fortfahren. Bettermarks vermeidet beides: Unter- und Überforderung, Langeweile und Lernstress. Die Lehrerin kann mit Hilfe der Lernsoftware bereits vor der Unterrichtsstunde die Hausaufgaben jedes Schülers kontrollieren und so erkennen, wer noch Unterstützung braucht. Beim Kürzen von Brüchen hatten viele Schwierigkeiten, deshalb beschließt die Lehrerin, das Thema mit der gesamten Klasse zu wiederholen.

Gerade einmal 200 Schulen nutzen hierzulande bettermarks für den Unterricht. In Uruguay hingegen ist das Matheprogramm bereits ein fester Bestandteil des Bildungssystems: Die Regierung hat beschlossen, dass an allen öffentlichen Schulen mit der Lernsoftware aus Berlin gearbeitet werden soll. Schließlich ermöglicht das Programm den Lehrern, auf jeden in der Klasse mit maßgeschneiderten Übungen einzugehen. Selbst bei der Hausaufgabenkontrolle hilft die Software, weil sie aufzeigt, wo ein Schüler Probleme hat. »Uruguay ist das Finnland Südamerikas«, sagt Arndt Kwiatkowski, »da könnten wir uns in Deutschland in puncto individueller Förderung mit Hilfe von Lernsoftware doch ein Beispiel nehmen.«[8]

»One size fits all« war gestern. Heute möchte jeder sein individuell zugeschnittenes Wunschprodukt, und das zum gewohnt günstigen Preis der Massenfertigung. In dieser Personalisierung des Angebots liegt – weit mehr noch als im einfacheren Zugang – die revolutionäre Kraft des digitalen Wandels. Erst die Möglichkeit, effizient und kostengünstig zugleich auf persönliche Bedürfnisse eingehen zu können, hat die Marktlogik in vielen Branchen grundlegend verändert. Massenhaft günstig *und* individuell zugeschnitten – das ist die Zauberformel der Digitalisierung.

So wurde das Ende der klassischen Musikindustrie noch nicht durch den massenhaften Download von CDs besiegelt, sondern erst durch die individuellen Einkaufsmöglichkeiten. Bei iTunes muss niemand mehr ein komplettes Album erwerben, sondern nur noch für seine Wunschtitel bezahlen. Auch die bequeme Bestellung und Lieferung allein hätten nicht ausgereicht, um Amazon zu einem ernsthaften Konkurrenten für den Einzelhandel mit versiertem Personal zu machen. Das konnte nur gelingen, weil der Onlinehandel auch die Kernkompetenz des Fachgeschäfts kopiert hat: Amazon schlägt uns Bücher oder DVDs vor, die uns gefallen könnten, erinnert uns an Batterien, wenn wir ein elektronisches Gerät kaufen, oder empfiehlt uns die passende Kartusche für den Drucker zu Hause.

Big Data, die Analyse riesiger Mengen an Nutzerdaten, erlaubt gleichzeitig individuelle Beratung und günstige Massenlogistik. Nach diesem Prinzip arbeitet auch Google, um trotz 3,5 Milliarden Suchanfragen pro Tag persönlich zugeschnittene Informationen zu liefern. So kann der gleiche Suchbegriff zu unterschiedlichen Ergebnissen führen, je nachdem was Google aufgrund unseres Surfverhaltens über uns weiß. Die Stichworte »Hilton Paris« führen eine gut situierte ältere Dame vermutlich auf die Homepage einer Hotelkette und liefern einem pubertierenden Teenager Schlagzeilen über ein blondes It-Girl. Dass Onlineplattformen so viel über uns wissen, sorgt bei vielen Menschen für großes Unbehagen, an unserer Internetnutzung ändert sich allerdings nur selten etwas. Die digitalen Errungenschaften haben einen Preis, dessen Höhe uns heute noch gar nicht klar ist – und den wir trotzdem in Kauf nehmen.

Im Bildungswesen ist von der digitalen Personalisierung noch wenig zu spüren. Lange gab es für die Kinder der Oberschicht den Privatlehrer, heute sind es Elite-Internate, die eine individuelle Lernbetreuung versprechen. Für alle anderen bleibt Schulbildung von der Stange – je nach Bedarf und Budget ergänzt um den teuren Nachhilfelehrer. Dieses Schema setzt sich an den Universitäten fort. Wer sich die persönliche Betreuung in Oxford oder Stanford leisten kann, schaut einer erfolgversprechenden Zukunft entgegen. Weniger klar sind die Aussichten der Studenten an deutschen Massenhochschulen. Zwar schafft der Nachwuchs aus der Mittelschicht dank seines sozialen Umfelds meist den steinigen Weg durchs Studium und in den Beruf, doch Kinder aus bildungsfernen Familien bleiben häufig auf der Strecke. Für Chancengerechtigkeit und Aufstieg genügt es eben nicht, Bildung allen zugänglich zu machen – sie muss auch auf die Bedürfnisse des Einzelnen eingehen.

Die in der analogen Welt widersprüchlichen Anforderungen »Zugang für alle« und »Personalisierung für jeden« können durch die Digitalisierung miteinander versöhnt werden. Noch sind Beispiele wie das von bettermarks die Ausnahme, doch sie zeigen, wohin der Weg führt. Was lange ein Privileg der sozial Bessergestellten war, wird in Zukunft auch der breiten, bisher benachteiligten Masse geboten sein. Die digitale Personalisierung wird unser Bildungssystem radikal verändern. Die Frage ist nicht wie, die Frage ist nur wann.

Gezahlt wird mit Daten

New York im Jahr 2013. In einem Loft mitten in Manhattan sitzt Jose Ferreira in Jeans und abgewetztem Pulli. Er ist ein Bildungsreformer ohne Professorentitel. Ferreira hat einen MBA von Harvard, bei Goldman Sachs gearbeitet und den Präsidentschaftskandidaten John Kerry beraten – nun möchte er die Welt verändern: »Eine Milliarde Kinder weltweit wachsen mit nur minimalen Kenntnissen in Lesen, Schreiben und Rechnen auf. Ich will [dieses] Problem für die Menschheit lösen. Ein für alle Mal.«[9] Ferreira will Bildung so gestalten, dass jeder Schüler und jeder Student zur richtigen Zeit die richtigen Dinge auf die richtige Weise lernt. Dafür braucht er vor allem Daten, Daten und Daten, ganz nach dem Prinzip: »In order to teach John, you got to know John.« Mit Hilfe von Big Data will er über jeden so viel wie möglich erfahren, um mit diesem Wissen und einer sich anpassenden Lernsoftware den Unterricht zu personalisieren. Denn im Gegensatz zu den meisten Lehrern in großen Klassen oder erst recht den Professoren in Vorlesungen mit hunderten Zuhörern hat eine Software kein Problem, jedes Detail zu jedem Schüler oder Studenten zu erfassen, zu behalten und zu nutzen.

Jose Ferreira und sein Start-up-Unternehmen Knewton haben nicht nur eine Vision, sondern auch das nötige Geld, sie umzusetzen. Für sein Geschäftsmodell »Individuelle Bildung für alle im Tausch gegen Daten von jedem« hat er mehr als 100 Millionen US-Dollar Venture-Capital eingesammelt. Knewton durchleuchtet jeden, der das Lernprogramm nutzt. Die Software beobachtet und speichert minutiös, was, wie und in welchem Tempo ein Schüler lernt. Jede Reaktion des Nutzers, jeder Mausklick und jeder Tastenanschlag, jede richtige und jede falsche Antwort, jeder Seitenaufruf und jeder Abbruch wird erfasst. »Jeden Tag sammeln wir tausende von Datenpunkten von jedem Schüler«, sagt Ferreira stolz.[10] Diese Daten werden analysiert und zur Optimierung der persönlichen Lernwege genutzt. Komplexe Algorithmen schnüren individuelle Lernpakete für jeden einzelnen Schüler, deren Inhalt und Tempo sich fortlaufend anpassen, bei Bedarf im Minutentakt.

Das Prinzip Knewton funktioniert, weil schon mehr als sieben Millionen Menschen weltweit die Software nutzen. Je mehr, desto besser. Denn das System stellt Bezüge zwischen dem Verhalten Einzelner und dem von tausenden anderen her. Bis zu zehn Millionen Mal können die Datenmodelle verfeinert werden – pro Tag. Knewton kann so ableiten, welche Aufgabe zu wem am besten passt. Und nicht nur das: Schon heute berechnet Knewton zuverlässig die Wahrscheinlichkeiten richtiger und falscher Antworten sowie die Note, die ein Schüler am Ende eines Kurses erreichen wird. Eines Tages braucht es wohl keine Prüfungen mehr – der Computer weiß bereits, welches Ergebnis herauskommen wird.

Messbare Erfolge gibt es an der Arizona State University: Die Abschlussquote in einem durch Knewton aufbereiteten Mathematikkurs konnte um 17 Prozent gesteigert, die Abbruchrate sogar um mehr als die Hälfte gesenkt werden. Laut Universitätsleitung wären der Hochschule ohne Knewton allein Studiengebühren in Höhe von zwölf Millionen US-Dollar entgangen. Die 100 US-Dollar pro Student, die die Universität für die Nutzung der Technologie an Knewton zahlt, sind dagegen eine Lappalie.

Doch Programme wie Knewton haben auch eine Schattenseite: Unsere zukünftigen Lernwege werden aus den Erfahrungen von Millionen Nutzern berechnet. Wir werden auf die Trampelpfade anderer geschickt, die mit hoher Wahrscheinlichkeit auch zu uns passen. Was jedoch, wenn nicht? Dann werden wir Opfer der falschen Vorhersage eines Algorithmus. In jedem Fall drohen unser kompletter Lernweg, unsere Stärken und Erfolge, aber auch unsere Schwächen und Misserfolge für immer in der digitalen Welt zu kursieren. Ein Arbeitgeber könnte so –

zumindest theoretisch – Jahrzehnte später feststellen, ob ein Bewerber schon in der achten Klasse Probleme in Englisch oder Mathematik hatte. Dagegen wirkt das auf Facebook hochgeladene Partyfoto harmlos.

Knewtons Sammelleidenschaft übertrifft andere Big-Data-Firmen bei weitem. »Google bekommt zehn Datenpunkte pro Suche – wir jedoch bekommen einhunderttausendmal mehr Daten pro Nutzer«, sagt Ferreira.[11] Das immense Wissen über Menschen, das Knewton hortet, macht Angst. Das Optimieren von Lernwegen mag eine solch gigantische Datensammlung rechtfertigen, ebenso gerechtfertigt ist allerdings die Frage: Was passiert zukünftig mit diesen persönlichen Informationen? Hier ist sich Jose Ferreira mit seinen Kritikern einig: »Big Data in der Bildung ist ein heißes Eisen. Und es wird noch heißer.«[12]

Daten sind das Öl des 21. Jahrhunderts, ein hoch gehandelter Rohstoff. So wie ohne Öl ganze Industrien zusammenbrächen, sind Informationen über das Leben und Verhalten des Einzelnen der Schmierstoff für das System der digitalen Personalisierung. Die Knewtons dieser Welt versprechen persönliche Vorteile im Tausch gegen Zugang zu persönlichen Informationen. Die optimierte, auf den Einzelnen zugeschnittene Bildung hat ihren Preis – Transparenz und die Gefahr des Kontrollverlusts über die eigenen Daten und die Spuren, die jeder von uns im Netz hinterlässt.

In anderen Branchen ist der gläserne Kunde schon Realität. So ist beispielsweise die Generali im Begriff, für ihre Krankenversicherten einen verhaltensbasierten Tarif einzuführen. Wer persönliche Daten zu Fitness, Ernährung und Lebensstil preisgibt, kann einen Teil seiner Beiträge sparen. In den USA wird eine gesunde Lebensführung schon länger belohnt. Die Krankenversicherung UnitedHealthcare etwa bietet ihren Kunden einen Preisnachlass an, wenn sie mit Hilfe von Schrittzählern oder Smartphone-Apps nachweisen können, täglich eine bestimmte Anzahl von Schritten gegangen zu sein.[13]

Vergünstigungen gegen totale Transparenz und Überwachung – dieser Trend ist auch bei Autoversicherungen zu beobachten. Längst sind die neuesten Modelle von Volkswagen, Mercedes oder BMW zu fahrenden Großcomputern geworden, die unablässig Daten sammeln. Die können Versicherer auch zur Überwachung des Fahrverhaltens nutzen – und einen sicheren Fahrstil mit günstigeren Beiträgen belohnen. In den USA und Großbritannien sind solche Telematik-Tarife bereits etabliert. Das Prinzip dahinter: »Pay as you drive«. Autofahrer können damit bis zu 30 Prozent Prämie sparen. In Deutschland halten die Sondertarife nun auch Einzug: Die Sparkassen DirektVersicherung bietet seit Januar 2014 ihren Kunden einen Tarif an, der bei gutem Fahrstil einen Rabatt von fünf Prozent auf den nächsten Jahresbeitrag ermöglicht. Wer sich stets an die Verkehrsregeln hält, kann Geld sparen, für notorische Raser aber dürfte es bald teurer werden.[14]

Was bei der Autoversicherung vielleicht noch halbwegs fair erscheint, kann bei Bildung und Gesundheit schwerwiegende Folgen haben. Wenn hier nicht nur individuell steuerbares Verhalten, sondern auch persönliche Anlagen oder Eigenschaften zu negativen Konsequenzen führen, ist das mit unserem sozialstaatlichen Anspruch an eine gerechte Gesellschaft nicht mehr vereinbar. So sollte weder eine Krankenversicherung jemanden mit höheren Beiträgen belasten, in dessen Familie es schwere Krankheiten gegeben hat, noch eine Hochschule einen Bewerber trotz Abitur wegen seiner bereits im Studium gescheiterten Geschwister ablehnen. Diese Beispiele zeigen: Ohne die Souveränität über unsere eigenen Daten werden die Verheißungen maßgeschneiderter Produkte und Dienstleistungen schnell zu Makulatur.

Deutschland braucht die digitale Bildungsrevolution

Sebastian Thrun, Arndt Kwiatkowski und Jose Ferreira sind Revolutionäre: Ihre Bildungsangebote können unsere Gesellschaft grundlegend verändern. Man mag die Digitalisierung gut finden oder nicht – einen Stopp-Knopf, mit dem sie sich aufhalten lässt, gibt es nicht. Film- oder Musikindustrie, Zeitungen und Handel sind nur einige Beispiele dafür, wie alte Giganten verschwinden und neue Player entstehen.

In den Schulen und Hochschulen allerdings hat sich an der Art, wie wir lernen, seit Jahrhunderten wenig verändert. In einem einmaligen Kraftakt hat der preußische Reformer Wilhelm von Humboldt Anfang des 19. Jahrhunderts versucht, eine »Bildung für alle« unabhängig von Stand, Beruf und Herkunft zu ermöglichen. Grundbildung, verwirklicht durch das allgemeine und einheitliche Schulwesen – das war für Humboldt Voraussetzung für ein selbstbestimmtes Leben. Nicht nur die Privilegierten, sondern jeder Mensch sollte das Recht haben, sich seinem Potenzial entsprechend zu entfalten. In Humboldt lebte der Geist der Aufklärung. Er wollte freie, autonome Persönlichkeiten, die das Lernen lernen sollten, um ein Leben lang lernen zu können.[15] Und er war ein Anhänger des Leistungsprinzips: Wer gut ist, kommt weiter, egal wo er herkommt.

Humboldts erstes Ziel – Bildungszugang für alle – ist heute in Deutschland weitgehend erreicht. Dass jedoch jeder die Bildung erhält, die zu seinen Fähigkeiten passt und die Selbstverwirklichung im Humboldtschen Sinne ermöglicht, ist ein unerfülltes Ideal geblieben. Die von ihm angestoßene Bildung für die Masse scheitert an der Vielfalt der Lernenden. In der Konsequenz ist unsere Gesellschaft weder chancen- noch leistungsgerecht: Bildungserfolg hängt in Deutschland immer noch erheblich vom Elternhaus ab; das politisch starke

Bildungsbürgertum hält seit Jahrhunderten an einem System fest, das soziale Herkunft mehr belohnt als gute Leistung. Es ist an der Zeit, Humboldts Ideen neu aufleben zu lassen.

Die Digitalisierung hat das Potenzial, jenseits gesellschaftlicher Elitenreproduktion die soziale Mobilität weltweit zu fördern und bislang Benachteiligten neue Möglichkeiten zu eröffnen. Die Chancen dazu stehen gut. Denn jetzt trifft die Unausweichlichkeit der Digitalisierung auf die scheinbare Unveränderlichkeit der Bildung. Jetzt gibt es Menschen wie Sebastian Thrun von Udacity, Arndt Kwiatkowski von bettermarks oder Jose Ferreira von Knewton, die die alten Spielregeln verändern. »Die Demokratisierung des Wissens ist meine Mission: Wer lernen und weiterkommen will, der wird das tun können. Und zwar überall auf der Welt, unabhängig vom Geldbeutel«, sagt Thrun.[16] Individuelle Selbstverwirklichung entsprechend den eigenen Fähigkeiten und Talenten, unabhängig von Stand und Herkunft – Wilhelm von Humboldt hätte an der Digitalisierung großen Gefallen gefunden.

Hierzulande ist von den Veränderungen und Visionen allerdings noch wenig zu spüren. Deutsche Vordenker wie Thrun oder Kwiatkowski reüssieren bislang eher im Silicon Valley oder in Uruguay. Dort kann man alltäglich erleben, was die Digitalisierung vorantreibt. Hohe Studiengebühren wie in den USA oder ein massiver Mangel an Schulen, Hochschulen und Lehrpersonal in Schwellenländern verlangen geradezu nach Onlinelösungen. All diese Probleme hat Deutschland glücklicherweise nicht. Kein Wunder also, dass die digitale Bildungsrevolution bei uns noch schläft. Es dürfte aber nur eine Frage der Zeit sein, bis sie erwacht. Darauf sollten wir vorbereitet sein.

2 DER DRUCK STEIGT

Warum eine Bildungsrevolution notwendig ist

»Bildung für alle, und zwar sofort!«[I]

Motto der Schüler- und Studentenstreiks 2008/2009

In Deutschland ist der Wunsch nach höherer Bildung ungebrochen: Mehr als die Hälfte eines Jahrgangs erwirbt inzwischen die sogenannte Hochschulzugangsberechtigung, fast zehnmal mehr als 1960. In einzelnen Bundesländern liegt

Abbildung 1: Anteil der Hauptschüler an den Achtklässlern – Anteil der Studienberechtigten an den 18- bis 20-Jährigen*

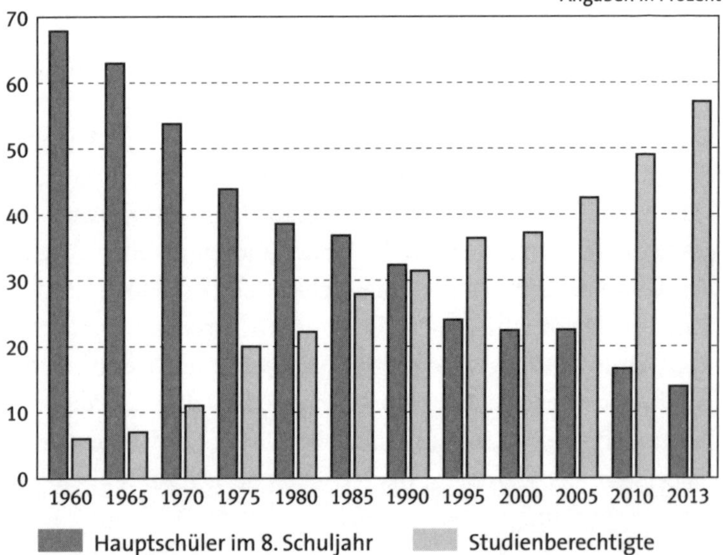

**Bis 1990 nur „Früheres Bundesgebiet". Ab 2010: Studienberechtigte berechnet nach dem sogenannten Quotensummenverfahren.*

Quelle: Statistisches Bundesamt; Kultusministerkonferenz (verschiedene Jahrgänge).

der Anteil noch deutlich höher, in Nordrhein-Westfalen zuletzt bei zwei Dritteln.[2] Die Bedeutung der Hauptschule hingegen hat rasant abgenommen: Besuchten zu Beginn der sechziger Jahre noch knapp 70 Prozent der Schüler eines Jahrgangs diese Schulform, taten dies 2013 nicht einmal mehr 15 Prozent (siehe Abbildung 1).[3]

Entsprechend entscheidet sich mittlerweile der überwiegende Teil der Schulabgänger für ein Studium und gegen eine duale Ausbildung (siehe Abbildung 2).[4] Waren unsere Hochschulen ursprünglich darauf ausgelegt, eine kleine akademische Elite auszubilden, ist Studieren inzwischen zum Normalfall geworden. Die Zahl der Hochschulabsolventen hat sich allein in den vergangenen zwanzig Jahren von gut 200 000 auf jährlich weit über 400 000 mehr als verdoppelt.[5] Ausbildungsberufe wie Erzieherinnen oder Krankenpfleger, die in anderen Ländern ein Hochschulstudium erfordern, sind in dieser Statistik noch gar nicht berücksichtigt.

Abbildung 2: Neuzugänge in dualer Berufsausbildung und Studium

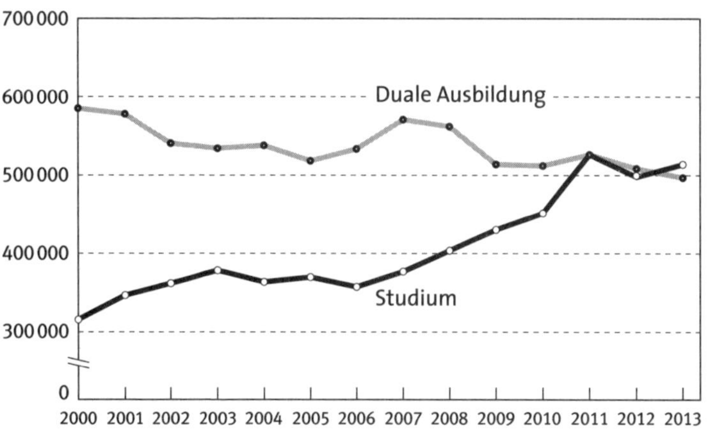

Quelle: Autorengruppe Bildungsberichterstattung (2014).

Bildung wird zur Massenware

Was in Deutschland seit einiger Zeit als »Akademikerwahn-Debatte« die Feuilletons beschäftigt, ist anderswo auf der Welt schon lange akzeptierter Standard, wenn nicht explizites politisches Ziel. In Korea erreichen inzwischen fast sieben von zehn Jugendlichen eines Jahrgangs einen Hochschulabschluss,[6] in den USA strebt man sogar das »College for all« an.[7] Bildungsforscher gehen davon aus, dass sich die Zahl der Studierenden binnen der nächsten zehn Jahre weltweit auf dann über 260 Millionen verdoppeln wird.[8]

In den Schwellenländern ist die Dynamik besonders groß: Staat und Familien investieren massiv in die Zukunftschancen ihrer Kinder. So wird die Hälfte aller Hochschulabsolventen aus OECD- und G20-Staaten im Jahr 2030 aus China und Indien kommen.[9] Dort hat sich bereits im vergangenen Jahrzehnt die Zahl der Hochschulen verdoppelt und die Zahl der Absolventen vervierfacht. Bis zum Ende des Jahrzehnts will China knapp 200 Millionen Menschen zu einem Hochschulabschluss führen.[10] Zum Vergleich: Im deutschen Arbeitsmarkt sind derzeit gerade einmal 8 Millionen Akademiker tätig.[11] Und auch in der beruflichen Bildung sind die Dimensionen der geplanten Expansion enorm: Indien hat sich bis 2022 vorgenommen, 500 Millionen Menschen qualifiziert auszubilden[12] – eine Aufgabe, für die das deutsche Ausbildungssystem mit seinen derzeitigen Kapazitäten fast tausend Jahre bräuchte.

Die Motive – Aufstiegswunsch auf der einen Seite, Abstiegsangst auf der anderen – mögen unterschiedlich sein, das Ergebnis ist das gleiche: Das Streben nach mehr und höherer Bildung vereint die Welt. Experten gehen trotz des weltweiten Bildungshungers davon aus, dass der globale Arbeitsmarkt noch lange nicht gesättigt sein wird. Denn der Mangel an Akademikern und Fachkräften ist bereits heute groß und droht immer größer zu werden. Es fehlen Naturwissenschaftler und Ingenieure, ebenso Ärzte und Pflegepersonal.[13] Auch in Deutschland ist trotz der von manchen befürchteten Akademikerschwemme kein Sättigungseffekt auf dem Arbeitsmarkt abzusehen. Im Gegenteil: Die Arbeitslosenquote bei Akademikern liegt konstant auf einem extrem niedrigen Niveau zwischen zwei und drei Prozent.[14] Davon profitieren Staat und Bürger gleichermaßen: Je höher das Bildungsniveau eines Landes, desto stärker das Wirtschaftswachstum und desto geringer die öffentlichen Sozialausgaben.[15] Hochschulabsolventen sind häufiger und länger erwerbstätig, arbeiten öfter in Vollzeit und verdienen deutlich mehr.[16]

Die Hörsäle quellen über

Doch der globale Bildungsdrang bietet nicht nur neue Chancen, sondern bringt auch neue Herausforderungen. Lässt sich personalisiertes Lernen überhaupt verwirklichen, wenn Bildung zur Massenware wird und die Vielfalt an Schulen, Unis und in Betrieben immer weiter wächst? Können wir uns so viel Bildung in Zeiten knapper Kassen leisten? In westlichen Industriestaaten mit öffentlicher Bildungsfinanzierung stehen vor allem die Hochschulen unter Druck. So auch in Deutschland: Die Universitäten sind überfüllt, seit Jahren schon ächzen sie unter dem endlosen »Studentenberg« und arbeiten weit über ihre Kapazitätsgrenzen. Wer an beliebten Hochschulen studieren will, muss für viele Fächer Bestnoten mitbringen und sich auf umfangreiche Auswahlverfahren einlassen.[17] Oft hilft allenfalls ein Umzug in eine weniger attraktive Stadt, und in Fächern wie Psychologie oder Medizin kommt – trotz des absehbaren Ärztemangels – noch eine lange Wartezeit hinzu. Wer es dann endlich an eine Hochschule geschafft hat, dem kann es passieren, dass er im ersten Semester viel Zeit im

Kino verbringt – um per Liveübertragung einer überfüllten Einführungsvorlesung aus dem Audimax zu lauschen.[18] So sehr sich die Hochschulen auch bemühen: Persönlicher Kontakt, vielleicht sogar ein fachlicher Austausch mit dem Professor, bleibt für viele Studenten mindestens während ihres Bachelors ein Wunschtraum. Gelernt wird, was das Lehrbuch vorgibt und die Klausuren der vergangenen Jahre für die Prüfung erwarten lassen.

Hier zeigt sich ein scheinbar unauflösliches Dilemma des Humboldtschen Bildungsideals. Der preußische Reformer wollte Bildung für die Masse, doch nun droht die Qualität an der Masse zu scheitern. Forschendes Lernen und ganzheitliche Bildung, ein Studentenleben in akademischer Freiheit, letztlich die individuelle Selbstverwirklichung – diese Ansprüche sind kaum noch zu erfüllen, wenn mehr als die Hälfte eines Jahrgangs an die Hochschulen strebt.

In Ländern wie Indien sind die Probleme noch gravierender: Dort sitzen oft sechzig Kinder und mehr in einem Klassenzimmer, immer wieder fällt der Unterricht wegen Lehrermangels aus. Diejenigen, die trotzdem einen guten Schulabschluss schaffen, wollen meist an die Universität. Nur kommen mittlerweile auf einen Studienplatz bis zu fünfzig Bewerber.[19] Wer es sich leisten kann, schickt seine Kinder ins Ausland, der große Rest hat das Nachsehen. Das System kann das breite Streben nach Aufstieg durch Bildung nicht bewältigen. Massenschule und Massenuniversität sind der Preis für die Befriedigung des globalen Bildungshungers.

Vielfalt wird zur Normalität

Mit der Masse kommt die Vielfalt. Egal ob in Kita, Schule, Hochschule oder beruflicher Weiterbildung: Je mehr Menschen dort lernen, desto unterschiedlicher sind die jeweiligen

Veranlagungen, Interessen und Leistungen. Wenn der Anteil der Gymnasiasten heute mehr als doppelt so groß ist wie vor fünfzig Jahren und die Zahl der Hochschüler sich im gleichen Zeitraum verzehnfacht hat,[20] dann ist Vielfalt die neue Normalität – und wird zur größten Herausforderung, der die Bildungseinrichtungen begegnen müssen.

Verantwortlich für diese Entwicklung sind Politik und Eltern. Über alle Parteigrenzen hinweg hat man seit Jahrzehnten den Ausbau und die Öffnung von Gymnasien und Hochschulen betrieben. In Universitätsstädten wie Freiburg gibt es Stadtteile, in denen über 90 Prozent der Eltern ihre Kinder aufs Gymnasium schicken.[21] Ähnlich verhält es sich in den teuren Wohngegenden der Großstädte, zum Beispiel im Hamburger Westen. Der Elternwille macht das Gymnasium zur neuen Gesamtschule der Mittelschicht – und fächert dort das Leistungsniveau immer weiter auf. In der Konsequenz liegen selbst an Gymnasien in Bayern, wo die strengsten Zugangsbedingungen gelten, zwischen den stärkeren und den schwächeren Schülern mehrere Jahre an Leistungsabstand.[22]

Neben der Intelligenz von Kindern sind es in hohem Maße auch soziale, ethnische oder geschlechtsspezifische Faktoren, die die Leistungsvielfalt in den Schulen erklären. Das ist keine ganz neue Erkenntnis. Schon 1964 prangerte Georg Picht in seinem Buch *Die deutsche Bildungskatastrophe* soziale Benachteiligungen an.[23] Nur sind die Risikogruppen heute andere. Was damals die katholischen Arbeitermädchen vom Lande waren, sind heute die männlichen Migrantenkinder aus bildungsfernen Familien in der Großstadt.

An den Hochschulen sieht es nicht anders aus: Wenn Studieren der Normalfall wird, wächst auch hier die Vielfalt und das vermeintlich Atypische wird zunehmend typisch. Längst führt der Weg an die Hochschule nicht mehr nur direkt über das Abitur – bereits 22 Prozent der Studierenden in Deutschland haben eine abgeschlossene Berufsausbildung. Ein berufsbegleitendes, duales oder Fernstudium machen immerhin schon zwölf Prozent – mit eindeutig steigender Tendenz.[24] Egal ob der Handwerksmeister, der Fachabiturient mit kaufmännischer Ausbildung oder die neben dem Beruf studierende Managerin: Sie alle wollen sich akademisch (weiter-)bilden, ihre persönlichen Erfahrungen, Kompetenzen und Lebensumstände allerdings sind höchst verschieden, genauso wie ihre Bedürfnisse und Anforderungen an ein passendes Studienangebot.

Die immer noch weit verbreitete Vorstellung »typischer« Studenten, die in Vollzeit und vor Ort an die Hochschule gehen, ist auch in anderen Ländern längst nicht mehr die Regel. In den USA zum Beispiel beträgt deren Anteil inzwischen nur noch magere 25 Prozent.[25] Das bedeutet: Drei von vier amerikanischen Studierenden studieren Teilzeit oder belegen irgendeine Art von Fernstudium.

Das Bildungssystem scheitert an der Vielfalt

Noch orientieren sich Schulen – trotz einiger positiver Entwicklungen und neuer Initiativen zur individuellen Förderung – überwiegend an Lehrplänen, die für einen Durchschnittsschüler geschrieben wurden. Das Problem: Dieser Durchschnittsschüler existiert nicht, in Wirklichkeit lernt jedes Kind und jeder Jugendliche anders. Wenn aber der *gleiche* Lehrer alle *gleichaltrigen* Schüler im *gleichen* Tempo mit dem *gleichen* Material im *gleichen* Raum mit den *gleichen* Methoden und dem *gleichen* Ziel unterrichtet,[26] sind Langeweile bei den einen und Überforderung bei den anderen die unvermeidbare Folge. Statt im gedanklichen Gleichschritt dem Lehrer zu folgen, schalten die meisten ab. Das Resultat ist an beiden Enden des Leistungsspektrums höchst unbefriedigend:

Unten fällt immer noch etwa jeder sechste Schüler durchs Raster, erreicht nicht einmal ein oberflächliches Verständnis beim Lesen von Texten, versagt bei einfachen Rechenaufgaben und hat erhebliche Schwierigkeiten beim Schreiben.[27] Oben hingegen stagnieren die Leistungen der besten Schüler. Beim Lesen ist der Anteil der deutschen Schüler auf den höchsten PISA-Kompetenzstufen im letzten Jahrzehnt sogar leicht rückläufig.[28]

Die heutige Einheitsbildung ist nicht die richtige Antwort auf die Vielfalt der Lernenden; dazu sind die Bedürfnisse des Einzelnen zu verschieden. Die Homogenität, auf die unsere Schulen traditionell ausgerichtet sind, ist längst zur Illusion geworden.

Die Aufgaben wachsen, die Kosten explodieren

Bildung ist wertvoll. Und teuer. Über 62 Milliarden Euro werden allein in Deutschland pro Jahr für allgemeinbildende Schulen ausgegeben, weitere 21 Milliarden Euro für die Hoch- und Fachschulen.[29] Die Aufgaben und Kosten des Bildungssystems wachsen derzeit wie selten zuvor: Bessere Kitabetreuung, mehr Ganztagsschulen und Inklusion sowie neue Studienplätze – all das sind wichtige und richtige Ziele, doch all das gibt es nicht zum Nulltarif. Zusammen genommen rechnen Experten mit weiteren mindestens 17 Milliarden Euro Zusatzkosten pro Jahr – die demografische Dividende durch die schrumpfende Bevölkerung schon abgezogen.[30]

In Deutschland trägt diese Kosten – zumindest für die Schul- und Hochschulbildung – fast ausschließlich die öffentliche Hand. In den USA hingegen müssen viele Studenten ihr Studium selbst finanzieren – und dementsprechend hohe Schulden machen. Die Gebühren sind in den letzten zwanzig Jahren um etwa das Zweieinhalbfache gestiegen,[31] mittlerweile liegen sie bei bis zu 60 000 US-Dollar pro Jahr.[32] So entsteht ein Schuldenberg von derzeit insgesamt 1,2 Billionen US-Dollar.[33] Viele Absolventen tragen an dieser finanziellen Last ihr gesamtes Berufsleben, und wer sein Studium nicht erfolgreich abschließen kann, schlittert nicht selten in die Privatinsolvenz.

Dass Bildung so teuer ist, ist im System angelegt. Die amerikanischen Ökonomen William Baumol und William Bowen haben das Phänomen der »Kostenkrankheit« schon in den sechziger Jahren ausführlich untersucht.[34] In der Industrie sind Produktivität und die Höhe der Löhne eng miteinander verknüpft: Wenn in einer Fabrik dank technologischer Innovationen mehr Autos pro Stunde produziert werden können, profitieren davon in der Regel auch die Mitarbeiter durch steigende Löhne. In Kultur und Schule hingegen gilt dieser Zusammenhang nicht, hier verharrt die »Produktivität« auf einem konstanten Niveau: Ein Streichquartett benötigt heute ebenso wie im 19. Jahrhundert vier Musiker und kann ein Konzert nicht schneller spielen als früher. Und ein Lehrer unterrichtet heute ähnlich viele Schüler und benötigt für die Korrektur eines Aufsatzes genauso lange wie seine Kollegen vor vierzig oder sechzig Jahren. Doch die Löhne der Lehrer wie auch der Musiker, und damit der dominierende Kostenfaktor, sind auch ohne »Produktivitätszuwachs« parallel zu denen in anderen Branchen gestiegen. Wäre dies nicht der Fall, würde zwar die Kostenkrankheit vermieden, aber über kurz oder lang niemand mehr Lehrer oder Musiker werden wollen.

Während die Löhne und damit die Kosten pro Schüler kontinuierlich steigen, verbessern sich die Lernergebnisse allerdings nicht. Die Dramatik dieser Entwicklung ist an amerikanischen Schulen zu sehen. Dort haben sich die inflationsbereinigten Ausgaben pro Schüler seit 1970 mehr als verdoppelt, doch die Schüler in den USA lesen und rechnen heute genauso gut oder schlecht wie vor vierzig Jahren (siehe das Beispiel der Lesekompetenz in Abbildung 3).[35] Das ist mit Blick auf die auch dort erheblich gewachsene Vielfalt an den Schulen zwar keine schlechte Leistung, ändert aber nichts an dem Befund, dass Mitteleinsatz und Resultat zunehmend auseinanderklaffen: Die Kosten explodieren, die Ergebnisse stagnieren.

Während die Hochschulen in den USA auch unter der von Baumol und Bowen beschriebenen Kostenkrankheit leiden, waren deutsche Hochschulen früh gezwungen, nach günstigeren Auswegen zu suchen. Um die Bildungsexpansion seit den siebziger Jahren ohne entsprechende Ressourcen bewältigen zu können, mussten sie das Betreuungsverhältnis verschlechtern oder geringer qualifizierte Lehrbeauftragte einsetzen. Darunter litt in erster Linie eines: die Qualität. Und

Abbildung 3: Entwicklung der Bildungskosten und der Lesekompetenz 17-Jähriger seit 1971 (USA)

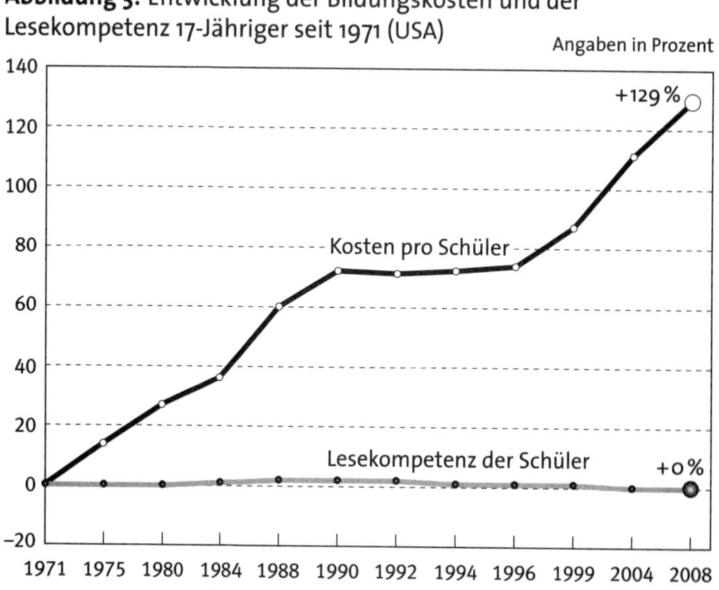

Quelle: U.S. Department of Education (2013b, 2013c).

sie ist weiter bedroht, denn die finanzielle Situation unserer Schulen und Hochschulen wird auch zukünftig nicht besser werden. Spätestens im Jahr 2020, wenn die Schuldenbremse im Grundgesetz greift, müssen die zuständigen Bundesländer auf frische Kredite verzichten. Wenn dann gespart werden muss, dürfte die Versuchung in der Bildung am größten sein. Denn dort gibt es mehr politische Gestaltungsspielräume als in anderen Politikfeldern, wo die meisten Budgets überwiegend gesetzlich gebunden sind.

Die Lösung ist digital

Neue Aufgaben und überfüllte Hörsäle, wachsende Vielfalt in einem auf Homogenität ausgerichteten System, steigende Bildungskosten mit der Schuldenbremse im Visier: Die Herausforderungen für unser Bildungswesen sind gewaltig, doch solange Politik und Praxis ihnen mit den Antworten von gestern begegnen, wird es keine befriedigende Lösung geben. Die digitale Welt eröffnet neue Möglichkeiten, um die großen Barrieren und scheinbaren Widersprüche zu überwinden. Durch Digitalisierung ist Bildung für alle und personalisiertes Lernen für den Einzelnen erreichbar – und bezahlbar. Was für viele noch nach einer fernen Utopie klingen mag, könnte in Zukunft Kindern aus bildungsfernen Familien eine Chance geben, mit sozial Bessergestellten mitzuhalten und den Aufstieg zu schaffen. Bisher als unüberwindbar empfundene Hindernisse könnten bezwungen werden.

Die folgenden Geschichten von Paul und Ramón sind fiktiv, doch sie sind abgeleitet aus einem Bildungssystem, wie es derzeit ist, und einem, wie es künftig sein könnte. Paul kommt aus der alten Bildungswelt, sein Werdegang ist beispielhaft für ein Kind aus bürgerlichem Milieu mit engagierten Eltern und solidem finanziellen Hintergrund. Kinder wie Paul wohnen in Leipzig, Saarbrücken oder Köln. Ramón lebt bereits in der neuen Bildungswelt, seine Eltern sind Einwanderer aus Puerto Rico, sie haben in ihrer Wahlheimat, einem Vorort von New York, von vorne anfangen müssen – mit dem Job und der Sprache. Bildung gilt in Ramóns Familie als teurer Luxus. Doch auch wenn ihn niemand unterstützen kann, will Ramón vorankommen. Er hat Motivation und Ausdauer.

Paul wechselt nach der Grundschule auf ein Gymnasium in einer bürgerlichen Wohngegend. Schließlich geht auch seine ältere Schwester dorthin und die meisten von Pauls Freunden besuchen künftig ebenfalls diese Schule. In Pauls Klasse sind 25 Schüler, der deutsche Staat lässt sich deren Schulzeit jeweils etwa 80 000 Euro kosten.[36] Paul kommt gut mit, auch weil seine Eltern ihn bei den Hausaufgaben unterstützen. Nur in Mathe und Latein hakt es in der neunten und zehnten Klasse etwas, aber da hilft ein Nachhilfelehrer weiter, und Paul macht schließlich ein sehr gutes Abitur. Mit zwei Sprachferien in England poliert er seine Sprachkenntnisse auf. Während des Studiums an einer bayerischen Eliteuniversität geht Paul für ein Austauschjahr nach Cambridge und wird dort eng von einem Tutor betreut, der sich nur um zwei Studenten kümmert. Für sein Studium in Deutschland muss Paul keine Gebühren zahlen, den Steuerzahler kosten die fünf Jahre hingegen über 40 000 Euro.[37] Dank Fleiß und guter Leistung, sicher aber auch mit Hilfe des Alumni-Netzwerks, bekommt Paul einen guten Job als Ingenieur bei Siemens. Er verdient 60 000 Euro im Jahr und hält sich mit der hausinternen Weiterbildung auf dem Laufenden, für die der Konzern mehrere hundert Euro pro Tag investiert. Wenn alles läuft wie geplant, finanziert ihm das Unternehmen bald noch einen MBA.

Ramóns Bildungskarriere beginnt deutlich hindernisreicher. Er wächst in einer armen Gegend Brooklyns auf, in der viele Einwanderer ihren Start in den USA versuchen. In der

Grund- und Mittelschule lernt er wenig, weil keiner auf seine mangelnden Sprachkenntnisse und seinen Lernstand eingehen kann. Obwohl er motiviert ist, scheint eine Karriere als ungelernter Arbeiter vorgezeichnet. Doch dank einer neuen Bildungsinitiative nimmt Ramóns Leben eine unerwartete Wendung. Er wird bei einer Reformschule zugelassen, die hoch individualisierten Unterricht mit Hilfe digitaler Medien anbietet. Durch das Programm von New Classrooms lernt er in einem großen Klassenzimmer mit neunzig anderen Kindern Mathematik per Computer, über Lernspiele und Videos, aber auch im Gespräch mit seinen Lehrern. Seine Lernergebnisse werden jeden Tag elektronisch erfasst und in einem großen Datenspeicher gesammelt. Ramón ist ganz bei der Sache, kann dank der personalisierten Didaktik nicht nur seinen anfangs deutlichen Rückstand aufholen, sondern schließt sogar als einer der Besten in Mathematik die High School ab – sein neu gewonnenes Selbstbewusstsein hilft ihm auch in den anderen Fächern.

Trotz guter Noten können seine Eltern das Informatikstudium an einer der besseren Hochschulen nicht finanzieren. Ramón schreibt sich deshalb an einer Online-Universität ein, für die er 3500 US-Dollar Studiengebühren pro Jahr bezahlen muss. Er studiert nachmittags und abends, arbeitet morgens als Tutor in seiner alten Schule. Mit einer auf Bildung spezialisierten Suchmaschine stellt Ramón sich zusätzliche Lernangebote selber zusammen, belegt Kurse in Künstlicher Intelligenz von Stanford genauso wie über Cloud Computing. Als Experte der Programmiersprache »Ruby on Rails« macht Ramón sich einen Namen auf Stack Overflow, einer Internetplattform für Programmierer, auf der ihm für seine hilfreichen Ratschläge digitale Abzeichen, sogenannte Badges, verliehen werden. Noch bevor er sein Studium abschließt, wird Google auf den Programmier-»Guru« – so sein Badge-Level auf Stack Overflow – aufmerksam und bietet ihm einen Job an. Ramón zieht nach Kalifornien, verdient fast 100 000 US-Dollar pro Jahr. Die fehlenden Business-Skills bringt er sich über Lynda.com bei, die kurzen Videos der Weiterbildungsplattform begleiten ihn morgens regelmäßig in der Bahn auf dem Smartphone. Im Internet hat sein Bildungsaufstieg allerdings einen nicht löschbaren Datenpfad hinterlassen. Von Startschwierigkeiten beim Mathematiklernen in der High School über erste Aufbaukurse in Informatik bis hin zu seinen Bewertungen auf Stack Overflow: Alles ist im Netz gespeichert. Solange es glattläuft, mag das nicht stören. Doch so wie Ramón auf seinem Weg nach oben Spuren hinterlassen hat, bleiben auch die Spuren der Gescheiterten. Das Internet vergisst nicht – weder Erfolge noch Misserfolge.

Die Biografie von Ramón erzählt, worum es in den folgenden Kapiteln gehen soll: um günstigen Bildungszugang für alle, personalisierte Angebote für jeden, Motivation und Feedback beim Lernen, soziale Vernetzung, Orientierung und Transparenz im Dschungel der Bildungsangebote bis hin zur Vermittlung passender Jobs. Kurzum: Es geht um neue Aufstiegsmöglichkeiten. Schritt für Schritt werden diese Konzepte von der analogen in die digitale Welt übertragen, neue Chancen aufgezeigt, aber auch Gefahren für Ramón und alle anderen nicht verschwiegen.

SZENEN

3 HARVARD FÜR ALLE

Wie Zugang zu Wissen weltweit wirklich wird

»Wir wissen nicht, woher der nächste Einstein kommt. Vielleicht lebt sie in einem kleinen Dorf in Afrika.«[1]

Daphne Koller, Gründerin der Internet-Universität Coursera

Boston und New Orleans seit dem Jahr 2004. Wie Salman Khan aussieht, wissen nur wenige. Seine Stimme aber kennen Kinder und Jugendliche in aller Welt. Jeden Monat zehn Millionen Nutzer, bis heute rund eine halbe Milliarde Abrufe: Die Lernvideos der Khan Academy sind im Internet ein Hit. Ob Naturwissenschaften, Geschichte oder Mathematik, ob einfaches Addieren oder kompliziertes Integrieren – in mittlerweile mehr als 5500 frei zugänglichen Videos erschließt Salman Khan seinen Zuschauern die Welt des Schulwissens. Er erklärt, wiederholt, motiviert. Wenn Khan heute eine Schule besucht, kommt es mitunter zu Szenen wie bei einem Konzert. Hunderte Schüler stürmen auf ihn zu, wollen dem Mann nahekommen, dessen Stimme sie jeden Tag beim Lernen begleitet. Für sie ist Khan ein Idol – der erste Popstar der digitalen Bildungsszene.

Aus dem Einwandererkind Salman Khan hätte ein erfolgreicher Investmentbanker werden können: drei Abschlüsse an der amerikanischen Elite-Uni MIT, ein MBA aus Harvard, ein lukrativer Job bei einem Hedgefonds. Doch dann kommt 2004 seine Cousine Nadia ins Spiel, ein zwölfjähriges Mädchen mit Problemen in Mathematik. Khan beginnt, ihr Nachhilfe zu geben. So nützlich die Unterstützung ist, so schwierig ist die Logistik. Khans lange Arbeitszeiten, die räumliche Distanz zwischen der alten Heimat im Süden Louisianas und dem neuen Wohnort

Boston an der Ostküste, vor allem aber das wachsende Interesse an seiner kostenlosen Nachhilfe in Familie und Freundeskreis – all das bringt ihn an die Grenzen der Belastbarkeit.

Salman Khans Lösung ist ebenso einfach wie genial: Er produziert kleine Erklärvideos und stellt sie auf YouTube ein. Nun können die Cousine und ihre Klassenkameraden jederzeit auf die Mathenachhilfe zurückgreifen. Womit Khan nicht gerechnet hat: Tausende andere tun das auch, seine kostenlosen Videos verbreiten sich im Netz in Windeseile, die Zahl der Nutzer wächst und wächst. Was als Familienhilfe und Hobby begann, wird zu einer Vollzeitaufgabe. Im Jahr 2009 kündigt Salman Khan seinen Job als Investmentbanker und gründet – ohne Geschäftsmodell, aber voller Überzeugung für die Sache – die gemeinnützige Organisation Khan Academy. Es ist der Beginn einer der bislang größten Erfolgsgeschichten der digitalen Bildung. Schon bald werden kleine und große Förderer auf Khan aufmerksam und unterstützen sein Projekt mit Spenden. Im Jahr 2012 steht Salman Khan auf der prestigeträchtigen Liste der hundert einflussreichsten Persönlichkeiten des *Time Magazine*. Inzwischen gibt es seine Videos für viele Fächer jenseits der Mathematik und in über vierzig Sprachen. Khan hat im Netz einen globalen Lern-Boom ausgelöst. Bill Gates, mit seiner Stiftung einer der größten Unterstützer der Khan Academy, sagt über ihn: »Am Anfang hat er nur ein paar Matheübungen ins Netz gestellt, aber seine Wirkung auf die Bildung dürfte letztlich unermesslich sein.«[2]

Das Erfolgsrezept der Videos ist ihre Einfachheit. Kaum eines ist länger als zehn Minuten, man hört nur eine Stimme und sieht handschriftliche Skizzen und Erklärungen auf dem Bildschirm. Wie früher bei den Montagsmalern, nur dass statt »Hund, Katze, Maus« auf dem Monitor Algebra und Kurvendiskussion erscheinen. Dieses Format ist ohne großen Aufwand und kostengünstig zu produzieren, man braucht nur ein Mikrofon und ein Tablet oder Notebook mit Touchscreen. Bis heute macht Salman Khan viele der Videos selbst. Er ist ein Meister des Erklärens, der komplexe Sachverhalte in einfachen Worten aufs Wesentliche reduziert.

Seine kurzen Filme lassen sich auf jedem Computer, Tablet oder Smartphone abspielen. Wer eine Aufgabe nachrechnen will oder abgelenkt wird, drückt auf Pause. Wer etwas nicht verstanden hat, schaut das Video einfach nochmal an – und muss keine Angst haben, sich vor seinen Klassenkameraden zu blamieren. So flexibel kann kein Lehrer im Unterricht auf das individuelle Tempo all seiner Schüler eingehen.

Einfacher und kostenloser Zugang haben die Khan Academy als Nachhilfeangebot bekannt gemacht. Inzwischen bietet sie weit mehr. In den USA setzen ganze Schulen die Erklärfilme systematisch als Teil des Unterrichts ein, die Erfahrungen sind überwiegend positiv. Lehrer berichten von höherem Engagement, mehr Motivation und sogar größeren Lernerfolgen ihrer Schüler. Ein Grund dafür sind auch die kleinen Übungsaufgaben, die sich an die Videos anschließen. So wird geprüft, ob die Schüler den Lernstoff verstanden haben und anwenden können. Statt einem Einheitslehrplan folgt jeder einer eigenen Lernlandkarte, die die verschiedenen Lektionen aus Videos und Übungsaufgaben zu einem persönlich sinnvollen Curriculum verbindet. Eine Softwareanwendung zeigt den Lehrern den Fortschritt der Klasse und weist sie gezielt auf individuelle Schwierigkeiten hin.

Mittlerweile gibt es sogar Fortbildungen, damit Lehrkräfte das wachsende Angebot der Khan-Videos bestmöglich nutzen können. Im US-Bundesstaat Idaho arbeiten im Rahmen eines Pilotprojekts rund 12 000 Schüler und weit mehr als 200 Lehrer mit den Erklärfilmen. Eine von ihnen ist Shelby Harris, Mathelehrerin an der Kuna High School. Ihr Unterrichtsstil, so erklärt sie, hat sich entscheidend verändert. Da der Stoff nun in Teilen durch die Videos vermittelt wird, hat Harris mehr Zeit für die einzelnen Schüler: »Mein Unterricht ist wirklich besser geworden, denn statt standardisiertes Wissen unterrichte ich jetzt Kinder.«[3]

Berlin-Friedrichshain seit dem Jahr 2009. Der deutsche Salman Khan heißt Stephan Bayer. Nachhilfe jederzeit von der Couch dank Smartphone oder Tablet – mit dieser Idee ging seine Plattform sofatutor vor sechs Jahren online. Inzwischen hat das Bildungsunternehmen über hunderttausend Abonnenten, darunter sogar Lehrer und Professoren, die das Angebot nutzen, um ihr Wissen aufzufrischen oder sich auf den Unterricht vorzubereiten. Auch Eltern gucken gerne mal nach, wie die Fotosynthese funktioniert, bevor sie sich mit ihren Kindern an die Bio-Hausaufgaben setzen.

Bayers Videos sind aufwendiger hergestellt als jene aus Salman Khans digitaler Feder. In der ausgebauten Dachetage eines Hinterhof-Altbaus in Berlin-Friedrichshain hat er moderne Kameratechnik installieren lassen, mit der Spezialisten inzwischen über 13 000 Lernvideos für 21 Fächer und alle Klassenstufen produziert haben. Von der ersten Konzeption bis zur Freigabe eines Films können durchaus mehrere Monate vergehen. Für jedes Video diskutieren Fachlehrer das didaktische Konzept und entwickeln ein Skript, Grafiker entwerfen die benötigten Skizzen und professionelle Sprecher erklären das Material. Alle Videos sind in Struktur, Machart und Stil ähnlich. Das schafft bei den Schülern Vertrautheit – so als käme ein guter Bekannter zum Lernen vorbei. Anders als Salman Khan will Stephan Bayer aber auch Geld verdienen. Wer sofatutor regelmäßig nutzen möchte, zahlt je nach Laufzeit monatlich zwischen 15 und 30 Euro. Dafür muss Bayer bei seinen Besuchen an deutschen Schulen auch keinen Massenauflauf befürchten, denn seine Lernfilme spielen im Schulalltag bislang kaum eine Rolle.[4]

Lahore und Bielefeld seit dem Jahr 2011. Khadija Niazi hat ehrgeizige Ziele. Sie interessiert sich für Astrobiologie, Raumschiffe und künstliche Intelligenz, möchte gerne Physikerin werden. Khadija ist eine von 160 000 Teilnehmerinnen an Sebastian Thruns erstem Massive Open Online Course (MOOC) »Einführung in die künstliche Intelligenz« und gehört zu den 23 000 Personen, die alle Aufgaben erfolgreich absolvieren. Bald darauf besteht sie den Kurs »Grundlagen der Physik« an Thruns neuer Online-Universität Udacity – mit Auszeichnung. Dass Khadija, ein Mädchen aus Pakistan, zu diesem Zeitpunkt erst elf Jahre alt ist, spielt weder für die Zulassung noch für die Prüfung eine Rolle. Einzige Voraussetzung, um die Kurse besuchen zu können, ist ein Computer mit Internetzugang. Und den besitzt Khadija in Lahore. Mittlerweile hat die heute 14-Jährige über ein Dutzend Onlinekurse belegt. Ihr Fazit: »Ich glaube, prinzipiell kann jeder Schüler MOOCs machen. Aber [man muss] auch wirklich den Willen dazu haben.«[5]

Einer der wenigen deutschen Professoren auf Udacity ist der Bielefelder Jörn Loviscach. Sein eher trocken klingender Kurs »Differential Equations in Action« hat immerhin knapp 40 000 Interessierte gefunden. Über einen persönlichen YouTube-Kanal erreicht der Professor für Ingenieurmathematik und technische Informatik regelmäßig fast 50 000 Abonnenten; beinahe 18 Millionen Mal wurden seine Khan-Video-ähnlichen Mitschnitte mittlerweile aufgerufen. Doch Loviscach weiß diese Zahlen einzuordnen. Die kostenfreien digitalen Bildungsangebote bieten zwar theoretisch jedem neue Chancen, das heißt aber noch lange nicht, dass diese Möglichkeiten auch von jedem wirksam genutzt werden. »Die Videos sind nette Erklärungen, aber damit hat man noch nicht wirklich etwas verstanden«, sagt Loviscach.[6] Wer sich als interessierter Laie eines seiner beliebtesten YouTube-Videos zur »Kosmologie der Friedmann-Gleichungen« ansieht, weiß, was der Bielefelder Professor meint. Ohne entsprechendes Hintergrundwissen und vor allem weitere Hilfestellungen und Erläuterungen sind viele der Angebote im Netz nicht massentauglich.[7]

Die Geschichten von Salman Khan, Stephan Bayer, Khadija Niazi und Jörn Loviscach erzählen von den enormen Möglichkeiten des Internets, Bildung allen zugänglich zu machen – jederzeit, an jedem Ort und in der Regel kostenfrei oder zumindest verhältnismäßig günstig. Ob für ein elfjähriges Genie aus Pakistan, eine alleinerziehende Mutter im Wendland oder einen um die Welt reisenden Manager – es braucht nur einen Computer, schnelles Internet und viel Durchhaltevermögen. Vor allem für die bislang verhinderte Elite, all die klugen Köpfe, die es nicht nach Harvard, Stanford oder auch nur an die Fachhochschule Bielefeld geschafft haben, sind digitale Lernangebote eine große Chance. Wer sich bisher Nachhilfeunterricht oder Studium nicht leisten konnte, dem verschaffen jetzt wenige Mausklicks Zutritt zum Wissen der Welt.

MOOCs, die Vorboten der digitalen Bildungsrevolution

Das Angebot der neuen Internet-Hochschulen sind MOOCs. Diese offenen Onlinekurse bestehen aus Videos von Vorlesungen, ergänzt um Übungsaufgaben und Quizze, alles von den führenden Universitäten der Welt zur Verfügung gestellt. Lernen von den besten Professoren galt immer als Privileg weniger, nun gewähren die Onlinekurse Zugang für alle. Unabhängig von Portemonnaie, Herkunft, Alter und bisheriger Bildungskarriere: Jeder kann teilnehmen, egal ob er sich gerade auf dem Campus in Cambridge, im Vorort von Lahore oder auf einer Hallig mitten in der Nordsee befindet. Alleine auf der größten Plattform Coursera haben sich schon mehr als

14 Millionen »Studenten« in gut tausend Kurse von über hundert Partnerhochschulen eingeschrieben; bei Udacity sind drei Millionen Nutzer registriert. Und selbst das noch junge Berliner MOOC-Portal iversity verzeichnet bereits 600 000 Anmeldungen.[8] Zum Vergleich: In ganz Deutschland studieren an allen Hochschulen zusammen rund 2,7 Millionen Menschen.[9]

MOOCs ändern noch nichts an der Qualität der Bildung selbst: Eine Vorlesung wird nicht dadurch besser, dass man sie abfilmt und ins Netz stellt. Das Revolutionäre an diesem Phänomen ist vielmehr seine Dimension. Bildung wird zur Massenware und der Zugang zu Wissen demokratisiert. Was bisher hinter Hörsaaltüren vermittelt wurde, ist nun weltweit abrufbar. Die enormen Anmeldezahlen unterstreichen den globalen Bildungswillen.

Diese Ausweitung des Zugangs ist nicht die erste Revolution in der Bildungsgeschichte. Bereits die Erfindung des Buchdrucks um 1500 hatte radikale Auswirkungen. Wissen wurde unabhängig von den wenigen Handschriften und von den Köpfen weniger Gelehrter. Mit Hilfe eines Buches waren auch andere in der Lage, anspruchsvolle Themen zu unterrichten, und jeder, der lesen konnte, hatte erstmals die Chance, sich eigenständig zu bilden. Die neue Technologie des Buchdrucks machte das vormals rare Gut Wissen massentauglicher und weniger elitär. Jetzt sind es MOOCs und Lernvideos, die Wissensvermittlung und -verbreitung unabhängig vom physischen Medium Buch nahezu kostenlos ermöglichen.

Vieles, was derzeit in der Bildung passiert, erinnert an die Anfänge tiefgreifender Veränderungen in anderen Branchen. Erst die Digitalisierung sorgte in der Musikindustrie für grenzenlose Verbreitung: Musikvideos von Jennifer Lopez und Justin Bieber wurden fast eine Milliarde Mal auf YouTube angeklickt, der »Gangnam Style« des koreanischen Rappers Psy hat als meistgesehener Musikclip in der Geschichte des

Internets die Zwei-Milliarden-Schwelle übersprungen. Um so viele Zuschauer live zu erreichen, hätte der Sänger in den größten Stadien der Welt mindestens 20 000 Konzerte geben müssen – 55 Jahre lang jeden Tag eines. Die knapp sieben Millionen CDs, die binnen eines Jahres verkauft wurden, wirken im Vergleich zu den Abrufzahlen im Internet geradezu lächerlich.[10]

Das bewegte Bild hat der breiten Bevölkerung die darstellende Kunst erschlossen. So gesehen sind MOOCs die Stummfilme des 21. Jahrhunderts. Da der Theaterbesuch wegen der Eintrittspreise und beschränkten Platzzahl nur wenigen vorbehalten war, wurden die Stücke – zunächst ohne Ton – abgefilmt und so einem größeren Publikum geöffnet. Während das Theater im Kern bis heute unverändert geblieben ist, hat das Kino seit den ersten Stummfilmen um die vorletzte Jahrhundertwende eine rasante Entwicklung genommen. Blockbuster nutzen heute technische Effekte, die auf der Bühne undenkbar sind.

Einmal abgedreht, kann ein aufwendiger Film ohne nennenswerte Mehrkosten auf jeder Leinwand der Welt abgespielt oder eben übers Internet verbreitet werden. Anders als die Schauspielhäuser kommt Hollywood weitgehend ohne Zuschüsse aus Steuergeldern aus. Dank hoher Zuschauerzahlen und verträglicher Preise hat die Filmbranche ein finanziell nachhaltiges Geschäftsmodell entwickelt. Die MOOC-Plattformen sind davon noch weit entfernt. Doch wenn bei einem hochwertigen Onlinekurs mit 200 000 Teilnehmern jeder nur zehn Euro zahlen müsste, dürfte sich selbst im studiengebührenfreien Deutschland niemand beschweren. Diese zwei Millionen Euro im Semester wären aber schon mehr als genug für eine kostendeckende Finanzierung und ein angemessenes Professorensalär. Dass man mit guter Qualität auch bei kleinen Preisen erfolgreich sein kann, weiß wohl kaum jemand besser als Deanna Jump. Sie unterrichtet heute wie vor zwanzig Jahren Vorschulkinder und Erstklässler im amerikanischen Bundesstaat Georgia. Anders als früher hat sie seit 2009 am Monatsende keine Sorgen mehr, wie sie von ihrem Gehalt die offenen Rechnungen bezahlen soll. Damals begann sie, selbst entwickelte Lehrmaterialien auf der Internetplattform Teachers Pay Teachers einzustellen. Lehrer können sich dort zu Preisen von fünf bis neun US-Dollar mit digitalen Ideen für ihren Unterricht versorgen. Für Jump war das zunächst nur ein kleiner Nebenverdienst. Doch drei Jahre später hatten sich ihre Materialien mehr als 160 000 Mal verkauft und sie zur Millionärin gemacht.[11]

So wie der Stummfilm den Übergang vom Theater zum Kino und später zum Videostreaming einleitete, sind die heutigen Onlinekurse ein wichtiger Schritt vom traditionellen Lernen im Hörsaal zur digital aufbereiteten Lehre von morgen. Und so wie das Theater Teil unserer Kulturlandschaft geblieben ist, wird auch die klassische Vorlesung nicht verschwinden. Allerdings: Ins Kino gehen heute weit mehr Menschen als in die Schauspielhäuser. Auch wenn die Onlinebildung längst noch nicht an die Akzeptanz und Beliebtheit des modernen Filmtheaters herankommt, zeigt die dynamische Verbreitung von MOOCs und anderen neuen Lernformaten, dass etwas in Bewegung geraten ist: Die digitale Bildungsrevolution hat begonnen.

Digital greift um sich

Je drängender ein Problem, desto schneller kommt der digitale Wandel. In den USA ist Onlinelernen so beliebt, weil es eine Alternative zu den hohen Gebühren an den Hochschulen bietet; in Schwellenländern wie Indien oder Brasilien entwickelt es sich zu einem Massenphänomen, da die Kapazitäten der Schulen und Hochschulen niedriger sind als der Bedarf. Ein revolutionäres Produkt startet immer dort am besten, wo viele Menschen die bisherigen Angebote nicht nutzen können. »Compete against non-consumption« – diese Erfolgsformel disruptiver Innovation trifft auch auf das Lernen zu. Das Neue mag anfangs noch nicht perfekt sein, dafür aber einfach erreichbar und bezahlbar. Wo Zugang zu Bildung nicht für alle hinreichend gewährt ist, da ist es auf jeden Fall besser, digital zu lernen, als gar nicht zu lernen.

In den USA übersteigen die persönlichen Kosten für Bildung inzwischen häufig ihren individuellen finanziellen Nutzen. Hochschulabsolventen sind durchschnittlich mit fast 30 000 US-Dollar verschuldet.[12] Dabei garantiert ein akademischer Abschluss nicht automatisch eine lukrative Karriere, durch die sich der Kredit später leicht tilgen lässt: Mehr als jeder sechste US-Absolvent findet zunächst keinen Job oder arbeitet weniger als gewünscht.[13] Diejenigen in Anstellung sind zudem häufig überqualifiziert. So verfügen jeweils 13 Prozent der Briefträger und Parkplatzwächter in den USA über einen Bachelorabschluss.[14] Die günstigen Onlinekurse sind für viele der Ausweg, weshalb der digitale Bildungsmarkt jenseits des Atlantiks rasant wächst.

In Schwellen- und Entwicklungsländern hapert es meist schon am notwendigen Personal und den Gebäuden, um die stetig wachsende Bildungsnachfrage auf traditionelle Weise zu befriedigen. Wenn Lehrer und Professoren fehlen, es an Schulen und Hochschulen mangelt, dann sind digitale Bildungsangebote oft die einzige Alternative. In Ländern wie Indien oder Brasilien können hoch motivierte Menschen so endlich an höherer Bildung teilhaben. Noch setzt die ungenügende Internetabdeckung diesem Trend Grenzen. Doch es ist nur eine Frage der Zeit, bis schnelles Internet auch dort nahezu flächendeckend verfügbar sein wird.

In Deutschland und Europa hingegen führen MOOCs und Erklärvideos auch deshalb noch ein Nischendasein, weil der günstige Zugang zu Bildung für jedermann eine Selbstverständlichkeit ist. Die Herausforderungen für unser analoges Bildungswesen mögen also nicht von höchster Dringlichkeit sein, Bedarf nach digitalen Lösungen besteht trotzdem. So gehört in der Schule private Nachhilfe für rund 1,1 Millionen Kinder und Jugendliche zum Alltag; das kostet ihre Eltern jährlich bis zu 1,5 Milliarden Euro.[15] Doch nicht alle Familien können sich diesen teuren und zudem unflexiblen Luxus leisten. In der Nacht vor der Klassenarbeit oder Klausur kann der Nachhilfelehrer nicht helfen. Digitale Angebote dagegen sind für wenig Geld rund um die Uhr verfügbar, hier lassen sich der Satz des Pythagoras oder der Ablativus absolutus auch kurz vor dem Schlafengehen noch einmal wiederholen.

Die Gefahr der digitalen Kolonialisierung

Das Studiensystem in Deutschland zwingt Studierende dazu, sich anzupassen. Wer parallel arbeitet oder seinen Job nicht aufgeben möchte, wer sich um Kinder kümmert oder Angehörige betreut, stößt schnell an Grenzen. Ein echtes Teilzeitstudium oder Lernen entlang eigener Zeitbudgets ist an kaum einer Hochschule möglich. Orts- und zeitunabhängige Onlineangebote wären hier eine attraktive Lösung. Auch für diejenigen, die regulär studieren, bietet die Digitalisierung praktische Auswege: Wer Teile einer Einführungsveranstaltung verpasst, etwas nicht verstanden oder vielleicht auch einfach nur Pech mit dem Professor hat, bedient sich eben im Netz. Wer etwas vertiefen will, was die eigene Hochschule nicht anbietet, ebenso. Das ersetzt sicher nicht das Hauptseminar oder ein anspruchsvolles Forschungskolloquium, ist aber allemal besser als eine didaktisch schlecht aufbereitete, hoffnungslos überfüllte Vorlesung, bei der nicht diskutiert wird und man im schlimmsten Falle nicht mal einen Sitzplatz bekommt.

Auch das Lernen jenseits von Schule und Hochschule könnte einfacher sein. Noch immer gibt es eine Vielzahl standardisierter Seminarveranstaltungen, Sicherheitsschulungen und Pflichtunterweisungen. Ob Führerschein, Bootsschein oder Fortbildungszertifikat – stets gilt es, einer Präsenzpflicht zu genügen und deren Erfüllung per Unterschrift in der Teilnehmerliste zu dokumentieren. Wie viel man bei all diesen Pflichtterminen tatsächlich lernt, ist hingegen zweitrangig. Warum also werden solche Schulungen nicht digitalisiert? Dann wäre es jedem selbst überlassen, wann und wo er sich für die Prüfung vorbereitet.

Weil in Deutschland und dem Rest Europas nicht einmal eine Diskussion über diese Möglichkeiten digitaler Bildung richtig in Gang gekommen ist, läuft unser Bildungswesen Gefahr, von amerikanischen Angeboten überrannt und damit digital kolonialisiert zu werden. Die Amerikaner besitzen mit Harvard und Stanford bereits die stärksten Hochschulmarken der Welt – wohl jeder würde gerne in seinem Lebenslauf angeben können, hier eine Vorlesung belegt zu haben. Kein Wunder also, dass die drei erfolgreichsten MOOC-Plattformen Coursera, Udacity und EdX diesen beiden Universitäten entstammen. Auch in der Onlinenachhilfe sind die Amerikaner mit Projekten wie der Khan Academy führend. So werden die in den USA produzierten Lernvideos und aufgenommenen Vorlesungen zum globalen Standard. Zwar mag deren Herstellung teuer sein, die weltweite Verbreitung kostet aber fast nichts. Wollen wir also die Vielfalt der europäischen Bildung langfristig erhalten, sollten auch wir die Möglichkeiten der Onlinelehre ausschöpfen und dieses Feld nicht länger alleine den USA überlassen.

Zugang ohne Grenzen

Der Boom der MOOCs hat vor allem an den Hochschulen schon viele aufgeschreckt. Angesehene Experten warnen vor einem Tsunami, der auf das Bildungswesen zukomme und, denkt man das Bild zu Ende, es zu zerstören drohe. Zweifellos ist die sich ankündigende Welle groß, ihre revolutionäre Kraft beachtlich. Die Digitalisierung birgt aber vor allem Chancen: Sie gewährt Menschen in aller Welt Zugang zu einem bislang knappen Gut. Einem Gut, über das sich die gesellschaftliche Elite – bei uns Bildungsbürgertum genannt – traditionell von anderen Schichten abgegrenzt hat. Insbesondere MOOCs stellen wesentliche Grundprämissen des althergebrachten Bildungssystems in Frage. Es zählt nicht mehr die Leistung *vor* der Hochschule, sondern die *in* der Hochschule: Keiner bleibt mehr wegen Abiturnote, Numerus clausus und begrenzten Studienplätzen außen vor; jeder kann sich an den Kursen versuchen, am Ende entscheidet, ob man die Prüfung besteht.

Nicht nur diese Art der Demokratisierung treibt die Digitalisierung der Bildung voran. Professoren wie Sebastian Thrun oder Lehrerinnen wie Deanna Jump bietet sie eine große Bühne und neue Einnahmequellen. Bildungsinstitutionen können sich durch MOOCs oder andere neue Lernformate profilieren und ihre Qualität steigern. So erreicht zum Beispiel die FH Potsdam mit dem Onlinekurs »The Future of Storytelling« knapp hunderttausend Menschen – weit mehr, als jemals auf dem Campus der noch jungen Hochschule studiert haben. Auch die renommierte EPF Lausanne, die französischsprachige und nicht minder elitäre Schwester der Züricher Bundesuniversität ETH, hat MOOCs zu einem strategischen Ziel erklärt. Sie will damit ihre internationale Sichtbarkeit steigern und mehr ausländische Studierende gewinnen. Die Schweizer Hochschule verspricht sich aber auch positive Wirkungen für die Qualität der Lehre auf dem eigenen Campus. Wenn dort die Einführungsvorlesung parallel von mehreren Professoren angeboten wird, sind der Abstimmung mit den Füßen durch die Größe der Hörsäle Grenzen gesetzt. MOOCs hingegen machen transparent, bei wem am liebsten – und deshalb oft auch am besten – gelernt wird. Zudem strengen sich die Professoren in ihrer Onlinevorlesung wohl noch mehr an, als sie es im Hörsaal tun, wenn nicht nur Studierende, sondern auch die eigenen Kollegen zuschauen können.

Doch MOOCs sind nur der Anfang. Solange die abgefilmte Vorlesung im Internet selten mehr ist als ein digitaler Klon des analogen Formats über einen neuen Vertriebsweg, handelt es sich um »alten Wein in neuen Schläuchen«. Der theoretisch breitere Bildungszugang zahlt sich nur für die besonders Fähigen und Motivierten aus. Diese verhinderte Elite, die ihr Talent bislang aus rein finanziellen oder logistischen Gründen nicht entfalten konnte, kommt bereits durch diese erste Stufe der digitalen Bildungsrevolution zum Zug. Die Profiteure sind Hochbegabte aus gutem Hause wie das pakistanische Mädchen Khadija Niazi.

Für den großen Rest reicht es nicht aus, Wissen elektronisch zugänglich zu machen. Erfolgreiches Lernen erfordert für die meisten Menschen mehr. Zu unterschiedlich sind die persönlichen Voraussetzungen, Begabungen und Ambitionen, als dass das gleiche Angebot für alle auch bei allen zum gleichen Ergebnis führt. Nicht jeder, der lernen will, kann das auf dem Niveau von Spitzenuniversitäten wie Stanford oder Harvard tun. Solange wir es nicht schaffen, digitale Lerninhalte und Lernwege individuell an Lernstil, -tempo und -ziel anzupassen, wird die Demokratisierung der Bildung unvollendet bleiben.

Das belegen die heutigen Teilnehmer der MOOCs; die überwiegende Anzahl von ihnen hat das akademische System bereits kennen und schätzen gelernt. Der typische Onlinelerner in Europa und den USA ist weiß, gut situiert, gebildet und hat meist schon einen Hochschulabschluss. Bisher erreichen MOOCs dort nur selten neue, an Hochschulen noch unterrepräsentierte Gruppen. Um tatsächlich mehr Chancengerechtigkeit zu erreichen, ist ein weiter Weg zu gehen. Wissen digital zugänglich zu machen ist ein wichtiger, doch nur erster Schritt der Bildungsrevolution. Der nächste heißt Personalisierung.

4 PASSEND FÜR JEDEN

Wie maßgeschneidertes Lernen möglich ist

»Unser Team hat erreicht, was vorher noch nie jemand geschafft hat: Wir liefern für tausende von Kindern einen individuellen Lehrplan – jeden Tag aufs Neue.«[I]

Joel Rose, Gründer der Initiative New Classrooms

New York im Jahr 2014. Die David A. Boody Schule, benannt nach einem Bürgermeister Brooklyns aus dem 19. Jahrhundert, macht von außen einen freundlichen Eindruck. Das Gebäude mit Klinkerfassade stammt aus den dreißiger Jahren, die knallrot gestrichene Eingangstür steht weit offen, die Buchsbaumhecken sind liebevoll gepflegt. Innen sieht die öffentliche Schule im Stadtteil Sheepshead Bay aus wie viele New Yorker Lehranstalten. Über den grün gestrichenen Fluren leuchten Neonröhren und die Böden sind fleckig. Wenn mit ohrenbetäubendem Lärm das Pausenzeichen losschrillt, klappen die Türen auf und die Gänge füllen sich mit Teenagern. Die Namen der rund tausend Schüler im Alter zwischen elf und 14 Jahren sind so multikulti wie ihre Gesichter. Sie heißen Nelson Chah, Smaa Hussein oder Nanci Vazquez. 14 Prozent Schwarze, 24 Prozent Lateinamerikaner, 34 Prozent Asiaten und 28 Prozent Weiße gehen hier zur Schule. Der Anteil der frisch Zugezogenen ist groß, aus wohlhabenden Familien stammt kaum einer: 80 Prozent der Schüler haben Anspruch auf »free lunch«, ein warmes Mittagessen auf Schulkosten. Viele Eltern leben von Sozialhilfe, für eine Schuluniform ist kein Geld da, geschweige denn für einen Nachhilfelehrer, falls es mit dem Englisch noch hapern sollte.

Eine ganz neue Welt betritt man aber im ersten Stock, wo gerade Mathe beginnt: School of One, die auf den Einzelnen zugeschnittene Schule, ist ein riesiger Raum, der ein ganzes Stockwerk einnimmt. Auf den Vorschlag der gemeinnützigen Organisation New Classrooms hat Schulleiter Dominick D'Angelo die früheren Wände der Klassenzimmer komplett entfernen lassen und so einen hellen, offenen Raum geschaffen. Auf dieser großen Fläche lernen etwa neunzig Schüler an wechselnden Stationen; flexible Trennwände und andersfarbige Stühle grenzen die einzelnen Arbeitsbereiche voneinander ab.

An der David A. Boody Schule revolutioniert New Classrooms seit drei Jahren zusammen mit den Lehrern und dem Schulleiter den Mathematikunterricht: Sie haben Schulbücher weggeworfen und das jahrhundertealte Lehrer-Schüler-Modell entstaubt. Experten haben aus 80 000 Lerneinheiten 10 000 geeignete herausgefiltert – und diese frisch aufbereitet und digitalisiert. Jeder neue Stoff, wie zum Beispiel den Flächeninhalt eines Parallelogramms zu berechnen, kann jetzt auf verschiedene Arten gelehrt werden: Live-Unterricht, Gruppenarbeit mit anderen Kindern, Online-Tutor oder vielleicht lieber ein Video? Mit einem sogenannten »exit slip«, einer kurzen Onlineprüfung, die jeder Schüler täglich am Ende des Unterrichts ablegt, checkt das System, wer noch üben muss oder wer den Stoff schon verstanden hat und bereit ist für eine neue Lektion.

Das Herz von New Classrooms schlägt in Manhattan. Dort sitzen die Experten und dort stehen die Computer, die jeden Nachmittag für jeden Schüler individuell errechnen, an welchen Themen er noch weiter arbeiten muss und welches die beste Lernmethode für ihn ist. So ermittelt der Computer den passenden Lernplan für den nächsten Tag.

In der Etage von School of One trudeln morgens langsam die Schüler ein und suchen ihren Namen auf einem der großen Monitore, die an Flughafenterminals erinnern. Hier steht das

Programm, das den Einzelnen heute erwartet. »Ich bin nicht so schnell, deshalb mag ich am liebsten Virtual Instructions«, sagt die elfjährige Loredana Nicolazzi. »Wir sitzen vor dem Computer, haben unsere Kopfhörer auf, und wir schauen uns die Videos an, ohne die anderen damit zu stören. Ich schreibe mir Sachen auf, aber in meinem eigenen Tempo. Ich kann die Pause-Taste drücken, wenn ich will«, erklärt sie. Alle drei Jahrgangsstufen der David A. Boody Schule sitzen zusammengewürfelt. Manche Achtklässler haben noch Lücken im Bruchrechnen, dagegen können einige Sechstklässler schon den Stoff der nächsthöheren Jahrgangsstufe bewältigen. Jeder Schüler darf den neuen Stoff so schnell oder so langsam lernen, wie er in ihren oder seinen Kopf passt.

Loredana und ihre Schule in Brooklyn zählen zu den Erfolgsgeschichten von New Classrooms. Seit drei Schuljahren wird dort der Mathematikunterricht individuell auf jeden Schüler zugeschnitten – und erzielt phänomenale Erfolge. Bevor die School of One im Schuljahr 2010/11 Einzug hielt, lag die Leistung der Sechstklässler knapp unter dem Durchschnitt vergleichbarer Schulen in New York City. Als dieselben Kinder die achte Jahrgangsstufe absolvierten, waren ihre Prüfungsergebnisse bereits elf Prozent besser als der Durchschnitt. Inzwischen lernen die Schüler von New Classrooms sogar beinahe eineinhalbmal so viel pro Jahr wie das nationale Mittel.[2]

Dabei sieht Joel Rose keineswegs wie ein Revoluzzer aus. Der Mitbegründer und Direktor von New Classrooms, ein ehemaliger Lehrer, trägt ein dunkelblaues Jackett ohne Schlips und hat sympathische Lachfalten um die Augen. »Wenn ich [früher als Lehrer] einen neuen Stoff durchgenommen habe, verstand ihn zwar die Hälfte der Klasse, aber die andere Hälfte nicht. Was sollte ich am nächsten Tag machen? Langweile ich die eine Hälfte meiner Schüler, weil ich alles wiederhole, oder lasse ich die anderen links liegen und mache weiter? Auf Stärken und

Schwächen einzelner Schüler einzugehen, ist im traditionellen Klassenzimmer unmöglich«, so Rose. »Wir haben uns überlegt, wie man Schule um die Bedürfnisse jedes einzelnen Schülers herum bauen und neu organisieren kann: Wie sieht die Rolle des Lehrers aus, wie verwenden wir den Raum, wie nutzen wir die Zeit?«

Denn die Lehrer sind in der neuen Welt des Lernens alles andere als überflüssig. Auch wenn sie einen Schüler gerade nicht persönlich unterrichten, haben sie seinen Lernfortschritt im Blick. Auf ihren Bildschirmen sieht man eine große farbige Tabelle mit allen Schülernamen, dazu ein Ampelsystem mit grünen, orangen und roten Punkten. Kommt einer ihrer Schützlinge mit seinem Lernprogramm nicht weiter, springt die Ampel von grün auf orange oder gar rot. Der Lehrer überprüft dann, woran es hapert, guckt über die Schulter, versucht zu helfen. Das geht nicht für alle neunzig Schüler gleichzeitig, aber eben immer für diejenigen, die gerade nicht weiterkommen. Das Computerprogramm zeigt, wo Intervention nötig ist.

Die Mathelehrerin Kelly Basacci genießt die neue Art des Unterrichtens: »In traditionellen Schulen ist man als Lehrer oft auf sich allein gestellt. Hier arbeiten wir alle zusammen, sprechen ständig miteinander, wie man mit einem bestimmten Schüler umgehen sollte, wie man eine Lektion am besten rüberbringt. Weil die Räume so offen sind, kann ich manchmal hören, wie es die anderen machen. Dann denke ich mir: Das ist eine gute Idee, und ich benutze [die Methode] auch in meinem Unterricht.« Zwar erfahre sie den Plan für den nächsten Tag erst gegen 17 Uhr, wenn die Kinder ihre Exit Slips abgegeben haben. Aber sie wisse immer genau, wo es bei den Einzelnen noch hakt. Das sieht auch Schulleiter Dominick D'Angelo so: »Das Material wird bereitgestellt – das macht den Job so viel einfacher, und die Lehrer können sich auf das konzentrieren, worin sie am besten sind: lehren.«

2009 startete das erste Pilotprojekt in New York. Damals nannte das *Time Magazine* School of One bereits eine der besten Erfindungen des Jahres. Heute arbeiten 15 Schulen im ganzen Land mit dem Konzept, USA-weit lehrt New Classrooms rund 6000 Schüler Mathematik und verbessert damit ihre Chancen auf eine weiterführende Bildung.[3]

So beeindruckend die Geschichte von New Classrooms und der David A. Boody Schule ist: Eigentlich geschieht dort nur das, was jeder gute Lehrer, Professor oder Trainer macht, wenn die Lerngruppe klein genug ist. Sie personalisieren das Lernen. Der wesentliche Unterschied: Joel Rose und sein Team schaffen das nicht nur für eine Handvoll Schüler, sondern für tausende gleichzeitig – dank der Lernvideos, Lernprogramme und Computeralgorithmen. Digitalisierung – und das ist der entscheidende Punkt – versöhnt das bisher Unversöhnliche: den Bildungszugang für alle mit dem auf jeden individuell abgestimmten Curriculum. Damit kann sie den Gegensatz von Masse und Klasse aufheben.

Homogenität ist eine Illusion

Unterschiedliche Talente, Kenntnisse und Erfahrungen – so verschieden, wie der Mensch ist, so lernt er auch. Selbst wenn alle das gleiche Lernziel erreichen müssten, so wären Weg, Stil und Tempo höchst unterschiedlich. Die heutigen Bildungssysteme nehmen darauf aber wenig Rücksicht. Egal ob Schule, Hochschule oder Weiterbildung: Alles ist standardisiert und vereinheitlicht. »Du bist zwölf, es ist Herbst, also ist Bruchrechnen dran«, beschreibt der Journalist Jürgen Schaefer diese Schwäche des Bildungswesens.[4]

Die Standardisierung ist Konsequenz und Preis einer der größten Errungenschaften unserer Gesellschaft – des Bildungszugangs für alle. Bis Wilhelm von Humboldt die Bildung demokratisierte, ließen Adel und wohlhabende Bürger ihre Kinder von Privatlehrern erziehen, der Rest der Gesellschaft blieb unwissend. Die einen lernten somit äußerst personalisiert, die anderen gar nicht. Humboldt wollte mehr Gerechtigkeit, doch das Modell des Privatlehrers ließ sich nicht für alle verwirklichen, weder gab es dazu genug Pädagogen noch war das auch nur ansatzweise finanzierbar. So entstand unser allgemeines Schulwesen. Die Schulpflicht führte zwangsläufig zu einer Vereinheitlichung der Inhalte, Wege und Vermittlung. Aus der einst persönlichen Förderung für wenige durch den Privatlehrer wurde notgedrungen eine Fließbandbildung für alle.

Nach und nach entstanden vorgegebene Lehrpläne, der 45-minütige Unterrichtsrhythmus, standardisierte Klassengrößen, normierte Abschlüsse – also all das, was bis heute das Bildungssystem prägt. So auch das dreigliedrige Schulsystem; Hauptschule, Realschule und Gymnasium sollten die Schüler in möglichst homogene Lerngruppen sortieren. Man könnte auch sagen: Die klassische deutsche Pädagogik orientierte sich am Mittelmaß. Anders, das erkannte bereits 1780 der erste deutsche Pädagogikprofessor Ernst Christian Trapp, schienen die Herausforderungen nicht zu bewältigen: »Wie hast Du dies alles anzufangen bei einem Haufen Kinder, deren Anlagen, Fähigkeiten, Fertigkeiten, Neigungen, Bestimmungen verschieden sind, die aber doch in einer und eben derselben Stunde von Dir erzogen werden sollen?«[5] Seine Antwort ist bezeichnend: Den Unterricht auf die Mittelköpfe ausrichten.[6]

Das Kalkül hinter dem Mittelkopf als Maßstab: Wenn die besseren Schüler nur ein wenig unterfordert und die schlechteren nur ein wenig überfordert sind, dann können alle dem Unterricht einigermaßen folgen. Doch die Methode funktioniert nicht, die Homogenität der Lerngruppen hat sich als

Illusion erwiesen. Heute ist das Gymnasium die Gesamtschule der Mittelschicht, Studieren der Normalfall und Vielfalt somit die Regel. Die Leistungsspanne in Klassenzimmern, Hörsälen und Seminarräumen ist mittlerweile schlicht zu groß, als dass sich Unterricht an Trapps Mittelkopf orientieren kann. Die moderne Pädagogik hat auf diese Herausforderung mit dem Konzept der Individuellen Förderung reagiert: Jeder Schüler bekommt einen persönlichen Lernplan mit passend auf seine Fähigkeiten abgestimmten Aufgaben. Das ist sehr aufwendig und geht meist einher mit Forderungen nach mehr Personal und kleineren Klassen. Entsprechend langsam setzt sich die Individuelle Förderung in der analogen Welt durch.

Das bürgerliche Milieu hat längst eine Antwort auf die Schwachstellen des Systems gefunden. Mit Nachhilfe, privaten Lernangeboten am Nachmittag, Sprachurlauben in den Sommerferien oder dem Internatsbesuch in England wird das Lernen auf eigene Faust individualisiert. Während die einen weiterhin Bildung von der Stange bekommen, verschaffen sich die anderen ein besseres, persönlich zugeschnittenes Angebot.

Die Digitalisierung lässt in vielen Branchen auf den Einzelnen abgestimmte Produkte entstehen. Über 60 Millionen Menschen stellen sich ihre persönliche Musiksammlung über den Streaming-Anbieter Spotify zusammen und zahlen selbst in der werbefreien Variante für einen Monat unbegrenztes Musikhören weniger als früher für eine einzige CD.[7] Auch in der Textilbranche kombinieren Onlineanbieter Massen- und Maßanfertigung: Wer Kragen, Bauch und Armlänge selber vermisst und seine Daten eingibt, kann aus hunderten von Schnitten, Stoffen, Taschenformen und Knopfarrangements einen Wunschanzug designen. Das so entworfene Kleidungsstück wird dann dreidimensional visualisiert, direkt auf Bestellung produziert und kurzfristig geliefert – teilweise günstiger als Ware von der Stange.

Sogar vor dem Frühstückstisch machen die personalisierten Wunschprodukte nicht Halt. Statt sich durch die Masse der Einheitspackungen von Haferflocken, Früchte- oder Schokomüsli in den Supermarktregalen zu wühlen, kann der Kunde bei mymuesli online aus über achtzig verschiedenen Flocken, Nüssen und Obst sein Lieblingsmüsli mixen. Auch hier funktioniert das Internetgeschäft nach demselben Prinzip: Erst nach der Bestellung hergestellt, wird das Unikat direkt nach Hause geschickt – zum vergleichbaren Preis eines hochwertigen Standardprodukts.

Die persönliche Musiksammlung, maßgeschneiderte Anzüge, Müsli ganz nach dem eigenen Geschmack – heute wird alles für jeden passend gemacht. Dem Bildungssystem steht dieser grundlegende Wandel noch bevor. Die Digitalisierung kann dem Konzept der Individuellen Förderung zum Durchbruch verhelfen. New Classrooms zeigt, wie es geht.

Unterschiedlichkeit als Problem

Fragt man einen Lehrer, Professor oder Dozenten nach seiner größten Herausforderung, lautet die Antwort häufig: Guter Unterricht wäre viel leichter, wenn die Lerngruppe nicht so heterogen wäre. Dahinter verbirgt sich eigentlich nur der Wunsch, die schwächsten und manchmal auch die stärksten Schüler auszusortieren – in der Hoffnung, dann eine leistungshomogene Gruppe vor sich zu haben. Unterschiedlichkeit wird von vielen Pädagogen als Problem empfunden.

Auch in den Bildungsergebnissen spiegelt sich wider, dass etwa deutschen Schulen der Umgang mit Vielfalt nicht wirklich gelingt. Als 2001 die erste PISA-Studie veröffentlicht wurde, war das Entsetzen groß. Ein Viertel der 15-Jährigen scheiterte an allem jenseits der einfachsten Grundlagen des Lesens und Rechnens.[8] Was daraufhin unternommen wurde, ist ein Beispiel durchaus erfolgreicher, aber auch kurzsichtiger Politik. Die mit viel zusätzlichem Geld initiierte Sprachförderung, das Aufstocken der Betreuer, Sozialarbeiter und Schulpsychologen in Brennpunktschulen und viele weitere Sondermaßnahmen für das abgehängte untere Viertel verfehlten ihre gewünschte Wirkung nicht. Heute ist der Anteil der Bildungsverlierer stark zurückgegangen. Davon profitiert haben aber nicht alle: Die Leistungen der deutschen Spitzenschüler stagnieren. Statt flächendeckend eine neue Pädagogik einzuführen, die alle Kinder und Jugendliche individuell fördert, wurde nur das akute Problem am unteren Rand des Bildungsspektrums angegangen. Die Potenziale der leistungsstarken Schüler bleiben weiter ungehoben. Die Unterforderung der Besten aber ist für eine Gesellschaft genauso fatal und kostspielig wie die Überforderung der Schwächsten.

Der in unserem Bildungssystem angelegte Gleichschritt führt zu Ausgrenzung auf der einen und Verschwendung von Lebenszeit auf der anderen Seite – durch Sitzenbleiben oder Ausbremsen. Ist ein Kind in den Naturwissenschaften und Mathematik äußerst schlecht, aber in allen anderen Fächern gut, wird es trotzdem nicht versetzt. Ist es in fast allen Fächern seiner Klasse weit voraus, beherrscht die Fremdsprache Englisch aber noch nicht auf dem Niveau des nächsthöheren Jahrgangs, darf es das Schuljahr nicht überspringen, sondern muss im Klassenverband verbleiben. Diese starren Strukturen verhindern die eigentlich nötige Personalisierung in der Schule; es fehlt an jahrgangsübergreifendem Lernen und individuell zugeschnittenen Curricula, mit denen jeder in seiner eigenen Geschwindigkeit vorankommen kann.

Massenhaft persönlich

Noch sitzen die Bildungsmaßschneider von heute fast ausschließlich in Oxford und Stanford oder in exklusiven Privatschulen. Deren kleine Lerngruppen und individuelle Betreuung sind aber nur wenigen zugänglich, man braucht überragendes Talent oder reiche Eltern.[9] Dort unterrichten Pädagogen, die das Idealbild erfüllen: Sie entwerfen für jeden Studenten ein eigenes Lernprogramm entsprechend Kompetenzen, Interessen und Lernstil, lösen sich vom Standardlehrbuch, empfehlen passende Materialien. Sie haben immer ein Auge auf den Fortschritt des Einzelnen, helfen früh, wenn etwas nicht verstanden wird, erkennen Langeweile ebenso wie Überforderung und reagieren darauf.

In Zukunft wird man auch jenseits von Elite-Institutionen besser auf individuelle Ansprüche eingehen können. Bislang gab es Bildung nur für wenige persönlich zugeschnitten oder für viele als standardisierte Einheitslösung. Digitale Bildung löst diesen vermeintlichen Zielkonflikt nun auf; sie kann für hunderttausende möglich machen, was sonst nur in Kleingruppen gelingt. Intelligente Software richtet sich nach Tempo, Lernstil und Fähigkeiten des Einzelnen, führt ihn zu individuell passenden Aufgaben. Die Lektionen werden in kleine Module aufgebrochen, die Algorithmen für jeden Schüler zu einem persönlichen Lernweg kombinieren. Programme wie die von Knewton und bettermarks (siehe Kapitel 1) erkennen anhand der absolvierten Übungen, wo der Lernende im Stoff steht, und passen Reihenfolge und Schwierigkeit entsprechend an. Alle kommen ans Ziel, die Wege und die Geschwindigkeit sind zwar unterschiedlich, aber niemand wird mehr überfordert oder gelangweilt.

Ein illustratives Beispiel für den Wandel vom einheitlichen Massenprodukt hin zum individuell zugeschnittenen ist die

Khan Academy (siehe Kapitel 3). Anfangs lag ihr Fokus nur auf dem offenen Zugang zu Nachhilfevideos und Übungsaufgaben, mit denen bald Millionen von Schülern lernten. Gelernt hat allerdings auch die Khan Academy. Denn aus dem Verhalten der vielen Nutzer kann die Software nun geeignete Empfehlungen für den individuellen Lernweg ableiten. Die Anfang 2015 veröffentlichte App für das iPad bietet jedem Schüler Übungen mit dem passenden Schwierigkeitsgrad an. Um aus den Nutzerdaten ein persönliches Curriculum für jeden erstellen zu können, beschäftigt die Khan Academy inzwischen nicht nur Mitarbeiter, die für Didaktik und Fachinhalte zuständig sind, sondern auch sogenannte »Data Scientists«. Mit speziellen Computerprogrammen analysieren sie, welche Erkenntnisse sich aus dem enormen Datenschatz gewinnen lassen, um die Lerninhalte noch besser auf den jeweiligen Nutzer abzustimmen.

Solche Ansätze waren lange Zeit auf die Mathematik beschränkt, da es die Software in diesem Fach besonders leicht hat, Richtig und Falsch zu erkennen. Aber auch in anderen Bereichen, wie zum Beispiel in den Natur- und Ingenieurwissenschaften, der Informatik oder in Fremdsprachen und Rechtschreibung wächst das Angebot.[10] Es stehen immer mehr Lernmaterialien digital zur Verfügung, und Computer sind zunehmend in der Lage, auch komplexere Aufgaben zu bewerten; sie korrigieren Texte, erkennen logische Zusammenhänge und geben kontinuierliches Feedback zum Lernfortschritt. Die Lehre passt sich dem Lernenden an, nicht mehr der Lernende der Lehre.

Wie radikal die Digitalisierung das Lernen verändern kann, zeigt auch der sogenannte »Flipped Classroom«, das in seiner Lernlogik »umgedrehte Klassenzimmer«. Untersuchungen gehen davon aus, dass Lehrer im traditionellen Unterricht nur 20 Prozent ihrer Zeit den Bedürfnissen und Sorgen der einzelnen Kinder widmen, aber 80 Prozent der Zeit zur Erläuterung von Standardwissen benötigen.[11] Ihre Schüler können meist nur schweigend zuhören, kaum mit Lehrer oder Mitschülern über den Stoff und ihre Fragen diskutieren. Nach dem Unterricht versuchen sie, ihre Hausaufgaben zu machen und das Gehörte umzusetzen. Gerade hier wäre es wichtig, sich gegenseitig austauschen und Hilfestellungen geben zu können. Doch alleine daheim fehlt bei Fragen und Verständnisproblemen der so wichtige Kontakt zu anderen.

Im Flipped Classroom eignen sich die Kinder *vor* der Unterrichtsstunde das benötigte Standardwissen über Videos oder Lernprogramme an. Dabei übertreffen didaktische Aufbereitung und Erklärkunst der speziell ausgewählten Pädagogen meist die Möglichkeiten der Lehrer vor Ort; zudem lassen sich die Videos auch ohne Blamage vor den Mitschülern so oft wie nötig wiederholen. Im Klassenzimmer entsteht dadurch Raum, das Gelernte zu diskutieren und anzuwenden – egal ob im Gespräch zwischen Schüler und Lehrer oder in der Gruppenarbeit; Unklarheiten können unmittelbar ausgeräumt werden. Die Bedürfnisse des Einzelnen rücken so viel stärker in den Mittelpunkt als beim klassischen Unterricht.

Sehr guten Schulen und sehr guten Lehrern gelingt individuelle Förderung auch in der analogen Welt. Leider sind sehr gute Schulen und sehr gute Lehrer selten. Und selbst für sie ist es extrem aufwendig, sich mit derselben Aufmerksamkeit um jeden einzelnen Schüler zu kümmern. Die Digitalisierung gibt allen Beteiligten mehr Zeit für das Wesentliche – ein Allheilmittel aber ist sie nicht. Natürlich können siebenminütige Lernvideos keine Persönlichkeitsbildung ersetzen und Computertechnik nicht die Bindung zwischen Lehrer und Schüler. Was sie jedoch können, ist, Freiräume genau dafür zu schaffen.

5 QUALITÄT OHNE QUAL

Wie spielerisches Lernen zum Erfolg führt

»Qualität kommt von Qual.«

In Granit gemeißelter Leitspruch der Henri-Nannen-Journalistenschule

»Jeder, der zwischen Spielen und Lernen unterscheidet, hat von beidem keine Ahnung.«[1]

Marshall McLuhan, kanadischer Philosoph und Medientheoretiker

Berlin im Februar 2015. Der Mensch versucht auf die Eventualitäten des Lebens vorbereitet zu sein, versichert seinen Hausrat, sein Auto, seine Berufsfähigkeit, sorgt für die Kinder und fürs Alter vor. Er schätzt das Gefühl von Sicherheit. Doch wenn die Stewardess vor dem Abflug die Verhaltensregeln für den Notfall erklärt, auf Kreuzfahrtschiffen der Umgang mit Schwimmwesten gezeigt wird oder in Büro- und Schulgebäuden eine Brandschutzübung ansteht, dann ist unverhohlenes Desinteresse die typische Reaktion. Da wird der lebensbedrohliche Ernstfall geprobt – und die Mehrheit schaltet ab. Solange die Gefahr abstrakt ist, bleibt der Einzelne emotional unbeteiligt. Ein spielerischer Zugang kann das ändern.

»Spielen ist keine ernste, aber eine sehr ernsthafte Angelegenheit«, sagt Thomas Bremer.[2] Er leitet gamelabs, das Herzstück des Studiengangs für Computerspieleentwickler an der Hochschule für Technik und Wirtschaft Berlin. Gerade arbeiten die gamelabs-Designer an einem Projekt für die Berliner Universitätsklinik Charité. Ein digitales Lernspiel soll die unbeliebten, aber rechtlich verpflichtenden Brandschutzseminare ersetzen.

Dazu schlüpft man am Computer in die Rolle der virtuellen Krankenschwester Helena. Sie bekommt einen Brand gemeldet – ein Mülleimer hat Feuer gefangen! Nun muss es schnell gehen, die Leitwarte informiert, panische Patienten beruhigt, die Station evakuiert und der Brandherd erstickt werden. »Ein Lernspiel ist viel mehr als nur die Realität virtuell abzubilden«, sagt Bremer. Zunächst gehe es darum, das Lernziel zu definieren. »Wie das dann spielerisch am besten umgesetzt wird, ist eine ganz andere Frage. Da hilft es oft, sich nicht exakt an der wirklichen Situation zu orientieren, dafür aber an den Prinzipien des Spielens.«

Für die Brandschutzübung bedeutet das zum Beispiel: Helena findet eine chaotische Situation vor. Betten stehen im Weg und müssen mit der Computermaus auf markierte, unterschiedlich große Flächen gerollt werden. Wird ein Bett falsch zugewiesen, springt es zurück. Der Spielende lernt so, die Betten brandschutzgerecht anzuordnen. Während Helena im echten Krankenhaus lange Flurstrecken zurücklegen müsste, geht es im Spiel darum, dass sie gedanklich ständig in Aktion bleibt. Denn wenn der Spielende sich langweilt, wird er unkonzentriert und lernt schlechter. Zur Situation passende Quizfragen helfen, die richtigen Entscheidungen zu treffen. Bunt animiert poppen sie in der Reihenfolge auf, in der auch bei einem realen Brandfall die entsprechenden Aufgaben zu erledigen wären. Gibt man eine falsche Antwort, leistet der Computer sofort Hilfe. Eine Uhr am oberen Bildschirmrand stoppt, wie schnell eine Aufgabe gelöst wird, das motiviert. Wie in jedem Computerspiel gibt es auch für Helena ein »Game Over«: Braucht sie zu lange, explodiert der brennende Mülleimer. Effekte, bunte Grafiken, Quizfragen – spielerisch Erlerntes bleibt haften. Anders als bei einem Frontalvortrag oder typischen Probealarm konzentriert sich der Spielende bei der Bettenverschieberei auf die zentralen Herausforderungen bei einem Brand und merkt sich so ganz nebenbei, was im Ernstfall zu tun ist.

Hamburg im Herbst 2014. Lesen lernen ist kein Spiel. Selbst wenn es um Zauberer wie *Harry Potter* oder Detektive wie *Die drei ???* geht, wirken Bücher im Vergleich zu digitalen Medien auf viele Kinder ziemlich eintönig. Die Onlineplattform Antolin will das ändern: Sie bietet für mehr als 65 000 Kinder- und Jugendbücher Fragen zu Personen und Handlung. »Was erhalten Ron, Hermine und Harry aus Dumbledores Erbschaft? Wodurch unterscheidet sich PotterWatch von anderen Radiosendern? Was findet Bob im Zeitungsarchiv der Bibliothek von Rocky Beach?«

In Deutschland haben bereits fünf Millionen Mädchen und Jungen ein Lesekonto bei Antolin. Einer davon ist Jan, ein neunjähriger Junge aus Hamburg, der früher Hörspiele liebte und Bücher verschmähte. »Jan konnte stundenlang auf seinem Sitzsack verbringen und den Geschichten lauschen. Aber ein Buch in die Hand zu nehmen, dazu hatte er keine Lust«, sagt sein Vater.[3] Das änderte sich erst im zweiten Schuljahr, als Jans Lehrer Antolin einführte: Zu jedem gelesenen Buch konnten die Kinder auf der Internetplattform zehn Fragen beantworten und für richtige Antworten Punkte sammeln. Mit Lesen punkten, darum wetteiferte bald die gesamte Klasse. Ob *Das magische Baumhaus* oder *Der kleine Ritter Trenk:* Sobald Jan mit einem Buch fertig war, rannte er zum Computer, loggte sich ein und machte sich an die Fragen. Das Feedback kam sofort, richtig oder falsch, verstanden oder nicht verstanden. Und Anerkennung gab es auch, je nach Leistung als Urkunde in Bronze, Silber oder Gold. »Ohne den spielerischen Ansatz von Antolin würde mein Sohn wahrscheinlich noch immer auf seinem Sitzsack hocken und Hörbücher hören«, sagt Jans Vater.

Boston im Januar 2012. Professor Picards Räumlichkeiten am MIT Media Lab erinnern an George Orwells Überwachungsstaat: Wer hier zu Besuch ist, wird emotional durchleuchtet.

Kameras an den Wänden erfassen Gesichtsausdruck, Puls, Veränderungen des Blutdrucks und leiten aus den Daten ab, was der Besucher fühlt. Aufregung, Glück oder Langeweile – nichts bleibt Picard verborgen. Ursprünglich wurde diese Technik für die Werbeindustrie entwickelt, um sekundengenau zu analysieren, wie Fernsehzuschauer auf einzelne Spots reagieren. Künftig könnte ein solches System auch beim Lernen eingesetzt werden. Die Kamera in Laptop oder Smartphone erkennt die Gefühlslage eines Schülers oder Studenten, ob er begeistert, genervt oder unkonzentriert ist. Schweift ein Nutzer ab oder entwickelt negative Gefühle, kann die Lernsoftware sofort reagieren: Das Spiel oder Video stoppt, der Computer stellt eine Frage zu dem gerade behandelten Stoff, und das Programm setzt sich nur bei richtiger Antwort fort. Reicht das nicht, um die Aufmerksamkeit des Nutzers zurückzugewinnen, schlägt es eine Pause vor und empfiehlt Erholung.[4]

Animation und Konzentration auf das Wesentliche, sofortiges Feedback, emotional passendes Lernen: Die Beispiele von gameslab, Antolin und aus dem MIT Media Lab verdeutlichen, wie Motivation entsteht und Technologie dabei helfen kann, sie zu erhalten. Die vergangenen Kapitel haben gezeigt, dass Digitalisierung den Zugang zu und die Personalisierung von Bildung ermöglichen kann. Doch wie erreichen wir Menschen, die solche Bildungsangebote zwar nutzen könnten, denen aber die Motivation fehlt? Wer eigentlich alle Möglichkeiten und dennoch keine Ambitionen hat, braucht mehr als maßgeschneiderte Angebote. Die digitale Welt zeigt, wie die Lust am Lernen spielerisch geweckt oder neu entfacht werden kann.

Von Lernlust zu Lernfrust

Lernen ist leichter gesagt als getan. Theoretisch weiß jeder, wie wichtig es ist, und doch fällt es praktisch vielen schwer. Das Fernsehprogramm oder ein Abend mit Freunden sind oft verlockender als monotones Stillsitzen am Schreibtisch. Wenn der Spaß an der Sache fehlt, werden die Augen schnell müde und die Konzentration lässt nach.

Kleine Kinder hingegen lernen gerne und freiwillig, bei ihnen ist die natürliche Verbindung von Spielen und Lernen noch intakt.[5] Auf dem Spielplatz, im Kindergarten oder zu Hause – die Neugier ist der Motor ihrer Wissbegierde. Kinder lernen spielerisch. Sie balancieren über das Mäuerchen im Vorgarten und schulen dabei ihr Gleichgewicht. Sie spielen Alltagssituationen beim Einkaufen nach und üben so menschliche Interaktion. Sie probieren mit Bauklötzen aus, wann ein Turm einstürzt, und fördern so ihr räumliches Denken. Jeder wird mit dieser Neugier und Lernlust geboren: verstehen zu wollen, wie Dinge funktionieren, ohne dass ein Lehrer das vorschreiben müsste. Doch je institutionalisierter Bildung mit zunehmendem Alter wird, desto mehr löst sich die natürliche Einheit von Spielen und Lernen auf. Lernen nach Stundenplan entfremdet sich vom Spielen in der Freizeit.[6]

Wenn Kinder älter werden, wächst ihr Widerwille gegen organisiertes Lernen. Während fast alle Vorschüler angeben, gerne zur Schule zu gehen, ist das laut einer amerikanischen Untersuchung nur noch bei etwas mehr als einem Drittel der Neuntklässler der Fall (siehe Abbildung 4).[7] Das Schulsystem hat bis zu diesem Zeitpunkt dafür gesorgt, dass die anderen Jugendlichen ihre natürliche Lernlust verloren haben; einige verlassen auch aus diesem Grund die Schule, sodass die Quote der zufriedenen Schüler bis zum Abschluss wieder leicht ansteigt.

Lernen ist ein lebenslanger Prozess, er endet nicht mit dem Studien- oder Ausbildungsabschluss. Doch ist die Freude daran einmal verloren, ist sie kaum noch zurückzugewinnen. Nur die Hälfte der Deutschen zwischen 25 und 64 Jahren nimmt an Weiterbildungen teil, nicht einmal jeder Zweite davon tut dies gerne.[8] In der Konsequenz bedeutet das: Nur jeder vierte Erwachsene hat Spaß am gezielten Lernen – keine guten Voraussetzungen für eine wettbewerbsfähige Wissensgesellschaft.

Warum verlieren so viele Menschen über die Jahre ihre angeborene Lernmotivation, wenn es um Fortbildungen jedweder Art geht? Und warum lernen die gleichen Menschen in Sport, Ehrenamt und Freizeit trotzdem mit Freude und Leichtigkeit? Die Erwachsenen, die sich vor der Weiterbildung drücken, gehen immerhin gerne zum Yoga, bringen sich als Schatzmeister ihres Sportvereins freiwillig Excel bei oder lesen dicke Bücher über Gärtnern und Heimwerkern.

Abbildung 4: Anteil der Schüler, die gerne zur Schule gehen (USA)

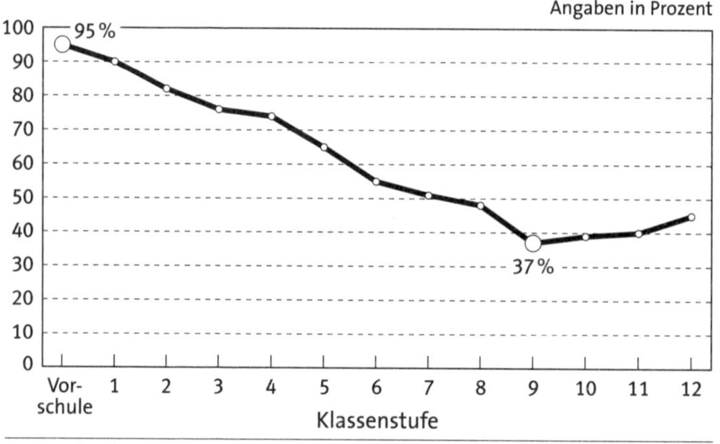

Quelle: Fullan (2012).

Der Spielverderber

Auch das passendste Lernangebot kann nur wenig bewirken, wenn die Lust am Lernen fehlt. Das bestehende System bremst die natürliche menschliche Wissbegierde aus: durch zu wenig Aktivität, zu wenig Feedback und zu wenig Anwendungsbezug.

Passiv statt aktiv. Lernen heißt überwiegend still dasitzen und zuhören. Statt beim eigenständigen Wissenserwerb zu begleiten, zu helfen, wo nötig anzuleiten, wird Wissen immer noch wenig interaktiv vermittelt.[9] »Broadcast Learning« nennen die Amerikaner das: Vorne steht einer und sendet an alle das Gleiche. Dabei lässt sich von Kindergärten einiges abschauen: Kinder würden vor Langeweile weinen und brüllen, wenn sie der Erzieherin beim Spielen nur zusehen dürften. Vom Zuschauen allein würden sie wenig lernen und erst recht nicht ihre Neugier befriedigen. Schon wenige Gegenstände zum Anfassen, die sich zusammenstecken, kleben, formen oder anmalen lassen, machen aus Kindern Entdecker und Tüftler. »Learning by doing has more conditions for success than teaching by telling«, bringt Christopher Dede, Professor für Lerntechnologien an der Harvard Graduate School of Education, diese eigentlich triviale, im Bildungssystem dennoch oft missachtete Erkenntnis auf den Punkt.[10] Eine Schülerfirma zu gründen und aufzubauen vermittelt Wirtschaftswissen nachhaltiger, als klassischer Unterricht es je könnte. Ein Schülerhaushalt, bei dem Jugendliche über Teile des Schulbudgets beraten und am Ende selbst entscheiden, ob ein Klettergerüst oder Schließschränke dringender benötigt werden, lehrt mehr über Demokratie als die Lektüre von Fachpublikationen. Angehende Ingenieure verstehen die Gesetze der Aerodynamik und die Funktionsweise eines Motors durch einen studentischen Rennautowettbewerb besser als durch eine Vorlesung im Hörsaal.

Sanktion statt Reaktion. Lernen lebt von Resonanz. Doch in der Bildung ist persönliches Feedback zu selten, zu ungenau und kommt zu spät. Ob jemand ein Konzept wirklich begriffen hat, darauf gibt in der Schule meist nur alle paar Wochen eine Klassenarbeit Antwort, an der Uni oft erst die Prüfung am Ende des Semesters oder gar des Studiums. Dabei ist eine Rückmeldung unmittelbar nach jeder Aufgabe und Lektion notwendig, um den individuellen Lernprozess fördern zu können und keine Rückstände entstehen zu lassen. Tests sollten ermöglichen, aus Fehlern zu lernen, dienen aber vor allem der Notengebung. Die eigentlich entscheidende Frage, nämlich *warum* jemand eine Aufgabe oder Prüfung nicht geschafft hat, bleibt unbeantwortet. Wenn die korrigierte Arbeit erst Wochen oder im Studium manchmal Monate später zurückgegeben wird, baut neuer Stoff bis dahin auf einem möglicherweise brüchigen Fundament auf. Salman Khan kritisiert diese Art zu lernen; schließlich bekommt, wer beim Radfahren noch wackelt und kippt, ja auch keine »Fünf« und wird als Nächstes auf ein Einrad gesetzt. Jeder darf und muss so lange üben, bis er sicher unterwegs ist – erst dann kann er die nächste Schwierigkeitsstufe austesten. Denn wer das Fahrrad noch nicht beherrscht, wird mit Sicherheit vom Einrad stürzen.[11]

Abstrakt statt konkret. Gelernt wird auf Vorrat, Wissen wird angehäuft, Nutzen und Lebenskontext geraten dabei meist aus dem Blick. Man paukt Grundlagen ohne konkrete Anwendungen. Bildung ist oft nur das abstrakte Versprechen, das theoretische Wissen werde irgendwann einmal nützlich sein. Die Einordnung in den größeren Zusammenhang oder wenigstens das praktische Beispiel als Anker – all das fehlt häufig: Der angehende Mediziner quält sich durch Chemie, Biologie und Physik, ohne deren Einfluss auf Krankheitsbilder zu verstehen. Der Student der Ingenieurwissenschaft belegt über Semester

Grundlagen der Mathematik und Naturwissenschaften, ohne im Rahmen eines Projekts deren Bedeutung für sein Berufsziel zu begreifen. Der Lateinunterricht bläut Vokabeln ein, bevor Freude an Sprache entsteht.

Eigener Antrieb, Begeisterung und Neugier stehen beim institutionalisierten Lernen nicht im Fokus. Doch das widerspricht den wissenschaftlichen Erkenntnissen über erfolgreiches Lernen – und ignoriert Persönlichkeit und Talent des Einzelnen. Das Bildungssystem wird zum Spielverderber. Von der Spieleindustrie könnte es sich eine Menge abschauen. Frei von Zwang, dafür umso faszinierter und ausdauernder – für viele Eltern zu ausdauernd – können Kinder Stunden vor dem Computer verbringen. Sie arbeiten sich Level für Level voran und üben, je nach Spiel, Motorik, Wissen oder abstraktes Denken. Kaum etwas ist so fesselnd für sie wie das Geschehen auf dem Bildschirm. Natürlich kann es sich kein Spielehersteller leisten, nach wenigen Jahren zwei Drittel seiner Kunden verprellt zu haben – so wie es die Schulen tun. Die milliardenschwere Branche muss die Nutzer bei Laune halten. Deshalb würde sie niemals ein Spiel konzipieren, das den Spieler in eine passive Rolle drängt, ihm unmittelbares Feedback zu seinen Leistungen verweigert oder Fähigkeiten vermittelt, die erst zehn Level später gebraucht werden.

Motivation statt Druck

Fehlen Spaß und Motivation beim Lernen, werden Hilfskonstruktionen geschaffen: Eltern setzen sich bei den Hausaufgaben neben ihre Kinder oder stellen einen Nachhilfelehrer ein, Studierende bilden Lerngruppen, um sich gegenseitig anzutreiben, Hochschulen führen »Lange Nächte der aufgeschobenen Hausarbeiten« ein. Das alles basiert allerdings mehr auf künstlichem Druck als auf eigener Initiative. Wird die zusätzliche Unterstützung wieder reduziert, sind die alten Verhaltensmuster schnell zurück. Zwar kann der von außen aufgebaute Druck nach Belieben und Geldbeutel gesteigert werden und kurzfristig Lernerfolge befördern – echtes Interesse entsteht auf diese Weise aber nur selten. Vielmehr führen solche Rettungsversuche am Ende sogar dazu, dass auch der letzte Funke Motivation erstickt wird. So fühlt sich heute jeder dritte Schüler gestresst,[12] rund 15 Prozent zeigen psychische Auffälligkeiten.[13] Selbst wenn der Schubs von außen funktioniert, wäre er trotzdem keine gangbare Lösung für jeden: Nicht alle Eltern haben die Zeit oder Kompetenz, ihre Kinder bei den Hausaufgaben zu unterstützen. Nicht jeder hat das Geld für private Nachhilfe.

Wie wichtig Spaß beim Lernen ist, zeigt die Forschung. Freude, also Interesse und Begeisterung für die Sache, fördert die Gedächtnisleistung, Druck hingegen lässt den Lerneffekt geringer ausfallen.[14] Sachverhalte prägen sich besser ein, wenn sie mit positiven Emotionen verbunden sind. Angst kann im Extremfall sogar dazu führen, dass Erlebnisse vollständig verdrängt werden – das macht Lernen unmöglich.[15] Stimmt jedoch die Gefühlslage, gerät der Lernende in einen »Flow«, wird ganz und gar gepackt und vergisst alles um sich herum. In dieser Situation ist der Mensch in der Lage, Erstaunliches zu leisten. Er spürt nicht mehr, wie die Zeit vergeht, versinkt in seinem Tun. Das ist nicht nur bei Musikern oder forschungshungrigen Nobelpreisträgern in spe zu beobachten, sondern auch bei Schülern und Studenten, wenn sie ein spannendes Referat vorbereiten oder sich die Puzzleteile der Doktorarbeit zusammensetzen. Dieser Zustand wird erreicht, wenn die Aufgabe sehr anspruchsvoll ist, der Lernende sich ihr aber gerade noch gewachsen fühlt. Das Handlungsfeld ist überschaubar, das Ziel klar, weder Langeweile noch Überforderung treten ein, während man kontinuierlich vorankommt. Wer den Flow fühlt, für den werden die Tätigkeit selbst und ihre Bewältigung zur größten Belohnung.[16]

Spielend zum Erfolg

Erfolgreiches Lernen kombiniert Spaß und Ernst, Neugier und Disziplin, Feedback und Kontrolle. Das zeigt sich bereits beim simplen Bücher-Quiz Antolin. Wenn schon kleine Anreize wie virtuelle Punkte und Urkunden genügen, um die Lust am Lesen zu steigern, wie sehr könnte Bildung dann erst von der professionellen Spieleindustrie profitieren? Oder anders gefragt: Was würde passieren, wenn ein Unternehmen wie Electronic Arts, dessen Kassenschlager *The Sims* sich mehr als 150 Millionen Mal verkauft hat,[17] Teenagern Mathematik beibrächte? Dann würden wohl die Kriterien angewendet, die ein Computerspiel erfolgreich machen.[18]

Ein gutes Spiel sorgt für *Erfolg und Scheitern*. Es darf nicht zu leicht, aber eben auch nicht zu schwer sein, sollte niemals langweilen, aber auch nicht dauerhaft überfordern. Deshalb ist es in verschiedene Level eingeteilt; das nächste ist in der Regel nicht im ersten Anlauf zu erreichen, dazu braucht es etwas Ausdauer, die Bereitschaft, aus Fehlern zu lernen, und Offenheit für alternative Lösungen. Der Schwierigkeitsgrad wird nach und nach gesteigert, Fortschritt kontinuierlich spürbar und jedes abgeschlossene Level zu einem Erfolgserlebnis. So meint man stets, es fast geschafft zu haben, und spielt genau deshalb weiter. Auch gute Lernprogramme schlüsseln Lektionen in kleine Einheiten auf: Sie brechen die Inhalte auf wenige Minuten lange Sequenzen herunter und prüfen an deren Ende sofort, ob der Inhalt verstanden worden ist.

Falls ja, geht es gleich weiter mit der nächsten Lektion, denn: Auch *Geschwindigkeit und unmittelbare Anerkennung* sind wichtig für ein gutes Spiel. Nie wird der Spielfluss unterbrochen; ist ein Level geschafft, beginnt gleich das nächste. Die Lernsoftware hat so einen entscheidenden Vorteil gegenüber dem traditionellen Unterricht: Man muss auf niemanden warten, der noch nicht so weit ist. Schüler, die computerbasiert mathematische Aufgaben lösen, loben insbesondere das direkte Feedback.[19] Wer etwas geschafft hat, will dafür auch Anerkennung – sofort und nicht Monate später, wenn das Lob gefühlsmäßig nicht mehr mit der Leistung in Verbindung gebracht wird. Motivation lebt von positiver emotionaler Resonanz. Das machen sich Lernprogramme zunutze: Schüler und Studenten bekommen von der Software unmittelbar Rückmeldung und solange Unterstützung, bis der Stoff tatsächlich sitzt.

Ein Spieler bleibt im Flow, wenn er meint, er habe die *Kontrolle über das Geschehen*, und nicht umgekehrt. Die Aufgabe ist ebenso klar wie die Bedingungen für die Lösung, beides ist in den Spielregeln eindeutig festgelegt. Jede Aktion scheint beeinflussbar. Ein erfolgreiches Lernprogramm macht es nicht anders. Während ein Schüler sich oft fremdgesteuert fühlt, wenn der Lehrer ihm die Hausaufgabenliste vorsetzt, erweckt digitales Lernen den gegenteiligen Eindruck: Nicht das gesamte zu bewältigende Pensum steht im Vordergrund, sondern der einzelne, mit klaren Regeln verbundene Lernschritt. Löst der Schüler eine Aufgabe, wird die folgende schwerer; schafft er eine Lektion nicht, erhält er Lösungstipps und eine ähnliche Übung zur Wiederholung. Sein Handeln und seine Fähigkeiten scheinen den Ablauf zu bestimmen – das Programm übernimmt zwar die Steuerung, lässt ihn dies aber nicht spüren. Software aus Professor Picards Labor am MIT könnte so unbemerkt einen Lernweg entwickeln, der sich den jeweiligen Emotionen des Schülers anpasst.

Ein Letztes noch, mag es auch trivial klingen: Es muss *blinken und klingeln.* Originelle Töne oder visuelle Effekte sprechen die Sinne an und steigern die Aufmerksamkeit. Bücher blinken nicht. Neue Medien hingegen sind abwechslungsreich und ein bisschen schrill, das macht sie faszinierender. Auch Thomas Bremer und seine Kollegen aus den gamelabs nutzen in ihrem Brandschutzlernspiel für die Charité die Kraft der Farben und der Töne: Da ist es bunt und laut, jede gelöste Aufgabe wird mit einem kurzen Jingle belohnt.

Diese Prinzipien eines erfolgreichen Spiels machen deutlich, welch enormes Potenzial bisher im Bildungswesen vergeudet wird. Lernen sollte nicht quälend sein, schließlich verringern negative Emotionen die Chancen auf Erfolg. Das heißt aber nicht, dass Lernprogramme und Simulationen die Erfahrung des Scheiterns ausschließen. Im Gegenteil: Spielerisches Lernen braucht die ständige Herausforderung, braucht das mögliche Scheitern. Aber das Ziel muss gut zu erfassen und – mit kontinuierlichem Feedback – durch eigenes Handeln erreichbar sein.

Vielen mag diese neue Welt des Lernens noch fremd und der Leitspruch der Henri-Nannen-Schule »Qualität kommt von Qual« vertrauter sein. Doch sobald die eigenen Kinder Probleme in der Schule haben, greifen die meisten Eltern schon wie selbstverständlich zu ihrem Smartphone und suchen nach einer passenden Lern-App. Wer heute bei iTunes das Stichwort »Mathematik« eingibt, findet hunderte Programme, die mehr mit einem Computerspiel als einem Mathebuch zu tun haben. Wenn Lernspiele Zugangshürden senken und Motivation schaffen, sind sie allein deshalb eine geeignete Alternative zu klassischen Medien. Kinder aus bildungsnahen Haushalten mögen diese weniger nötig haben; doch gerade den heute Abgehängten hilft der spielerische Ansatz, sich die riesigen Möglichkeiten des digitalen Wissens und Lernens zu erschließen.

Während Lesen zunehmend an Bedeutung für das Lernen verliert, legen Videos und Spiele zu. Ein Viertel der US-Amerikaner hat im Jahr 2013 kein einziges Buch gelesen,[20] zugleich finden sich auf YouTube längst nicht mehr nur Musikclips oder lustige Tierfilmchen, sondern auch hunderttausende gut animierter Lernvideos. Schule, Hochschule und Weiterbildung müssen sich diesem kulturellen Wandel öffnen. Natürlich schafft es eine sehr gute Lehrerin auch ohne digitale Hilfsmittel, Lernen erfolgreich zu gestalten. Sie kann ohne die Kamera im Laptop die Emotionen ihrer Schüler erkennen, spürt, ob sie unter- oder überfordert sind. Dennoch profitiert auch sie von den technischen Möglichkeiten: Simulationen, die komplexe Sachverhalte anschaulich machen; Selbstlernspiele für einige Schüler, die ihr die Möglichkeit geben, sich währenddessen intensiver um andere Kinder zu kümmern; frühzeitige Hinweise der Software, wenn sich durch geringen Lernfortschritt abzeichnet, dass ein Schüler in Schwierigkeiten gerät. Für Onlinevorlesungen mit hunderttausend eingeschriebenen Studierenden werden personalisierte Lernspiele auf Dauer unverzichtbar sein. In einem solchen Rahmen fehlt die Zeit für eine intensive Betreuung, die dem Einzelnen gerecht wird. Software hilft in diesen Fällen nicht nur, eine motivierende Lernumgebung zu schaffen, sondern auch Probleme zu erkennen, die dem Dozenten gezielte Interventionen ermöglichen.

Sosehr die Kontrolle durch die Smartphone- oder Laptop-Kamera manchen erschaudern lässt: Gut umgesetzt, eröffnet die Digitalisierung breiten Zugang für alle, personalisierte Angebote und motivierende Lernsettings mit passendem Feedback. Doch erst wenn sich die Lernenden mit Hilfe des Internets vernetzen, wird eine neue Dimension der gesellschaftlichen Durchlässigkeit möglich.

6 WEQ SCHLÄGT IQ

Wie vernetztes Lernen Vorteile schafft

»Die Zukunft des Lernens liegt nicht in neuen Technologien. Sie entspringt der Macht der menschlichen Kollaboration.«[1]

Leitsatz der Peer-2-Peer University

»Wissen hat einen einzigartigen ökonomischen Charakter. Man kann es weggeben und dabei doch behalten. Der Wert des Wissens steigt sogar, wenn man es mit anderen teilt.«[2]

Daniel R. Tobin, Management-Coach und Autor

Ostwestfalen und New York im Sommer 2013. Dieses Vorstellungsgespräch würde Markus Pott so schnell nicht vergessen. Auf seine Frage an den jungen Bewerber, welche Kompetenzen er denn mitbringe, erwartete der 50-jährige Geschäftsführer eines mittelständischen Softwareunternehmens eine Aufzählung der üblichen Programmiersprachen und Applikationen. Stattdessen antwortete der Bewerber: »Ich selber kann nur weniges richtig gut, kenne aber jede Menge Leute. Gemeinsam mit meinem Netzwerk löse ich Ihnen jedes Programmierproblem.«[3]

Was das in der Praxis bedeutete, erlebte Pott wenige Wochen später, als er eine junge Mitarbeiterin wütend in sein Büro einbestellte. Sie hatte einen Programmiercode, der aufwendig und teuer in der Firma entwickelt worden war, ins Internet gestellt. Wie konnte sie nur das mühsam Erarbeitete der Allgemeinheit und damit auch der Konkurrenz zugänglich machen? Was für ein ärgerlicher Fehler, dachte Pott. Die Mitarbeiterin war da ganz anderer Meinung: »Was glauben Sie denn, wie wir hier unsere Aufgaben lösen? Würden andere nicht ihren Programmiercode ins Netz stellen und mit uns teilen, wären wir in unseren Projekten aufgeschmissen. Das ist ein Geben und Nehmen.« Pott begriff: Die Jungen, die sogenannte Generation Y, meinen es mit dem Teilen ernst. Sie leben und arbeiten nach den Prinzipien der Kollaboration und Kooperation.

So lässt sich auch der Erfolg der Online-Community Stack Overflow erklären. In dem Internetforum kann jeder angemeldete Nutzer Fragen zu Programmierproblemen stellen, die thematisch sortiert und dann von anderen bearbeitet werden; die Antworten sind für alle einsehbar. Seit 2008 haben sich bei Stack Overflow weit über vier Millionen Menschen registriert und fast zehn Millionen Fragen gestellt. Die Plattform treibt die Idee der gegenseitigen Anerkennung auf die Spitze. Die Nutzer würdigen die Antworten ihrer Peers mit »Badges« – Abzeichen, die es nicht nur in Gold, Silber und Bronze gibt, sondern in vielen qualitativen Abstufungen: »Generalist« oder »Guru«, »neugierig«, »erleuchtet«, »hilfreich« oder »beharrlich«. Badges sind für jeden sichtbar, sie werden auf der Profilseite und auch in den einzelnen Posts angezeigt. Je häufiger man Fragen beantwortet und je hilfreicher diese Antworten für die Community sind, desto höher die Auszeichnung. Auf diese Weise steigern die aktiven Teilnehmer kontinuierlich ihre Reputation und belegen ihre Kompetenz.[4]

Kollaboration und Konkurrenz sind bei Stack Overflow kein Widerspruch mehr, das macht den Erfolg der Plattform aus. Denn die Herausforderungen für Programmierer sind heute so komplex, dass oft nur der Austausch in der Community weiterhilft. Geschäftsführer Markus Pott jedenfalls beschäftigte seine junge Kollegin, die den Programmiercode im Netz teilte, weiter; den Bewerber, der selbst nicht viel konnte, aber ein Expertennetzwerk bot, stellte er ein. Und »Gurus« von Stack Overflow stehen bei ihm inzwischen höher im Kurs als Masterabsolventen so mancher Universitäten.

Massachusetts im Frühjahr 2008. Mit ein paar Bekannten wollte Philipp Schmidt nur testen, ob sie sich eigenständig die Grundbegriffe der Psychologie beibringen konnten. In der digitalen Welt groß geworden, waren sie neugierig auf die im Netz frei zugänglichen Lernmaterialen. Es folgten wöchentliche Telefonate, die Gruppe diskutierte den Stoff und klärte die Fragen Einzelner gemeinsam. Am Ende war das ursprüngliche Ziel nur noch Nebensache. »Viel wichtiger als die Psychologie wurde für uns der soziale Aspekt, die Verbindung, die beim gemeinsamen Lernen zwischen Menschen entsteht«, berichtet Schmidt, heute Director of Learning Innovation am Massachusetts Institute of Technology (MIT).[5] Seine Freunde und er wollten herausfinden, ob dieses Gemeinschaftsgefühl auch zu einem Lernkonzept für andere werden kann. 2009 gründeten sie deshalb die Peer-2-Peer University.

Mit einer Universität im klassischen Sinne hat diese Einrichtung nichts zu tun. Es braucht nur einige Gleichgesinnte aus aller Welt, die Interesse am selben Thema haben, sich online vernetzen und gemeinsam bilden möchten. Einer dieser Peers übernimmt dann die Organisation und Koordination der Gruppe. Er muss nicht über mehr Wissen als die anderen verfügen, aber bereit sein, eine gewisse Verantwortung für den Lernprozess der ganzen Gruppe zu übernehmen. Die Inhalte der virtuellen Lernräume der Peer-2-Peer University sind frei gestaltbar: Egal ob kreatives Schreiben oder soziale Innovationen, Programmieren oder mittelalterliche Literatur, Pädagogik oder eben Psychologie – ein Internetanschluss ist die einzige Voraussetzung für das Lernen im Team. Seit ihrer Gründung haben über hunderttausend aktive Nutzer an mehr als 500 virtuellen Kursen der

Peer-2-Peer University teilgenommen. Die selbst organisierten Lernmaterialien – Texte, Bilder und Videos – werden in Chaträume gestellt und dort erläutert und diskutiert. Jeder weiß und kann etwas, das für andere relevant ist, jeder teilt sein Wissen und Können mit der Gruppe, und jeder gibt konstruktives Feedback. Wer lehrt, der lernt – denn Inhalte zu erklären erfordert, sie bis ins Detail zu durchdringen. Statt Noten und Abschlüssen erhalten Teilnehmer Badges. Die Abzeichen gibt es für ausgezeichnetes Erklären, für die tiefe Einarbeitung in ein Thema oder auch für das Durchhalten bis zum Kursende.

Philipp Schmidt ist überzeugt vom Mehrwert des Peer-to-Peer-Lernens: »Wenn ich steckenbleibe, brauche ich jemanden, der mir nicht nur in der Sache weiterhilft, sondern mich auch motiviert, am Ball zu bleiben. Genau das passiert in den Chatforen der Community.«[6] In Zukunft sollen sich die Gruppen zusätzlich auch »analog« treffen, denn viele Nutzer haben mittlerweile den Wunsch geäußert, sich auch persönlich auszutauschen. Peer-to-Peer-Lernen über das Internet allein ist eben nicht für jeden gleichermaßen geeignet: Motivation, Selbstlernfähigkeiten und Kommunikationskompetenz sind die wichtigsten Erfolgsfaktoren. Wer in einem bildungsfernen Umfeld aufwächst, bringt diese Voraussetzungen seltener mit und hat es deutlich schwerer. Gespräche von Angesicht zu Angesicht und die Dynamik in der Lerngruppe sind da immer noch das beste Mittel gegen ein vorzeitiges Scheitern. Ob nur online oder auch offline: Lernen ist und bleibt ein sozialer Prozess – ohne andere Menschen geht es auch im digitalen Zeitalter nicht.[7]

Michigan und Lausanne im Jahr 2012. Die Auswertung von Übungsaufgaben oder Prüfungen ist auch in Onlinekursen mit hunderttausenden Teilnehmern möglich. Zumindest solange es in Fächern wie Mathematik, Naturwissenschaften oder Informatik eindeutig richtige oder falsche Antworten gibt. Viel schwieriger ist das in den Geistes- und Sozialwissenschaften. Dort geht es oft um Textverständnis, gute Argumente und schlüssige Strukturen. So wie bei Charles Severance und seinem MOOC zur »Geschichte, Technologie und Sicherheit des Internets«. 11 000 Teilnehmer, die im Sommer 2012 über die Plattform Coursera seinen Kurs belegten, erwarteten eine Bewertung ihrer Leistungen – individuell und möglichst schnell. Diese Aufgabe konnte der Professor der Michigan State University selbst mit Unterstützung von Assistenten unmöglich erfüllen, und auch Algorithmen halfen hier noch nicht zuverlässig weiter. Deshalb begann Severance, mit »Peer Grading« zu experimentieren: Er ließ die Studierenden ihre Leistungen gegenseitig bewerten.

Peer Grading funktioniert nach dem Crowdsourcing-Prinzip: Die Intelligenz vieler wird genutzt, um eine Aufgabe bestmöglich zu lösen. Für Severances Studenten ist es nicht mehr mit dem Verfassen eines Essays getan, sie müssen nun auch mehrere Texte ihrer Kommilitonen lesen, kommentieren und bewerten – die Note ergibt sich dann aus dem Durchschnitt aller Beurteilungen. Peer Grading bewältigt nicht nur den enormen Korrekturaufwand, es kann – gut gemacht – auch zu ähnlichen Ergebnissen wie herkömmliche Methoden führen. Der didaktische Nutzen steht außer Frage: Gelernt wird sowohl durch die Rückmeldungen der Kommilitonen zur eigenen Arbeit als auch durch das Kommentieren der Leistungen anderer.

Auch Frédéric Kaplan ist von der positiven Wirkung des Peer Grading so angetan, dass er es in seinen normalen Vorlesungen auf dem Campus der Schweizer Elite-Uni EPF Lausanne einsetzt. Der Professor für Digital Humanities stellt ebenfalls eine hohe Übereinstimmung zwischen der Bewertung durch Lehrende und durch Studierende fest. Er hat allerdings noch eine weitere Beobachtung gemacht: Bei Tests, die nicht benotet wurden und nur der Fortschrittskontrolle dienten, stieg die Qualität der

Leistungen durch Peer Grading signifikant an. Offenbar strengen sich die Studierenden in der Gewissheit, dass ihre Arbeiten von Kommilitonen gelesen werden, deutlich mehr an. Vor der Gruppe will man sich eben nicht blamieren.[8]

Digitalisierung kann Nachteile ausgleichen: Wer bisher trotz Motivation und Potenzial keinen Zugang zu guter Bildung hatte, profitiert von MOOCs und anderen Massenangeboten; wer in der Vergangenheit auf Bildung von der Stange angewiesen war, bekommt durch adaptive Software einen individuellen Lernweg gewiesen; und wer bislang ein Problem mit der Eigeninitiative hatte, wird von Lernspielen motiviert. Stack Overflow oder die Peer-2-Peer University stehen für einen weiteren Mehrwert der Digitalisierung: Früher eher zufällig und lokal organisiertes Lernen im Team wird jetzt in globalen Netzwerken strukturiert. Die Generation Y orientiert sich stärker an Kooperation als an Konkurrenz, sie löst wie Markus Potts Mitarbeiter komplexe Probleme flexibel und schnell wie nie zuvor – gemeinsam. Die wachsende Bedeutung der sozialen Netzwerke begünstigt diese Arbeitsweise; gute Leistung wird nun für alle sichtbar.

Kenner kennen: Geben und Nehmen im Netz

Die Antwort des Bewerbers in Markus Potts Firma – er könne zwar selbst nur weniges richtig gut, kenne aber viele weitere Experten – ist symptomatisch für die Herausforderungen unserer Zeit. Ob es um die Auswirkungen des demografischen Wandels, sauberes Trinkwasser oder einen anspruchsvollen Programmiercode geht – zahlreiche Themen sind in ihrer Komplexität für den Einzelnen nicht mehr zu bewältigen. Selbst der Fachkundige ist häufig überfordert. Der wissenschaftliche Output steigt rasant, verdoppelt sich mittlerweile alle neun Jahre.[9] Alles hängt mit allem zusammen; das erfordert, stärker in Problemen als in Disziplinen zu denken. In der Medizin beispielsweise vernetzt man sich deshalb nicht nur auf getrennten Jahreskonferenzen der Molekularbiologen, Pneumologen und Onkologen, sondern auch auf einer Fachkonferenz zur »Bekämpfung von Lungenkrebs«. Dort diskutieren Experten unterschiedlicher Fachrichtungen gemeinsam interdisziplinäre Lösungen und Therapien.

Die Arbeitswelt ist einem permanenten Wandel ausgesetzt, in manchen Berufen werden zentrale Kompetenzen schon nach etwa fünf Jahren obsolet.[10] Davon ist der Softwareentwickler ebenso betroffen wie der Elektrotechniker, einige Berufszweige hat das grundlegend verändert. In der Autowerkstatt beispielsweise ist der Mechaniker durch den Mechatroniker ersetzt worden, der auch die heutigen »Computer auf vier Rädern« warten kann. Der technologische Fortschritt verlangt vom Einzelnen ein ständiges Update seines Wissens. Die analoge Lösung dafür ist der Austausch mit den Kollegen vor Ort, die digitale nutzt die Kompetenz der Vielen im Netz – so wie es die Mitarbeiterin von Markus Pott getan hat.

Wissen wissen und *Lernen lernen* galten bisher als zentrale Anforderungen für ein erfolgreiches Berufsleben. Heute sollte man auch *Kenner kennen*. Auf digitalen Plattformen und Foren vernetzt zu sein und zu jedem Problem den geeigneten Experten aktivieren zu können, führt zu schnellen und guten Lösungen. Wer seinen Sachverstand teilt, profitiert in der Regel auch von dem Know-how der anderen und bekommt mehr zurück, als er selbst preisgibt. Die Gleichung des modernen Arbeitens lautet: 1+1=3. Das Ergebnis ist mehr als die Summe seiner Einzelteile. Je komplexer Strukturen werden, desto wichtiger ist der Faktor Vernetzung.

Die Idee von flexiblen Netzwerken zum besseren Informationsaustausch ist nicht neu. Schon 1973 schrieb Mark

Granovetter, einer der bedeutendsten amerikanischen Soziologen, in seinem Klassiker *The Strengths of Weak Ties,* dass gerade die losen Bekanntschaften für beruflichen Erfolg entscheidend sind.[11] Denn die wenigen engen Freunde oder die Familie wüssten oft nur Ähnliches und damit kaum mehr über berufliche Fragestellungen und Karrieremöglichkeiten als der Betroffene selbst. Hingegen verfügten alle nur locker Bekannten in der Summe über eine Vielfalt von neuen und damit vorteilhaften Informationen.

Der Unternehmer und Autor Peter Hinssen ist sogar davon überzeugt, dass heutzutage nur Firmen am Markt bestehen können, die sich als Netzwerk begreifen.[12] Sein zentrales Argument ist die Geschwindigkeit: Wenn auch unsystematischer und chaotischer, so sei der Informationsfluss über die informellen Kanäle eines Unternehmens schneller als über die offiziellen und schwerfälligen Hierarchien. Der Flurfunk überholt in aller Regel die Hausmitteilung. Würde die Entwicklung neuer Projekte dem Prinzip des Firmentratsches folgen, könnten Ideen schneller Wirklichkeit werden. Für Organisationen, die sich am Markt behaupten müssen, kann das ein entscheidender Wettbewerbsvorteil sein.

Die Digitalisierung treibt solche Netzwerke zu neuen Höchstleistungen. Mit nur minimalen Transaktionskosten wird das Wissen der global vernetzten Masse zugänglich. Online-Communities mit Millionen Mitgliedern finden eher die Lösung eines Problems als die begrenzte Zahl persönlicher Kontakte – und das ohne nennenswerten Zeit- oder Reiseaufwand. Spezialisten, ob für Programmiersprachen oder für seltene Krankheiten, sind so weltweit leicht zu finden und zu erreichen – und in der Regel auch bereit zur Kooperation. Nicht zuletzt stellt die Digitalisierung klassische Hierarchien in Frage: Weil viele Fakten online zugänglich sind, können sie von jedem jederzeit überprüft werden. Der Schüler kontrolliert die Aussagen des Lehrers, der Student den Professor, der Sachbearbeiter den Abteilungsleiter. Auf den Expertenplattformen im Internet spielen gesellschaftlicher oder beruflicher Status keine Rolle, entscheidend sind allein Qualität und Relevanz der Beiträge. All das fordert die alten Wissensmonopole heraus.

Gemeinsam statt einsam

Wissen ist Macht, geteiltes Wissen ist mächtiger. Das zeigt der Erfolg von Initiativen wie Stack Overflow. Die Online-Community vereint die gemeinsame Suche nach und den offenen Wettbewerb um die besten Lösungen. Dort sind keineswegs lauter Altruisten unterwegs, sondern Menschen, die erkannt haben, dass der Einzelne profitiert, wenn er Nutzen für andere stiftet. Wer anderen hilft, steigt im Ansehen und bekommt deswegen mehr Unterstützung bei der Lösung seiner eigenen Probleme – und auch attraktivere Jobangebote und Aufträge.

Die Generation Y hat das Prinzip »Kollaboration statt Konkurrenz« verinnerlicht: Sie ist technologisch fähig, aber vor allem bereit, ihr Wissen mit anderen zu teilen. Digital Natives konsumieren Informationen nicht nur, sondern wollen sie auch kommentieren und fortentwickeln.[13] Sie haben begriffen, dass die Lösung komplexer Probleme Zusammenarbeit erfordert. Doch darauf ist unser Bildungssystem bisher nicht ausgelegt; es belohnt Einzelleistung nach wie vor stärker als Teamarbeit. Das muss und wird sich im Zuge der digitalen Revolution ändern.

Lernen ist und bleibt ein sozialer Prozess, der von zwischenmenschlichen Beziehungen geprägt ist. Der Harvard-Professor Richard Light hat über Jahre untersucht, welche Faktoren seinen Studierenden auf dem Weg zum Abschluss helfen. Das Ergebnis: Ihre Leistung ist dann besonders hoch, wenn sie von Semesterbeginn an in Teams auf ein gemeinsames Ziel hinarbeiten.[14] Sie profitieren so einerseits von ihren unterschiedlichen Hintergründen und Begabungen und entwickeln andererseits durch den sozialen Austausch in der Gruppe mehr Motivation und Engagement. Diese Konstellation senkt auch die Gefahr, das Studium abzubrechen, erheblich.[15]

Schulen und vor allem Hochschulen nutzen die positiven Effekte des sozialen Lernens viel zu selten systematisch. Gerade die Digitalisierung böte ihnen dazu alle Möglichkeiten, doch Unterricht oder Vorlesung sind heute häufig noch genauso organisiert wie eh und je: Im Zentrum steht die Wissensvermittlung durch den einzelnen Lehrer oder Professor, gemeinsames Lernen der Schüler und Studenten findet meist nur selbst organisiert und außerhalb der Bildungsinstitution statt – dabei lernt man von Klassenkameraden und Kommilitonen mitunter sogar mehr.

Auch Fernhochschulen schicken ihren Studenten weiterhin dicke Pakete mit Lernbriefen nach Hause. Austausch mit Kommilitonen gibt es kaum – überdurchschnittlich hohe Abbruchquoten, an der Fernuni Hagen sogar 70 Prozent, sind die logische Konsequenz der fehlenden Interaktion mit anderen.[16] Philipp Schmidts Peer-to-Peer University hingegen stellt die Lerngruppe in den Mittelpunkt. Sie nutzt die Digitalisierung, um die Fähigkeiten, Erfahrungen und Sichtweisen ihrer Mitglieder systematisch zur Geltung zu bringen. Die Gruppe ist nicht mehr abhängig vom Wissen eines einzelnen Lehrers oder Professors, sondern kann auf eine Vielzahl verschiedener Lernmaterialien zugreifen. Was passt, wird genommen.

Gemeinsam statt einsam – das ist auch der Ansatz der Leuphana Digital School. Die bislang fünf MOOCs der Lüneburger Reformuniversität haben mit den gleichnamigen

Internetkursen aus aller Welt wenig gemein. Das M steht hier nicht für »massive«, sondern für »mentored«. Denn Kern des didaktischen Konzepts ist die betreute Lerngruppe mit maximal fünf Personen. Online-Mentoren begleiten die nach Alter, Geschlecht, Bildungsgrad und ethnischer Herkunft gemischten Kleingruppen während des gesamten Kurses. Gerade wenn es zu Missverständnissen oder Konflikten kommt, was bei den Teilnehmern aus aller Welt nicht selten der Fall ist, springen sie ein und vermitteln. Unendlich ausbaubar ist dieses Modell nicht, die persönliche Betreuung hat ihren Preis. Die Anzahl der Lerngruppen hängt somit von den zur Verfügung stehenden Mitteln ab – denn auf einen Mentor sollen auch zukünftig nicht mehr als zwanzig Lernteams kommen.

Die »Mentored Open Online Courses« der Leuphana sind mit Abschlussquoten von bis zu 80 Prozent den klassischen MOOCs und den meisten Vorlesungen auf dem Campus überlegen. Laut Christian Friedrich, dem Projektleiter der Digital School, liegt das sowohl an der intensiven Betreuung als auch am Zusammenhalt innerhalb der Teams. Peer-to-Peer-Lernen schafft Verbindlichkeit: Die Teilnehmer sind sich trotz der räumlichen Distanz nahe, spornen sich gegenseitig an, wollen weder die Gruppe noch den Mentor enttäuschen. Druck und Unterstützung durch die Gemeinschaft greifen ineinander. Wer etwa einen Text nicht selber schreibt, sondern bei Wikipedia kopiert und damit auffliegt, muss mit Sanktionen der Gruppe rechnen. Schließlich gefährdet ein Einzelner so den Erfolg aller. Christian Friedrich hat die Leitlinien der Zusammenarbeit, seine Netiquette, noch immer in der Schublade liegen: »Das regeln die Teilnehmer unter sich.«[17]

Das Peer-to-Peer-Prinzip greift um sich

Personalisierte Bildung erfordert auch personalisiertes Feedback. In einer Onlinevorlesung mit 200 000 Studierenden, die alle ein Essay schreiben, das korrigiert und bewertet werden muss, stößt jeder Dozent an seine Grenzen. Peer Grading verspricht eine Lösung für dieses Problem.[18] Es nutzt die Kraft der Gruppe und überträgt den Lernenden einen Teil der Aufgaben des Lehrers: Entlang eines vorgegebenen Leitfaden kommentieren und bewerten sie die Beiträge anderer Kursteilnehmer. Durch die Auseinandersetzung mit den Leistungen ihrer Peers vertiefen sie dabei auch den Lernstoff und fördern ihre Selbstreflektion. Jeder Student beurteilt zudem, wie hilfreich das Feedback für ihn gewesen ist. Der Bewertete bewertet also auch seine Bewerter – das trägt erheblich zur Qualitätssicherung bei.

Noch steht Peer Grading am Anfang. Damit es im großen Stil eingesetzt werden kann, muss die Leistungsbewertung akkurat und zuverlässig sein. Erste Erkenntnisse aus der Praxis geben Grund zu Optimismus. Nicht nur in Frédéric Kaplans eingangs erwähntem MOOC zu Digital Humanities konnte eine hohe Übereinstimmung zwischen der Bewertung durch Lehrende und Studierende festgestellt werden.[19] Auch ähnliche Experimente von Coursera führten zu vergleichbaren Resultaten.[20]

Allerdings sind auf dem Weg zu einer objektiven Beurteilung aus der Gruppe heraus noch einige Herausforderungen zu bewältigen. Gerade in Onlinekursen ohne Zugangsbeschränkung ist die Sprach- und Bewertungskompetenz der Teilnehmer sehr unterschiedlich. Daphne Koller, Gründerin von Coursera, will Studierende deswegen ihre Texte in der Muttersprache schreiben lassen und auch das Peer Grading dementsprechend organisieren; die große Zahl an Lernenden würde dies ermöglichen.[21] Zudem bedarf es klar definierter Kriterien bei der Bewertung. Selbst Professoren könnten ohne solche Leitlinien keine fairen Noten vergeben. Gelingt es, diese Probleme in den Griff zu bekommen, kann der Bedarf nach Feedback für eine breite Masse gedeckt werden, und zwar durch einen Bewertungsprozess, der von den Studierenden als hilfreich und fair empfunden wird.[22]

Die Macht der Masse wird überall spürbar. Der Wille zu kooperieren kombiniert mit den digitalen Möglichkeiten wirkt: Menschen sind heute informierter, selbstbewusster und einflussreicher. Sie sind nicht mehr nur Empfänger von Wissen, sondern auch Sender. Und sie vertrauen dem Netzwerk: Vom Elektrogerät über die Urlaubsreise bis zum Handwerker – auf Onlineportalen, Facebook oder Twitter werden Informationen eingeholt, Vergleichstests gecheckt und in der Community nach Erfahrungsberichten gefragt. Schneller, günstiger und vor allem aktueller als jeder Reiseführer bieten Plattformen wie TripAdvisor Bewertungen und Empfehlungen für Hotels und Restaurants. Statt in der Warteschleife der Supportabteilung eines Herstellers zu hängen, helfen sich die Kunden in Diskussionsforen selbst. Heimwerker versorgen sich über YouTube gegenseitig mit Tipps und Tricks. Die Intelligenz der Vielen, so der Experte Peter Hinssen, übertrifft die Marketinganstrengungen jedes Unternehmens. Das Kräfteverhältnis zwischen Anbietern und Nutzern hat sich grundlegend gewandelt.[23]

Das Netzwerk schlägt den Einzelnen, Probleme lassen sich zusammen besser lösen als alleine, gegenseitiges Erklären erhöht das eigene Verständnis – diese Erkenntnisse sind altbekannt. Neu sind allerdings die Dynamik und die Reichweite, die ihnen die Digitalisierung verleiht. Die Regeln sind im Prinzip für alle sozialen Netzwerke dieselben: wechselseitiges Geben und Nehmen, Vertrauen in, aber auch Kontrolle durch das Kollektiv. Schlechte Qualität wird so schnell offensichtlich, gute findet allgemeine Anerkennung.

Auch wenn ein gemeinsames Onlinestudium nicht jedes persönliche Erlebnis auf dem Uni-Campus ersetzen kann – wer sich darauf einlässt, entwickelt wichtige Schlüsselkompetenzen für die Arbeitswelt der Zukunft. Der Netzwerklerner profitiert von tausenden losen Kontakten, die er im Beruf jederzeit aktivieren kann. Wer sich früh in virtuellen Teams übt, dem wird es später leichter fallen, auch so zu arbeiten: Er schätzt Sachverstand weit mehr als Hierarchie und Autorität; statt alter Wissensmonopole pflegt er eine Kultur des Austauschs und der Kooperation. WeQ[24] ist mehr wert als der größte IQ. Die Ego-Gesellschaft war gestern.

7 ORIENTIERUNG FÜR ORIENTIERUNGSLOSE

Wie Algorithmen durch den Bildungsdschungel weisen

»Es dauert sechs Wochen, bis ich einen Termin in meiner Studienberatung bekomme. So lange warte ich nicht einmal auf einen Arzttermin.«[1]

Beschwerde einer Studentin im Netz

»Auf einen Berater kommen durchschnittlich 400 Studierende. Sie sind mit der Wahl zwischen dutzenden Hauptfächern überfordert und machen vermeidbare Fehler, weil ihnen die notwendigen Informationen fehlen.«[2]

Complete College America, US-amerikanische Akademisierungsinitiative

Tennessee seit dem Jahr 2011. Die Austin Peay State University (APSU) ist eine kleine Hochschule mit großen Herausforderungen: Die Hälfte ihrer knapp über zehntausend Studierenden kommt aus finanziell schwachen Haushalten, viele studieren Teilzeit und arbeiten parallel. Nur gut ein Drittel schafft innerhalb von sechs Jahren den eigentlich auf vier Jahre angelegten Bachelorabschluss.

Es ist Semesterbeginn auf dem Campus in Clarksville, 45 Minuten nordwestlich von Nashville. Wie jedes Jahr stehen die Studierenden vor der Kurswahl – und die ist kompliziert. Für 56 Haupt- und 63 Vertiefungsfächer werden hunderte Veranstaltungen angeboten. Aus dieser Masse muss nun jeder Einzelne die für ihn passenden Vorlesungen und Seminare finden: Sie müssen im Studienfach angerechnet werden, sollten den Studenten dem gewünschten Berufsziel näher bringen und zu einem nebenjobverträglichen Zeitpunkt stattfinden. Vor allem aber muss das Kursniveau zum Wissensstand passen, damit ein erfolgreicher Abschluss überhaupt möglich ist. Diese Abwägung fällt den meisten an der APSU schwer, denn die Feinheiten des akademischen Systems sind ihnen wenig vertraut. Ihr persönliches Umfeld kann sie selten unterstützen, da viele »first generation students« sind, also die ersten in ihrer Familie, die eine Hochschule besuchen. Ob ein Kurs wirklich geeignet ist, welches Angebot am besten zur persönlichen Situation passt, welche Konsequenzen mit der Auswahl verbunden sind – für die Mehrheit der Studierenden an der APSU ist das nicht überschaubar. Sie entscheiden nur auf Basis weniger Zeilen im Vorlesungsverzeichnis und des eigenen Terminkalenders. Auch die Studienberatung ist kaum eine Hilfe: Gerade einmal zwanzig Minuten pro Jahr hat ein Berater pro Student – viel zu wenig Zeit, um sich adäquat mit einer individuellen Vita auseinanderzusetzen.

Das muss doch anders gehen, dachte sich Tristan Denley, Kanzler und Vizepräsident für akademische Belange der APSU. Inspiriert von Amazons Kaufempfehlungen und den Filmtipps von Netflix, überlegte der promovierte Mathematiker, wie sich bereits vorhandene Daten gezielt auswerten lassen, um die Passgenauigkeit der Kurse und damit die Erfolgswahrscheinlichkeit der Studierenden zu erhöhen. Herausgekommen ist der Degree Compass, der seit Frühjahr 2011 an der APSU bei der Kurswahl hilft. Die Software vergleicht die bisher belegten Veranstaltungen und absolvierten Prüfungen eines Studierenden mit den entsprechenden Leistungen früherer Studenten. Auf Basis der statistischen Erfahrung von mehr als 500 000 Vergleichsdaten empfiehlt das Programm dann die individuell passendsten Kurse. Der Degree Compass berücksichtigt dabei Kriterien wie die Studienordnung, curriculare Anforderungen oder auch terminliche Einschränkungen etwa durch Kinderbetreuung oder Nebenjobs. Der größte Mehrwert der Software ist allerdings ihr prognostisches Können: Sie berechnet die Wahrscheinlichkeit, mit der ein Student einen Kurs voraussichtlich bestehen wird. Die Empfehlungen des Degree Compass sind also nicht nur die Grundlage für eine informierte, sondern auch eine erfolgversprechende Kurswahl. »Ein Vergleich der Noten vor Einführung des Systems mit denen von heute zeigt: Signifikant mehr Studierende schaffen die Kurse. Dies gilt insbesondere für Studenten aus finanziell schwachen Haushalten«, sagt Universitätskanzler Denley.[3] Tatsächlich bestehen rund 90 Prozent der Studenten, die den Empfehlungen des Degree Compass folgen, ihre Prüfungen. Langfristig ermöglicht das Programm sogar, Kosten zu sparen. Denn wer sein Studium zügiger abschließt, zahlt weniger Studiengebühren und verdient früher sein eigenes Geld.

Trotz des Erfolgs des Degree Compass hat die Austin Peay State University die persönliche Studienberatung nicht abgeschafft. Im Gegenteil: Die Software liefert den Beratern wertvolle Informationen für das Einzelgespräch. Sie erhalten sogar – anders als die Studierenden – eine konkrete Prognose über deren voraussichtliche Noten. War die Frage der Kurswahl bisher oft der einzige Inhalt der Beratungsgespräche, bleibt nun Zeit für eine umfassendere Betreuung: Gibt es Grundlagenkurse oder Nachhilfeangebote, die der Student belegen kann, um sich fehlende Kompetenzen zu erschließen? Was hilft in Stress- und Belastungssituationen? Was bedeuten die ausgesuchten Kurse für die späteren Berufschancen?

Mittlerweile bietet der Degree Compass unentschlossenen Studenten auch Unterstützung bei der Wahl ihres Hauptfaches. Die neue Funktion »My Future« gleicht die akademischen Stärken und Schwächen des Einzelnen mit dem Gesamtangebot der Hochschule ab und empfiehlt Studienfächer, die gleichermaßen eine realistische Chance auf einen erfolgreichen Abschluss und auf dem Arbeitsmarkt bieten. Gerade für diejenigen, die bisher im System gescheitert sind, ist der Degree Compass eine große Hilfe.

Mehr als 31 Millionen US-Amerikaner haben in den vergangenen zwanzig Jahren ihr Studium abgebrochen. Diese Zahl steht nicht nur für millionenfach erlebten Schiffbruch, sondern auch für Kosten in Milliardenhöhe. Wer sein Studium verlängern muss, zahlt noch mehr Gebühren; wer es gar nicht beendet, verschuldet sich ohne vorzeigbares Ergebnis. Kein Wunder also, dass der Degree Compass über die Grenzen Clarksvilles hinaus gefragt ist. Die Bill & Melinda Gates Foundation förderte ebenso wie die Initiative Complete College America den Transfer des Degree Compass an zunächst drei weitere Hochschulen. Sie machten die gleichen positiven Erfahrungen wie die Austin Peay State University. Im Jahr 2013 kaufte dann der private E-Learning-Anbieter Desire2Learn die Software, um sie als Standardlösung für die Hochschulwelt weiterzuentwickeln. Auch der Erfinder des Degree Compass, Tristan Denley, hat inzwischen seinen Aufgabenbereich erweitert: Er wechselte in die universitäre Aufsichtsbehörde. Dort versucht er für nun 19 Hochschulen Tennessees, die Studienerfolge mit Hilfe computergestützter Vorhersagen zu verbessern.[4]

Während in Schule und Ausbildung Fachinhalte und Lernschritte weitgehend vorgegeben sind, hat man, wenn es um das richtige Studienfach geht, die Qual der Wahl. Selbst Zugang zur besten Bildung, zugeschnitten auf individuelle Bedürfnisse, motivierend aufbereitet und mit der Möglichkeit zum Austausch im Netz, reicht noch nicht aus, wenn das passende Angebot unauffindbar ist. Doch das Beispiel der Austin Peay State University zeigt: Digitalisierung kann in einem scheinbar undurchdringlichen Dschungel an Möglichkeiten für Orientierung sorgen.

Die Vorstellung, dass Bildungs- und Lebenswege mittels Computeralgorithmen und Big Data geplant und gesteuert werden, klingt mehr nach George Orwells Überwachungsstaat als nach Humboldts Bildungsideal. Doch das bisherige Hochschulsystem stößt an seine Grenzen: Wenn in Ländern wie den USA und Deutschland über die Hälfte eines Jahrgangs ein Studium beginnt, finden sich längst nicht nur junge Menschen mit klaren Vorstellungen und Karrierezielen auf dem Campus. Statt einer beruflichen bevorzugen immer mehr die komplexere, mit mehr Wahlmöglichkeiten versehene akademische Ausbildung; Hilfestellung für viele von ihnen ist nötig. Insofern ist es auch kein Wunder, dass der Degree Compass an einer Hochschule wie der APSU erfunden wurde und nicht an einer renommierten Universität wie Harvard oder Stanford. Der umfassend unterstützte Elitestudent aus gebildetem Elternhaus mag mit Studien-, Kurs- und Berufswahl gut zurechtkommen. Andere hingegen, deren schulische Leistungen nicht für eine Spitzenhochschule gereicht haben, sind damit häufig überfordert.

In den USA nutzen immer mehr Universitäten die Möglichkeiten von Big Data. Auch an der Arizona State University mit rund 80 000 Studierenden[5] und mehr als 300 Studienfächern[6] gibt eine Software entsprechend persönlichem Profil und beruflichen Interessen Empfehlungen für die Wahl des Hauptfaches. Hat sich der Student für ein Fach entschieden, navigiert ihn fortan der »eAdvisor« mit einer passenden Kurslandkarte durch die Studienordnung. Wer einen Kurs abbricht oder unter einen bestimmten Notenschnitt fällt, wird zur persönlichen Beratung geschickt und erhält gegebenenfalls Vorschläge für ein alternatives Hauptfach.[7]

Der eAdvisor erfasst allerdings deutlich mehr als nur das reine Lernprofil: Das Programm greift auf Finanzdaten zurück ebenso wie auf Einträge aus den Studentenwohnheimen und der Campus-Polizei, um ein sich ankündigendes Scheitern früher absehen zu können.[8] Erforscht wird zudem, ob auch Informationen von Facebook und dem digitalen Studentenausweis, den Studierende etwa für den Zugang zu Bibliothek oder Fitnesscenter benutzen, zum besseren Studienerfolg beitragen können.[9] Statt wie früher 26 Prozent schaffen heute auch deshalb 42 Prozent der Studierenden ihren Abschluss in der Regelstudienzeit.[10] Das ist ein großer Erfolg für eine Universität, die sich mit ihren Angeboten gezielt an Bildungsferne richtet.[11] Es ist aber auch eine große Verpflichtung: Big Data darf weder zur vollständigen Überwachung noch Entmündigung führen. Algorithmenbasierte Empfehlungen sind nur akzeptabel, wenn der Kern der Privatsphäre gewahrt und die endgültige Entscheidung Sache des Studenten bleibt.

In Deutschland überwiegt die Skepsis, wenn es um Big Data in der Bildung geht. Die Hochschulen lassen die Möglichkeiten der digitalen Orientierungshilfe für ihre Studierenden weitgehend ungenutzt. Stattdessen hat sich längst außerhalb ihrer Kontrolle eine Art digitale Mundpropaganda im Netz entwickelt, die durch die Angebotsvielfalt hilft. Auf Webseiten wie MeinProf.de können Kurse und Lehrende anonym bewertet werden – bis hin zum Aufwand für eine gute Note. Nicht alle Dozenten sind davon begeistert: Sie empfinden solche Plattformen eher als Auffangbecken für die Kritik frustrierter Studenten denn als faire Orientierung. Da ist die datenbasierte Analyse hunderttausender echter Erfahrungen allemal hilfreicher und gerechter als ein paar Einzelmeinungen, die sich in subjektiven Schulnoten oder »Likes« erschöpfen.

Im Dschungel der Optionen

In Deutschland brechen gut 25 Prozent der Studenten eines Jahrgangs ihr Studium ab.[12] Jeweils ein Drittel von ihnen war mit dem gewählten Fach entweder unzufrieden oder überfordert.[13] Aber auch bei denjenigen, die ihren Bachelor abschließen, hätte bessere Orientierung helfen können: Jeder Vierte überschreitet die Regelstudienzeit um mehr als zwei Semester.[14] Sich im Studienfach zu irren, ist keine Katastrophe – und mancher mag auch bewusst die eine oder andere Schleife drehen. Doch die hohe Zahl an Langzeitstudenten und Abbrechern ist eine erhebliche finanzielle Belastung. Der Einzelne muss Lebenshaltungskosten von mehr als 9000 Euro pro Jahr aufbringen[15] und auf ein durchschnittliches Einstiegsgehalt von rund 40 000 Euro verzichten.[16] Dem Staat entgehen so erhebliche Steuereinnahmen, zudem kostet ihn jeder Student an einer öffentlichen Universität jährlich etwa 8500 Euro.[17] Es sollte daher im Interesse verantwortungsvoller Hochschulen liegen, dem akademischen Nachwuchs einen Weg durch den Angebotsdschungel zu bahnen.

Wer heute in Deutschland studieren will, hat eine große Auswahl. Fiel früher die Entscheidung zwischen wenigen Staatsexamens-, Diplom- oder Magisteroptionen, erfasst die Hochschulrektorenkonferenz (HRK) mittlerweile über 18 000 Studiengänge. Im Zuge der sogenannten Bologna-Reform sind häufig hoch spezialisierte Angebote entstanden. Schon auf Bachelorebene ist die Palette von Abfallwirtschaft über Wissenschaftsjournalismus bis hin zu Zukunftsenergien so breit wie unübersichtlich. Das Portfolio wächst täglich, allein innerhalb der vergangenen sieben Jahre um mehr als die Hälfte.[18] Wenn anwendungsbezogene Studiengänge ehemalige Ausbildungsberufe ersetzen, mag das konsequent sein. Wenn Studieninteressierte mit der Auswahl aber schlichtweg überfordert sind, dann schafft Masse eben nicht Klasse.

Wo früher auf dem Diplom »Chemie« stand, war überall in Deutschland mehr oder weniger die gleiche Chemie drin. Analytische Chemie, Angewandte Chemie, Biochemie, Biologische Chemie, Biomedizinische Chemie, Biotechnische Chemie, Chemieingenieurwesen, Chemietechnik, Lebensmittelchemie, Material- und Nanochemie, Natur- und Wirkstoffchemie, Pharmazeutische Chemie, Umweltchemie, Technische Chemie oder Wirtschaftschemie – da noch durchzublicken, setzt fast schon den angestrebten Abschluss voraus. Dabei ist die Entscheidung für das richtige Studienfach nur die erste Herausforderung, ihr folgt die oft nicht minder schwere Aufgabe, einen zu eigenem Zeitbudget und Anspruch passenden Stundenplan zu erstellen.

Gerade die steigende Zahl der Studienanfänger aus bildungsferneren Haushalten ohne Akademikernetzwerk braucht hier Orientierung und Unterstützung. Wer schulische Schwächen ausgleichen muss, falsche Erwartungen an ein Studium hat oder für dessen Finanzierung nebenbei arbeitet, hat ein besonders hohes Risiko zu scheitern.[19] Aufstieg durch Bildung – dieses Versprechen wird oft schon vor Studienbeginn gebrochen. Denn jungen Menschen Chancen zu eröffnen, bedeutet eben nicht, sie mit Möglichkeiten zu überschütten. Das jetzige System mit seiner Angebotskomplexität ist weder gerecht noch volkswirtschaftlich sinnvoll: Das Resultat sind hohe Abbrecherquoten und lange Studienzeiten.

Verpuffte Erfahrung

Misstrauen, Unwissenheit oder restriktiver Datenschutz verhindern bisher den breiten Einsatz digitaler Orientierungshilfen an der Hochschule. Wer scheitert, war eben nicht studierfähig. Dabei sind vor allem Fehlentscheidungen aus mangelndem Überblick der Grund, ein Studium abzubrechen. Deshalb bedarf es mehr Transparenz über die zahlreichen Bildungswege und – einmal immatrikuliert – über das enorme Angebot der einzelnen Hochschulen.

Um der wachsenden Zahl an Studierenden die nötige Orientierung zu geben, greifen analoge Methoden selbst bei gutem Willen zu kurz. Wenn alle gleichzeitig zu Semesterbeginn oder während der Prüfungszeit Hilfe benötigen, bräuchte es dazu schon einen Schwarm an Studienberatern. Das wäre sehr teuer und selbst die kompetentesten Berater gerieten angesichts der Vielfalt der persönlichen Hintergründe, Ziele und Lernvoraussetzungen bei gleichzeitiger Explosion an Studienmöglichkeiten an ihre Grenzen. Auch die Lehrenden können gerade in den großen Einführungsveranstaltungen nicht auf den Orientierungsbedarf des Einzelnen eingehen.

Wenn die Betreuung der Masse überfordert, dann sollte zumindest die Erfahrung der Masse genutzt werden. Millionen Menschen haben in Deutschland eine Hochschule besucht: Sie mussten sich für einen Bildungsweg entscheiden, darin wieder für einzelne Kurse. Manches haben sie rückblickend richtig gemacht, anderes nicht. Diese Muster des Scheiterns und des Erfolgs, millionenfach erlebt, bleiben allerdings im Verborgenen anstatt sie für die heutigen Studenten nutzbar zu machen.

Während Big Data im deutschen Bildungswesen noch kaum eine Rolle spielt, werden in anderen Bereichen Daten strukturiert und systematisch aufbereitet, um den Einzelnen durch die kaum noch überschaubare Optionsflut zu lenken. Schon beim Gang in die Videothek war die Auswahl an DVDs überwältigend. Heute ist das Unterhaltungsangebot unermesslich: Zehntausende Filme und Serien stehen jederzeit zum Abspielen bereit. Der Onlineanbieter Netflix ist einer der größten Akteure in diesem Bereich; seine Kunden erhalten persönlich zugeschnittene Produktempfehlungen. Netflix erkennt durch einen auf Künstlicher Intelligenz basierenden Algorithmus Muster in den Sehgewohnheiten, gleicht diese mit den Präferenzen anderer Nutzer ab und schlägt dann Produktionen vor, die zum individuellen Kundenprofil passen. So findet das System den roten Faden zwischen *Sex and the City*, *Sherlock Holmes*, *Casablanca* und dem *Dschungelbuch*. Ist der Wochentag oder die Uhrzeit ausschlaggebend für die Wahl? Eine bestimmte Hauptdarstellerin oder ein bestimmter Typ von Held? Das Endgerät? Der aktuelle Aufenthaltsort? Je länger und intensiver Netflix genutzt wird, desto passgenauer arbeitet der Algorithmus; mitunter erkennt er Vorlieben, von denen der Nutzer selbst nicht einmal wusste, dass er sie hat. Das Modell scheint zu funktionieren, zumindest folgen die Kunden bei rund drei Viertel der Abrufe einer der vorgeschlagenen Empfehlungen und bewerten diese im Schnitt besser als eine ohne computerbasierte Hilfe getroffene Wahl.[20]

Die Suche nach dem richtigen Partner ist noch deutlich komplexer als die Auswahl des richtigen Films. Digitale Hilfe kommt hier gelegen, das Online-Dating boomt. Allein in Deutschland sind rund acht Millionen Menschen auf über 2500 verschiedenen Plattformen aktiv.[21] Die Online-Dater lassen sich nach wahrscheinlicher Passung sortierte Vorschläge unterbreiten. Beim Marktführer Parship gleicht ein geheimer Algorithmus aus 136 Regeln das Profil des Liebessuchenden auf Kompatibilität mit den Profilen anderer ab.[22] Passen die jeweiligen Präferenzen bei Alter oder Größe? Harmonieren die Vorstellungen über die Zukunft? Ergänzen sich die Personen, wo nötig? Aus den Berechnungen folgt die Empfehlung. Der Erfolg der Dating-Portale ist beachtlich: Eine Umfrage bei deutschen Standesämtern hat ergeben, dass 16 Prozent aller Paare, die 2013 heirateten, sich im Netz kennenlernten.[23] In den USA, wo das Online-Dating eine längere Historie hat, nimmt schon über ein Drittel aller Ehen einen digitalen Anfang.[24]

Der Nebel lichtet sich

Digitalisierung hilft nicht nur bei der Suche nach dem richtigen Film oder dem passenden Partner. Auch in der Bildung hat sie das Potenzial, dem Lernenden den besten Weg aufzuzeigen. Bereits heute ist das Interesse an Onlinebildung gewaltig: Auf Google wird laut einem Bericht der BBC inzwischen deutlich häufiger nach der MOOC-Plattform Coursera gesucht als etwa nach der Eliteuniversität Cambridge (siehe Abbildung unten).[25] Je mehr sich Bildung digitalisiert, desto mehr Daten über Lernangebote und -verhalten können gesammelt und ausgewertet werden. Und je mehr Daten es gibt, desto verlässlicher und besser werden Empfehlungsalgorithmen.

Bislang dominiert im Netz die Unübersichtlichkeit. Alleine das Stichwort »MBA« liefert bei Google rund 270 Millionen Treffer, wer es mit »Lehrer werden« versucht, erhält über 40 Millionen Suchergebnisse.[26] Zu viele Optionen können genauso von Nachteil sein wie zu wenige. Deswegen sind

Abbildung 5: Google-Suchanfragen für *Cambridge University* und *Coursera*

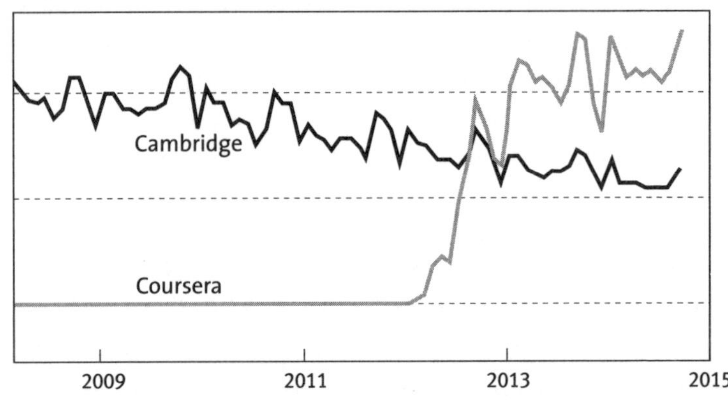

Quelle: Coughlan (2014).

digitale Plattformen nötig, die die Bildungsangebote nach individuell relevanten Kriterien sortieren.

Noch ohne Big Data und Algorithmen versucht der HRK-Hochschulkompass, für Studieninteressierte Ordnung in die 18 000 Studiengänge an deutschen Hochschulen zu bringen. Über eine Suchmaske kann man die weniger passenden Angebote herausfiltern, bis nur noch eine überschaubare Menge an Optionen übrig bleibt.[27] Unentschlossene können den 15-minütigen Studium-Interessentest machen, allein innerhalb des ersten Jahres wurde er rund 200 000 Mal durchgeführt.[28] Bedarf an Orientierung ist also vorhanden. Wer so ermittelt hat, welche Fachrichtung er studieren möchte, dem hilft das CHE-Hochschulranking herauszufinden, an welcher Hochschule er – je nach persönlichen Präferenzen – am besten aufgehoben ist.[29] Dem einen ist der exzellente Ruf in der Forschung wichtig, der andere legt Wert auf eine gute Betreuung. Aus je nach Fach bis zu 37 Kriterien lässt sich die Onlinevariante des Rankings konfigurieren, sodass jeder seine eigene Hochschulempfehlung erhält. Auf Papier wäre das unmöglich.

Die 2012 gegründete amerikanische Firma SkilledUp geht einen Schritt weiter und verknüpft Berufswünsche mit Bildungsangeboten. Die auf Weiterbildung spezialisierte Plattform listet vom Buchhalter über den Immobilienmakler bis zum Webdesigner vielfältige Karrieremöglichkeiten und die dafür erforderlichen Kompetenzen auf. Wer sich beispielsweise für Softwareentwicklung interessiert, findet dort knapp fünfzig verschiedene Berufsbilder, denen mehr als 200 benötigte Skills zugeordnet sind. Die Plattform empfiehlt geeignete und qualitätsgeprüfte Onlinekurse, um Fähigkeiten für einen bestimmten Berufswunsch zu erwerben.[30]

Mit nach eigenen Interessen sortierten und aufbereiteten Bildungsoptionen allein ist es jedoch nicht getan. Ein konkretes Angebot muss auch zu Vorwissen und individuellen

Fähigkeiten des Lernenden passen. Die richtige Wahl zu treffen erfordert eine Menge Erfahrung. Hier kommen Big Data und Algorithmen ins Spiel, mit deren Hilfe Programme wie Degree Compass und eAdvisor Empfehlungen geben, die mit großer Wahrscheinlichkeit zum Erfolg führen.

Noch beschränken sich Big-Data-Systeme auf die Angebote einzelner Hochschulen. Ihr wirkliches Potenzial für Orientierungslose wird die Digitalisierung erst dann entfalten, wenn sich die Logiken von SkilledUp und Degree Compass verbinden. Dann könnte die Software auf Basis des Berufswunsches und der bisherigen Lernvita die weltweit erfolgversprechendsten Aus- und Weiterbildungsmöglichkeiten aufzeigen. Die im Abgleich mit millionenfachen Daten gewonnene Empfehlung könnte dann lauten: »Menschen mit Ihren Interessen und Ihrem Profil studieren am besten in Dortmund Chemieingenieurwesen mit der Vertiefung Verfahrenstechnik. Die Wahrscheinlichkeit, den Bachelor nach höchstens acht Semestern zu bestehen, beträgt dort für Sie über 80 Prozent. Zudem bieten sich studienbegleitende Weiterbildungen im Bereich Management an. Damit eröffnen sich Ihnen anschließend zu 85 Prozent Jobperspektiven in der Pharmaindustrie bei einem Einstiegsgehalt von mindestens 60 000 Euro. Die Kosten der Management-Weiterbildung werden sich für Sie innerhalb von zwei Jahren mit einer Wahrscheinlichkeit von über 90 Prozent amortisiert haben.«

Eine solche Prognose wirkt aus heutiger Sicht befremdlich. Wird so nicht eine Kultur gefördert, die individuelle Anstrengung und Persönlichkeitsentwicklung behindert, wenn jeder nur noch den statistisch leichtesten Weg zum Jobeinstieg wählt? Führt das nicht sogar unwillkürlich zu einem Niveauverlust in der Bildung? Und werden wir so nicht zu fremdgesteuerten Sklaven der Wahrscheinlichkeitsberechnungen einer algorithmischen Black Box?

Die mit Big Data verbundenen Risiken werden im übernächsten Kapitel ausführlich diskutiert. So viel sei aber schon hier klargestellt: Datenanalysen dürfen keine menschlichen Entscheidungen ersetzen und Verantwortung abnehmen. Sehr wohl aber kann ein Mehr an Information bei wichtigen Weichenstellungen im Leben helfen. Sinn einer durch Algorithmen und die Erfahrung der Masse gelenkten Wahl ist, eine bessere Passung zu ermöglichen – und nicht den leichtesten Weg durchs Studium zu ebnen. Die Sorge vor einem allgemeinen Niveauverlust ist unbegründet, solange die Hochschulen Anspruch und Qualität der Lehre gewährleisten. Schließlich kann ein digitaler Berater nur Kurse vorschlagen, die dort auch angeboten werden. Es gibt keine Erfolgsgarantie, dass eine Traumkarriere tatsächlich gelingt. Studenten müssen weiterhin hart arbeiten, es sollte ihnen aber die notwendige Orientierung ermöglicht werden, damit sie ihre Stärken nutzen können, statt an ihren Schwächen zu scheitern. Dann kann ihnen die Digitalisierung in einem weiteren Schritt auch helfen, den passenden Job zu finden.

8 PERFEKTES PAAR

Wie Traumkandidat und Traumjob zusammenfinden

»Stell Dir vor, Dein Diplom erfasst alles, was Du je gelernt hast.«[1]

David Blake, Gründer und Geschäftsführer von Degreed

»Abschlussnoten sind wertlos bei der Personalauswahl. Wir haben festgestellt, dass sie rein gar nichts vorhersagen.«[2]

Laszlo Bock, Google-Personalchef

Connecticut im Jahr 2011. »Ohne Titel bist du nichts«, mag sich Jay Cross gedacht haben. Er ist im letzten Jahr eines vierjährigen Bachelorstudiums der University of Connecticut, lediglich zwölf Kurse fehlen ihm zum Abschluss. Die bietet seine Hochschule allerdings gerade nicht an. Statt zu warten, beschließt Cross, sich den Stoff selbst beizubringen. Sein Problem: Zwar gibt es dafür genügend, gerade digitale Materialien wie MOOCs und Lernprogramme. Aber ohne eine offizielle Bescheinigung seiner Leistungen wird er auf dem Arbeitsmarkt kaum Chancen haben.

Das Excelsior College, eine Fernuni mit Sitz in Albany im US-Bundesstaat New York, bietet ihm die Möglichkeit, seine selbst erworbenen Kenntnisse zu zertifizieren und so die fehlenden Kurse für den Bachelorabschluss zu ersetzen.[3] Für ein solches Examen ohne Vorlesung muss er nicht einmal viel zahlen: Cross absolviert alle Prüfungen erfolgreich und beendet für 1200 US-Dollar sein Studium mit einem staatlich anerkannten Bachelor von Excelsior; an der renommierteren University of Connecticut hätten ihn allein diese zwölf Kurse 30 000 US-Dollar gekostet. Im Jahr 2012 gründet er Do-It-Yourself Degree, um auch anderen

Selbstlernern zu helfen, ihre Kompetenzen in auf dem Arbeitsmarkt anerkannte Zertifikate zu verwandeln – und damit den größten Nachteil der vielen im Internet verfügbaren Angebote zu überwinden.

Man muss nicht über den Atlantik blicken, um ähnliche Beispiele zu finden. In Frankreich etwa kann man einen vollwertigen Hochschul- oder einen Ausbildungsabschluss erwerben, ohne – im Extremfall – jemals eine Universität oder Berufsschule betreten zu haben. Alleine an den Hochschulen gibt es dort jährlich über 4000 Anerkennungsverfahren; in mehr als der Hälfte der Fälle werden die Kompetenzen für einen kompletten Abschluss, ansonsten zumindest oft Teilleistungen anerkannt.[4]

New York im September 2013. »Abschlüsse sind Mist!«, sagt David Blake, als er Investoren seine Plattform Degreed vorstellt. Mit ihr will Blake das Monopol staatlich anerkannter Bildungsinstitutionen brechen. »Heutzutage sind Abschlüsse der einzige anerkannte Beleg für das, was jemand im Job leisten kann. Aber in der Realität hören wir doch niemals auf zu lernen«, erklärt er.[5] Aus der Überzeugung heraus, dass Ausbildungszeugnisse und Hochschuldiplome alleine ungeeignet sind, um das tatsächliche Können eines Menschen abzubilden, will Degreed zukünftig auch Erfahrungen aus Beruf und Freizeit für Arbeitgeber sammeln, aufbereiten und sichtbar machen. Eine Fortbildung, gelesene Bücher, das ehrenamtliche Trainieren einer Fußballmannschaft, die Mitgliedschaft im Schachclub – die Plattform dokumentiert alles, was für einen Job von Relevanz sein könnte.

Erlerntes jeglicher Art wird bei Degreed mit sogenannten »Microcredits« bewertet und in einem »zertifizierten Lebenslauf« zusammengefasst. Egal welches Wissen man am Arbeitsplatz, online, in der Fortbildung oder auch während des Studiums erworben hat, ein Eintrag auf der Plattform oder ein Klick auf den »+degreed«-Button im Webbrowser genügen, um eine Lernleistung zu erfassen, zu gewichten und Kompetenzfeldern zuzuordnen. Ein formaler Abschluss oder Berufserfahrung zählen mehr als die Lektüre eines fachlich relevanten Zeitungsartikels – trotzdem geht Letzterer nicht verloren.

Degreed will riesige Datenmengen über kleinteiliges Wissen und Können handhabbar und vergleichbar machen, die heutigen Bündel von unterschiedlichen Diplomen, Teilnahmebestätigungen und Arbeitszeugnissen übersichtlicher und verlässlicher einordnen. »Wir sind die weltweite Erfassungsstelle für alles, was man je gelernt hat«, sagt Blake.[6] Davon profitieren Arbeitgeber und Arbeitnehmer gleichermaßen: Indem der gesamte Erfahrungsschatz eines Menschen sichtbar wird, steigt auch seine Chance, den passenden Job zu finden. Auch wenn Degreed noch ein Start-up ist, hat es bereits Millionen von Lernleistungen zertifiziert und fast neun Millionen US-Dollar Venture Capital eingesammelt.[7]

Boston im Jahr 2010. Dave Balter, Geschäftsführer einer Internetfirma, will einen hoch spezialisierten Analysten einstellen. Als das Gespräch mit dem Bewerber dem Ende zugeht, fragt dieser erstaunt: »Wollen Sie mich denn gar nicht auf ›R‹ ansprechen?« Balter weiß nicht, was der Mann meint. »R« sei eine gerade im Bereich Data-Mining häufig benötigte Programmiersprache für statistisches Rechnen, erklärt ihm der Bewerber. »Die ist recht entscheidend für diesen Job hier.«[8] Woher aber, so fragt sich Balter, soll er im Detail wissen, was ein Analyst können muss, ohne je selbst als Analyst gearbeitet zu haben? Überhaupt, wie sollen Führungskräfte für jeden zu vergebenden Job die erforderlichen Kompetenzen kennen und dann auch noch im Interview prüfen – erst recht, wenn sie sich nicht in zertifizierten Abschlüssen widerspiegeln, sondern in der Berufspraxis erlangt wurden? Solche Fragen gehen Dave

Balter nach dem »R«-Gespräch durch den Kopf, sie gehören zur Gründungsgeschichte seines Start-ups Smarterer. Balters Idee: Für Arbeitgeber sind Belege für das tatsächliche Können eines Bewerbers entscheidend – egal ob es an der Uni, in einer Weiterbildung, im Job oder im Selbststudium erworben wurde. Smarterer bietet nun eine denkbar einfache Möglichkeit, das zu überprüfen: per Onlinequiz.

Smarterer hilft, Situationen, wie Balter sie erlebt hat, zu vermeiden. Soll eine Stelle in einem Unternehmen besetzt werden, können die Mitarbeiter der jeweiligen Abteilung passgenaue Testfragen für das Jobprofil erstellen. Ein Bewerber muss dann zunächst das daraus resultierende Quiz beantworten. Statt mühsam in Zeugnissen und Referenzen zu suchen, gewinnt der Personalverantwortliche so einfach und schnell einen Überblick über die fachliche Eignung und kann sich im Auswahlgespräch stärker auf die sozialen Fähigkeiten und die Persönlichkeit seines Gegenübers konzentrieren.

Inzwischen bietet Smarterer auch 800 standardisierte Quizreihen an. Sie bestehen aus jeweils zehn Wissensfragen, die in zwei Minuten beantwortet werden müssen. Mehr als hunderttausend Menschen haben so bereits ihre Excel-Kenntnisse belegt, fast 40 000 bewiesen, wie gut sie sich mit englischer Rechtschreibung auskennen. Je mehr Leute mitmachen und je mehr Quizze ein Nutzer absolviert, desto besser kann ihn das System bewerten, sowohl absolut als auch im Vergleich zu allen anderen, die den Test gemacht haben. Das Ergebnis ist ein Kompetenzprofil, das man in einem sozialen Netzwerk oder für einen potenziellen Arbeitgeber sichtbar machen kann.

Ob aus Interesse an einer beruflichen Veränderung oder aus Spaß am spielerischen Wettbewerb, Smarterer ist beliebt: Bis heute wurden schon mehr als 78 Millionen Quizfragen beantwortet. Lebenslauf, Abschlüsse und Zertifikate verlieren so an

Bedeutung. Für Bildungsanbieter jenseits der Hochschulen ist das eine große Chance. Wohl auch deshalb hat der E-Learning-Spezialist Pluralsight im November 2014 Smarterer gekauft – für die stolze Summe von 75 Millionen US-Dollar.[9]

Silicon Valley im Jahr 2014. Gestartet ist LinkedIn als soziales Netzwerk für Berufstätige, heute rollt die Plattform systematisch den Markt für Personalvermittlung und Weiterbildung auf. Jobsuchenden bietet sie »Stellen, die Sie vielleicht interessieren« und Personalern einen »Recruiter« zur besseren Kandidatensuche. Bei der Vermittlung von Spezialisten ist LinkedIn für klassische Personalberatungen bereits eine ernstzunehmende Konkurrenz geworden.

Doch der Vorstandsvorsitzende Jeff Weiner will mehr. Viel mehr. »Langfristig ist unsere Vision, bessere Berufschancen für jeden Beschäftigten in der Welt zu schaffen – für alle drei Milliarden«, verwies er über Twitter auf LinkedIns Ambitionen.[10] Weiners Ziel ist das automatische »Job Matching«, also das effiziente Zusammenbringen von Jobsuchenden und Jobangeboten. Bei über 300 Millionen Nutzern, die auf dem weltweit größten Netzwerk für Fach- und Führungskräfte ihre Lebensläufe und Qualifikationen hinterlegt haben, bietet sich dafür reichlich Potenzial.

Damit die Informationen auf LinkedIn so vollständig und aktuell wie möglich sind, enthalten die Profile auf der Plattform nicht nur Ausbildungs- oder Hochschulabschlüsse und Karrierestationen eines Nutzers, sondern können auch die gesamte Bandbreite der Kompetenzen eines Menschen erfassen. Dazu kooperiert LinkedIn mit Bildungsanbietern und Hochschulen, darunter die Internet-Uni Coursera und die Weiterbildungsplattform Lynda.com; mittlerweile haben auch traditionelle Universitäten in Cambridge, Melbourne oder San Diego den »Add-to-Profile«-Button in ihr Angebot integriert. Hat man einen Kurs absolviert, genügt ein Klick und die erworbene Kompetenz taucht im digitalen Lebenslauf auf.

Diese ganzheitlichen, ständig aktualisierten Profile will LinkedIn mit passenden Jobs »matchen«. Wenn die Qualifikationen von Milliarden Menschen mit Millionen Stellenangeboten abgeglichen werden, ist das eine komplexe Aufgabe. Deshalb hat LinkedIn den Datenspezialisten Bright aufgekauft. Bright hat massenweise Bewerbungsverfahren analysiert und so die für das Job Matching nötigen Computeralgorithmen entwickelt. Das Ergebnis: der Bright Score, der misst, wie gut Job und Jobsuchender zusammenpassen. LinkedIn kann seinen Nutzern so noch passendere Jobangebote machen.

Weiners Plattform versucht, zum Alleskönner der Jobvermittlung zu werden. Das zeigt die jüngste und mit 1,5 Milliarden US-Dollar bislang teuerste Akquisition, der Kauf von Lynda.com, einem der größten Onlineanbieter für berufliche Weiterbildung. Durch das Zusammenspiel von Bright Score und Lynda.com entsteht ein Komplettpaket: Entdecken die Algorithmen beim Matching eine fehlende Qualifikation, können sie sofort eine passende Fortbildung aus dem eigenen Haus empfehlen, die dank dem »Add-to-Profile«-Button erst den Lebenslauf und dann den Bright Score weiter verbessert. So haben auch diejenigen die Chance auf gute Jobs, die keine Spitzenuniversität besucht haben oder die richtigen Leute kennen, sondern einfach nur mit lebenslangem Lernen Ernst gemacht haben.[11]

Die in den vorangegangenen Kapiteln bereits skizzierten neuen und digitalen Lernwege verlaufen zumeist außerhalb traditioneller Bildungseinrichtungen und enden nicht mit bislang anerkannten Abschlüssen. Arbeitgeber aber vertrauen vor allem in formale Nachweise und das Renommee der Institutionen. Für das digitale Lernen ist das ein Problem: Was helfen Zugänge zu personalisierter, motivierender und vernetzter

Bildung, wenn so erworbene Qualifikationen nicht sichtbar werden und keine Anerkennung finden? Auch wenn Bildung nicht nur dazu dient, eine Chance auf dem Arbeitsmarkt zu haben – für die meisten ist beruflicher Erfolg das Ziel ihrer Lernanstrengungen.

Do-It-Yourself Degree macht außerhalb der Hochschule Gelerntes sichtbar, orientiert sich aber noch am traditionellen Ziel des Bachelors oder Masters. Degreed und Smarterer hingegen sind erste Ansätze, wie das Wissen und Können jedes Einzelnen jenseits klassischer Abschlüsse in seiner Gesamtheit überprüft, zertifiziert und damit für potenzielle Arbeitgeber vertrauenswürdig und transparent gemacht werden kann. LinkedIn geht noch einen Schritt weiter: Algorithmen sollen künftig Menschen und Jobs zusammenbringen. Die lückenlose digitale Begleitung und Erfassung – für LinkedIn profitabel, für andere beängstigend – ermöglicht das perfekte Paar von Arbeitnehmer und Arbeitgeber. Entscheidend werden dann die Kompetenzen und Erfahrungen sein, die für eine bestimmte Stelle nachweislich relevant sind. Es zählt nur noch, was man wirklich kann – und nicht mehr der Ruf einer Uni oder eines früheren Arbeitgebers. Die Digitalisierung schafft fairen und leistungsgerechten Zugang zum Arbeitsmarkt.

Traditionelle Abschlüsse – dem Untergang geweiht

Das Vertrauen in berufliche und akademische Abschlüsse ist in Deutschland immens. Arbeitgeber verlangen diese standardmäßig bei Stellenausschreibungen, und junge Erwachsene investieren Mühe, Lebenszeit und Geld in ihren Gesellen- oder Meisterbrief, in ihren Bachelor, Master oder Doktor. Doch so gut sich ein Titel auf dem Firmenschild und der Visitenkarte macht – in der Praxis werden die traditionellen Bildungsnachweise immer mehr an Bedeutung verlieren.

Mit einem Hochschulstudium assoziieren viele Arbeitgeber Qualifikationen und Kompetenzen, die einer Überprüfung nicht unbedingt standhalten. So weisen Big-Data-Analysen von Google darauf hin, dass weder der Abschluss an sich noch das Renommee einer Universität entscheidend für den späteren Karriereverlauf sind (siehe dazu auch Kapitel 9). Abschlussnoten sagten nichts voraus und seien bei der Einstellung wertlos, bestätigt Laszlo Bock, Personalchef von Google. Über Jahre hatten die Verantwortlichen des Internetgiganten die Lebensläufe der Bewerber nach den üblichen Kriterien bewertet. Heute stellt Google mehr und mehr Mitarbeiter ohne akademischen Abschluss ein; in einigen Teams hat immerhin jeder Siebte nie eine Hochschule besucht.[12]

Die schwindende Bedeutung tradierter Bildungszertifikate ist in einigen Bereichen auch in Deutschland zu beobachten. So bröckelt beispielsweise die Meisterpflicht für gewerbliche Unternehmen; in immer mehr Branchen ist der Meisterbrief nicht mehr notwendig, um einen Betrieb zu führen. Auch für die Vergabe von Aufträgen sind auf digitalen Handwerkerplattformen wie MyHammer längst die Referenzen bisheriger Kunden viel wichtiger als formale Qualifikationen. So auch in der Kreativbranche, wo großer Wert auf individuelles Können gelegt wird: Für die Aufnahme an der Kunsthochschule ist die Entwurfsmappe wichtiger als das Schulzeugnis. Auf Plattformen wie Dribbble präsentieren Designer ihre Produkte und Referenzen, um Aufträge zu gewinnen. Titel, Studium oder gar Noten spielen dabei keine Rolle.

Vor allem neue Marktsegmente, in denen es (noch) keine etablierte Ausbildung gibt, sind frei von der Besessenheit auf Abschlüsse. Dort wird Kompetenz anders gemessen. Im Social-Media-Bereich zum Beispiel mit dem Klout-Score, der Ansehen und Wirkungsmacht in sozialen Netzwerken widerspiegelt. Der Klout-Score erfasst Zahl und Einfluss der Twitter-Follower und Facebook-Freunde ebenso wie die Resonanz auf eigene Tweets und Posts. Das Ergebnis ist ein Wert zwischen 0 und 100. »Alles ab 40 ist okay«, erklärte Matthias Mehner, heute Social-Media-Chef bei ProSiebenSat.1, schon 2009 im Interview mit der *ZEIT* über die Bedeutung des Klout-Scores in seiner Branche. Mit 35 hätten Bewerber vielleicht noch eine Chance, ab 60 sei ihnen der Job so gut wie sicher. »Dann hat eine Meinung im Internet richtig Gewicht«, so Mehner.[13] Barack Obama hat übrigens einen Klout-Score von 99, Teenie-Star Justin Bieber kommt auf 92.[14]

Doch in der Breite haben sich solche Alternativen zu den traditionellen akademischen und beruflichen Abschlüssen noch nicht durchgesetzt. Schon die Anerkennung einer Onlinevorlesung ist schwierig, durch Fachliteratur erworbenes Wissen lässt sich im Lebenslauf nicht abbilden und in Freizeit oder Ehrenamt erlernte Fähigkeiten werden selten zertifiziert. Stattdessen nennen wir einen Lehrling, der seine Ausbildung abgeschlossen hat, im Sprachgebrauch noch immer einen »Ausgelernten« – als ob er für die folgenden dreißig bis vierzig Berufsjahre komplett gerüstet wäre.

Frust bei der Jobsuche

Der Jobmarkt ist an Ineffizienz kaum zu übertreffen: Aus etwa 161 000 Bewerbungen, so eine aktuelle Umfrage unter deutschen Unternehmen, ergaben sich knapp 17 000 Vorstellungsgespräche und nur rund 3500 Einstellungen. Damit waren fast 98 Prozent der Bewerbungen erfolglos.[15] Zugleich klagt die Wirtschaft über die hohe Zahl an offenen Stellen, für die sie keine geeigneten Mitarbeiter findet. Das Beratungsinstitut Prognos hat berechnet, dass Deutschlands Wirtschaftswachstum dadurch pro Jahr um 0,3 Prozentpunkte gedämpft wird.

Das führt bis 2035 zu einem Wohlstandsverlust von insgesamt 4,3 Billionen Euro, wodurch dem Staat 950 Milliarden Euro an Steuern verlorengehen.[16]

Obwohl das Jobangebot groß ist, brauchen junge Akademiker nach Abschluss ihres Studiums im Schnitt fast ein halbes Jahr, bis sie eine Beschäftigung aufnehmen.[17] Und allzu oft passen dann Anforderungen und Fähigkeiten nicht zusammen: Nur etwa zwei Drittel der Berufstätigen sind ihren Kompetenzen entsprechend beschäftigt – 15 Prozent sind über- und 22 Prozent unterqualifiziert.[18] Diese fehlende Passung verschwendet nicht nur Potenziale, sie setzt im wahrsten Sinne des Wortes Fliehkräfte frei: Bei jüngeren Angestellten liegt die durchschnittliche Beschäftigungsdauer in einem Betrieb inzwischen unter zwei Jahren.[19]

Um Stellenbesetzungen effizienter zu gestalten, nutzen vor allem größere Unternehmen automatisierte Verfahren. Eine Software durchsucht Bewerbungsunterlagen nach Abschlüssen und Schlagworten, um gewünschte Qualifikationen und Berufserfahrungen zu identifizieren. Dass bei solchen Methoden die Latte zu hoch gelegt wird, zeigt Peter Cappelli in seinem Buch *Why good people can't get jobs:* Für eine gewöhnliche Ingenieurstelle erhielt ein Unternehmen 25 000 Bewerbungen – keine einzige erfüllte die angeblich notwendigen Kriterien.[20] Wahrscheinlich hätten selbst die eigenen Topmanager den Anforderungen nicht entsprochen und wären von dem Computerprogramm aussortiert worden. Die simple Schlagwortsuche nach einer »eierlegenden Wollmilchsau« führt eben meist ins Leere.

In der Not greifen Personalverantwortliche nach wie vor auf persönliche Kontakte zurück. Die ehemaligen Mitarbeiter der großen Unternehmensberatung, die Alumni der eigenen Alma Mater oder sogar die Bekannten im Golfclub: Wer zum Netzwerk gehört, verspricht Leistungsfähigkeit und vermittelt

Vertrauen – auch wenn die konkrete Eignung für eine offene Stelle nicht belegt ist. Die anderen bleiben unsichtbar und deshalb außen vor.

Kreditkarte statt Goldnuggets

Die globalisierte Arbeits- und Bildungswelt erfordert mehr Transparenz über jobrelevante Kompetenzen, als heutige Abschlüsse bieten. Alleine die Zahl von rund drei Milliarden Berufstätigen macht das Job Matching zu einer großen Aufgabe. Wachsende Migration und Mobilität – über 71 Millionen Menschen in den OECD-Staaten arbeiten außerhalb ihrer Heimatländer[21] – erhöhen die Komplexität ebenso wie die zunehmende Ausdifferenzierung von Jobs und Bildungsgängen. Die Methoden der analogen Welt, Lebenslauf und Zeugnisse eines Bewerbers mit einem Stellenprofil händisch abzugleichen, sind diesen Anforderungen nicht mehr gewachsen. Erst recht nicht, weil ein vertrauenswürdiges Zertifizierungssystem fehlt, das sich nicht nur auf den einmal erworbenen Abschluss stützt, sondern all das Wissen und Können erfasst, das sich während eines Lebens ansammelt.

Die eintägige Excel-Schulung, das Seminar zur Präsentationstechnik oder auch das Social-Media-Webinar bleiben bisher außen vor, weil sie gegenüber formalen Abschlüssen zu kleinteilig sind. In einem System, in dem das kleinste Maß für eine hochschulische Lerneinheit, der Kreditpunkt, bereits dreißig Stunden umfasst, haben solche Lernleistungen keinen Platz. Reicht man bei einer Bewerbung einen bunten Strauß verschiedener Teilnahmebestätigungen und Zertifikate ein, überfordert das die Personaler. Die einzelnen Elemente sind schwer einzuordnen und ergeben oft kein schlüssiges Gesamtbild der Qualifikationen. Ganz abgesehen davon sagt ein Teilnahmenachweis noch nichts über das tatsächlich Gelernte aus.

Start-ups wie Degreed und Smarterer versuchen nun, einfache und umfassende Zertifizierungssysteme zu etablieren, die auch informelles und lebenslanges Lernen berücksichtigen und mit Microcredits bewertbar machen. Die Digitalisierung verschafft ihnen Zugang zu einer nie dagewesenen Menge an aktuellen Informationen über Bewerber und Beschäftigte, die sie erfassen, sortieren und zertifizieren können. Formale Abschlüsse als bisherige Wissenswährung könnten so im Vergleich zu Microcredits und Kompetenztests bald ähnlich zeitgemäß sein wie eine Bezahlung mit Goldnuggets statt Kreditkarte.

Noch mag der Wertverlust der alten Zertifikate nicht in der Breite spürbar sein, doch das Vertrauen in die Währung Hochschulabschluss hat erste Kratzer bekommen. In sie zu investieren, lohnt sich nicht mehr, wenn sie für Arbeitgeber wie Google an Wert verliert. Über kurz oder lang werden die digitalen Alternativen die Vormachtstellung des Hochschul- und Ausbildungswesens angreifen. Ein Abschluss aus Harvard oder Stanford wird auch in Zukunft Strahlkraft und Bedeutung haben. Schwächere Marken wie die der Fachhochschule im Harz oder auf der Schwäbischen Alb werden es dagegen deutlich schwerer haben.

Leistung lohnt sich

Bildung ist mehr, als sich per Onlinequiz überprüfen lässt. Bildung ist auch viel mehr als Abschlüsse und Fähigkeiten, die man auf Jobs matchen kann. Dennoch: Die Teilhabe am Arbeitsmarkt ermöglicht ein selbstbestimmtes Leben, soziale Anerkennung und gesellschaftlichen Aufstieg. Digitale Technologien können dazu beitragen, den Zugang zum Arbeitsmarkt offener und fairer zu gestalten. Sie können eine größere Bandbreite an Wissen und persönlichen Kompetenzen erfassen, egal ob diese auf dem Campus, in der Firma oder im Netz erworben wurden. Je vielfältiger die Wege zu Wissen und Bildung werden, desto stärker sind die bisherigen Maßstäbe der Zertifizierung zu hinterfragen.

Der Do-It-Yourself-Ansatz bewegt sich dabei in Teilen noch in der analogen Welt und innerhalb des bestehenden Bildungssystems: Digital erworbenes Wissen wird überprüft und zertifiziert – und damit für den Arbeitsmarkt wertvoll. Solche Wege der Kompetenzanerkennung sind schnell, flexibel und kostengünstig. Für begabte junge Menschen, die sich aus den unterschiedlichsten Gründen Studium oder Ausbildung nicht leisten wollen oder können, bieten sie Chancen auf Jobs und Beförderung. Je mehr sich Bildung über MOOCs, personalisierte Software oder Peer-to-Peer-Lernen verbreitet, desto bedeutender werden Verfahren, die digital erworbenes Wissen in traditionelle Abschlüsse übersetzen – zumindest solange der Arbeitsmarkt auf diese vertraut.

Initiativen wie Degreed lösen sich von den starren Standards des etablierten Bildungssystems. Sie nutzen die Digitalisierung, um lebenslanges Lernen abzubilden. Neben den üblichen Hochschul- und Berufsabschlüssen erfassen sie den Wissenszuwachs eines Menschen und liefern ein ständiges Update seiner Fähigkeiten. Lernen wird autark und omnipräsent, ein kurzer Klick auf den »+degreed«-Button schreibt den digitalen Lebenslauf fort. Microcredits gewichten und ordnen Kompetenzen, machen sie für Arbeitgeber sichtbar und zugänglich.

Anders als Degreed lässt Smarterer klassische Abschlüsse völlig außer Acht und misst nur aktuell vorhandenes Wissen und Können. Immer mehr Institutionen werden die Digitalisierung nutzen, um auf diese Weise rein kompetenzbasierte Zeugnisse auszustellen. Kreditpunkte und Hochschulabschlüsse verlieren dann im Vergleich zu den tatsächlichen

Fähigkeiten an Bedeutung. Am Ende steht das Bild eines Bewerbers, das in seiner Gesamtheit analog niemals darstellbar gewesen wäre.

Wenn Arbeitgeber Vertrauen in solche digitalen Kompetenzprofile fassen, werden Jobs und Jobsuchende künftig schneller und passender zusammenfinden. Plattformen wie LinkedIn arbeiten bereits an solchen Big-Data-basierten Matching-Modellen. Für das perfekte Paar in der Arbeitswelt wird weniger ausschlaggebend sein, welches Diplom an welcher Hochschule erworben wurde, sondern welche Fähigkeiten ein Mensch mitbringt. Leistung lohnt sich.

Auch wenn die hier aufgezeigten Beispiele bislang nur Trends und Szenarien sind und sich bestimmt nicht alle erwähnten Akteure durchsetzen werden: Die Digitalisierung bricht das Monopol der institutionalisierten Bildung, sie wird effizientere und auch fairere Matching-Mechanismen hervorbringen. Dem Staat, gemeinnützigen Organisationen oder eben Unternehmen wird es gelingen, neue, akzeptierte Standards jenseits von Hochschul- und Berufsabschlüssen zu etablieren und so eine ungekannte Transparenz über die Fähigkeiten jedes Einzelnen zu schaffen. Die Habitus-Elite, die auf den besten Hochschulen der Welt sozialisiert worden ist, wird wohl kaum verschwinden. Doch für alle anderen wird es mehr Chancen und Entfaltungsmöglichkeiten geben.

AUSBLICK

9 DER GLÄSERNE LERNER

Wie wir Bildungsdaten nutzen und schützen müssen

»Der einzige Weg zur totalen Datensicherheit wäre, überhaupt keine Daten zu speichern und zu nutzen. Das ist einfach keine Option.«[1]

Kathleen Styles, Chief Privacy Officer des amerikanischen Bildungsministeriums

»So etwas Ähnliches wie die Prüfsiegel für Bilanzen brauchen wir auch für Algorithmen.«[2]

Christoph Kucklick, Publizist und Chefredakteur des Magazins *Geo*

Silicon Valley seit dem Jahr 2010. Der Lebenslauf ist der Schlüssel zur Berufswelt. Von ihm hängt ab, ob sich Türen öffnen oder verschlossen bleiben. Wer auf einer bekannten Uni war oder bereits in einem renommierten Unternehmen arbeitet, hat bessere Chancen bei einer Bewerbung. Andere werden oft ungeachtet ihrer tatsächlichen Fähigkeiten aussortiert. Dabei sind Zeugnisnoten, Diplome oder Titel nur ein schwaches Indiz dafür, ob jemand für eine Stelle geeignet ist und gute Arbeit leisten kann: Sich schnell auf unbekannte Situationen einzustellen und neue Kompetenzen anzueignen, ist im Job wichtiger, als in einer Prüfung zu glänzen. Theorie und Praxis sind eben zwei verschiedene Welten.

Was aber wäre, wenn man mit wenig Aufwand die Persönlichkeit eines Menschen so erfassen könnte, dass sich beruflicher Erfolg vorhersagen ließe? Knack, ein Start-up aus dem Silicon Valley, versucht genau das, indem es Bewerber mit Computerspielen namens *Dungeon Scrawl* oder *Wasabi Waiter* herausfordert. So sollen binnen kurzer Zeit Ausdauer, Kreativität, Auffassungsgabe oder Entscheidungsfähigkeit einer Person erkannt und die Eignung für eine bestimmte Aufgabe geprüft werden. »Wir wollen das menschliche Talent der Welt organisieren, so wie Google die Informationen der Welt«, sagt Knack-Gründer Guy Halfteck.[3]

Knacks Softwarealgorithmen ermitteln aus dem Stellenprofil und den Erfahrungen mit bisherigen Mitarbeitern im Unternehmen, welche Fähigkeiten nötig sind, um in einem Job erfolgreich zu sein. Diese werden mit den Daten verglichen, die ein Bewerber beim Spiel produziert. Ständig muss er dort Entscheidungen treffen, anhand derer das Programm seine Persönlichkeit analysiert. Zeugnisse oder Abschlussnoten spielen dabei keine Rolle. Stattdessen genügen für ein aussagekräftiges Psychogramm laut Halfteck schon zwanzig Minuten Spielzeit.

Bei *Wasabi Waiter* beispielsweise geht es darum, auf die Gefühle anderer zu reagieren. Der Spieler nimmt die Rolle des Kellners in einer Sushi-Bar ein, die Gesichter seiner Gäste sind gezeichnet von Emotionen, der eine ist traurig, der andere lächelt, der nächste ist zornig. Der Kellner soll nun jedem Gast die zu seinem Gemütszustand passende Sushi-Variante – alle Speisen sind mit »Gefühlsschildern« versehen – servieren. Die Schwierigkeit: Die Zahl der Gäste wächst ebenso wie die Menge der unterschiedlichen Emotionen. Der Spieler muss Gefühle erkennen und auf sie reagieren. Welche Gäste bedient er zuerst, wen lässt er warten? Das Programm kann so feststellen, wie der Bewerber sich in Entscheidungssituationen verhält – wann er zögert, wann er in die Offensive geht, ob er aus Fehlern lernt, welche Prioritäten er setzt. Eine Kombination aus Multitasking und beschleunigtem Entscheidungsdruck, so beschreibt Halfteck die Herausforderung bei *Wasabi Waiter,* das von einem Team aus Psychologen, Neurowissenschaftlern und Informatikern entwickelt wurde.

Wenige Minuten als virtueller Sushi-Kellner sollen also mehr über einen Menschen aussagen als seine hart erarbeiteten Abschlüsse und Zeugnisse? Hans Haringa hat es ausprobiert, im Magazin *The Atlantic* über sein Experiment berichtet und damit die Debatte um die Vermessung des Menschen durch Algorithmen befeuert. Haringa ist nicht irgendwer, er gehört zum höheren Management des Ölgiganten Shell, und sein Auftrag ist die Jagd nach Ideen: Er leitet die GameChanger-Unit, eine Abteilung, die neue Geschäftsideen sowohl innerhalb als auch außerhalb des Konzerns finden, prüfen und umsetzen soll. Haringa und sein zwölfköpfiges Team analysieren jedes eingereichte Konzept samt den Machern dahinter, verschaffen erfolgversprechenden Kandidaten Gründungskapital und begleiten deren Entwicklung dann über Monate und Jahre. Vorherzusagen, wer mit welchem Projekt erfolgreich sein wird, ist dabei eine enorme Herausforderung – am Ende schafft es gerade einmal jeder zehnte Vorschlag in die dauerhafte Umsetzung.

Sollte die Knack-Software wirklich die erfolgversprechendsten Ideengeber herausfiltern können? Genau das wollte Haringa wissen. Seine Abteilung existiert seit zwanzig Jahren, rund 1400 Personen haben sich in dieser Zeit mit ihren Ideen beworben. Sämtliche Informationen über sie sind in einer Datenbank erfasst – auch wie die Projekte im Einzelnen verlaufen sind. Haringa lud all diese Bewerber aus den vergangenen zwei Jahrzehnten zum Wasabi-Kellnern und einem weiteren Knack-Spiel ein. Dazu teilte er sie in zwei Gruppen auf. Von der ersten Gruppe erfuhr der Softwarehersteller, was aus ihren Projekten geworden war. Nachdem die Mitglieder dieser Gruppe gespielt hatten, verknüpfte Knack die so generierten Daten mit ihren Projektergebnissen im echten Leben. So konnten die typischen Eigenschaften und Handlungsmuster eines bei Shell erfolgreichen Innovators sichtbar gemacht werden.

Von den Mitgliedern der zweiten Gruppe wussten die Knack-Leute nicht, was aus ihren Ideen geworden war. Sie verglichen stattdessen deren Spieldaten mit den Erfolgsmustern der ersten Gruppe und schickten Haringa dann ihre Einschätzung. Das Resultat ließ sein Herz schneller schlagen, so erzählt er es später dem *Atlantic*-Journalisten. Ohne etwas über die Projekte oder deren Umsetzung zu wissen, ohne die Menschen dahinter je erlebt oder gesprochen zu haben, ohne ihren Bildungsstand oder sozialen Hintergrund zu kennen, konnte die Knack-Software die Besten identifizieren: Diejenigen zehn Prozent, die das Computerprogramm als erfolgversprechendste Kandidaten ausmachte, waren identisch mit den zehn Prozent, die es bei Shell am weitesten gebracht hatten.

Eines ist Knack-Gründer Halfteck dabei wichtig: Bei seiner Software gehe es nicht um das Aschenputtel-Prinzip, die guten ins Töpfchen, die schlechten ins Kröpfchen. Knack könne keine Aussage über die generelle Qualität eines Bewerbers machen, sondern nur vorhersagen, ob er für einen konkreten Job geeignet sei. Halftecks Programm ist nicht mehr, aber eben auch nicht weniger als ein neutraler, emotionsloser Beobachter, der auf Basis von Algorithmen beurteilt, ob jemand die wesentlichen Fähigkeiten für eine Aufgabe mitbringt – unabhängig davon, woher er kommt, wie er gelernt hat oder wen er kennt.[4]

Software wie die von Knack wird die Bildungs- und Arbeitswelt grundlegend verändern. Wenn Computerprogramme aus hundert Bewerbern die zehn aussichtsreichsten herausfiltern, hat für Unternehmen wie Shell das Stochern im Nebel ein Ende. Sie können ohne großen Aufwand potenzielle Leistungsträger identifizieren, die von den konventionellen Methoden der Personalrekrutierung nicht notwendigerweise erkannt werden.[5] So eröffnen sich auch Chancen für diejenigen, die bislang wenige hatten. Wem die finanziellen Mittel fehlten, um eine renommierte Universität zu besuchen, oder die nötigen Kontakte, um an einen guten Job zu kommen, der erhält jetzt Zugang zu bisher verschlossenen Zirkeln.

Es wächst aber auch die Unsicherheit. Schließlich lassen sich Charaktereigenschaften und individuelle Verhaltensmuster, auf deren Basis ein Datenorakel wie Knack Vorhersagen trifft, nur schwer verändern. Gerade für diejenigen, die den traditionellen Bildungsweg gehen, hat die Vorhersagekraft der Algorithmen etwas Bedrohliches. Für das Bildungsbürgertum wirft sie alte Gewissheiten über den Haufen: Eine halbe Stunde Computerspielen wird plötzlich für die berufliche Karriere wichtiger als die bisherige Lebensleistung, als all die Jahre an Schule und Universität, als hunderte geschriebene Klausuren und hart erarbeitete Abschlüsse und Titel, sogar wichtiger als mühsam aufgebaute Netzwerke und Kontakte. Wenn aber Fleiß und persönliche Anstrengung an Bedeutung verlieren, wofür lohnt sich dann noch die jahrelange Qual? Noch grundsätzlicher gefragt: Werden Algorithmen zwar durchschnittlich zu mehr Chancengerechtigkeit führen, aber gleichzeitig bestehende Abhängigkeitsmuster durch neue ersetzen? Und ist es wirklich für jeden gerechter, wenn über eine Einstellung nicht mehr die subjektive Einschätzung des Personalchefs, sondern die Wahrscheinlichkeitsrechnung entscheidet?

Big Data statt Intuition

Der Zwiespalt der Digitalisierung zeigt sich auch im Bildungswesen. Einerseits ist es notwendig, möglichst viele Lerndaten von möglichst vielen Menschen zu erheben, um jedem persönliche Empfehlungen für eine erfolgreiche Karriere geben zu können. Andererseits hat Big Data, die Erhebung und Analyse riesiger Datenmengen, auch gefährliche Nebenwirkungen: Datenspuren kleben wie Pattex untrennbar an jedem digitalen Lernweg, Algorithmen scheinen die Kontrolle über unser Leben zu übernehmen.

Dabei wird über Bildungswege und Karrieren schon lange auf Basis von Wahrscheinlichkeiten entschieden. Nur werden diese nicht von Computerprogrammen berechnet, sondern von Menschen geschätzt. Die Gymnasialempfehlung ist ein Beispiel für eine solche Prognose. Grundschullehrer berücksichtigen dabei neben den Noten eines Kindes auch den sozialen Kontext und sein Elternhaus. Solch weiche Faktoren mit einzubeziehen klingt ungerecht, erhöht aber die Treffsicherheit. Denn wie aus den Noten lassen sich auch aus dem familiären Hintergrund Rückschlüsse ziehen: Kinder aus bildungsaffinen Haushalten erhalten von ihren Eltern beim Lernen in der Regel mehr Unterstützung, was ihre Chancen steigert, das Abitur zu erreichen. Es ist also eine Melange aus Indizien und eigenen Erfahrungen mit bisherigen Schülern, auf deren Basis Lehrer den künftigen Bildungserfolg eines Kindes taxieren.[6]

Nach dem gleichen Muster arbeiten viele Unternehmen. Die Entscheidung für oder gegen einen Kandidaten beruht nicht nur auf harten Fakten, sondern auch auf den persönlichen Einschätzungen des Personalverantwortlichen. Er setzt bisher Erlebtes und Gehörtes in Relation zu dem, was ein Bewerber vorzuweisen hat. Wie haben sich Mitarbeiter mit einem ähnlichen Ausbildungsweg bewährt? Welchen Ruf hat die Universität, an der ein Bewerber studiert, oder der Betrieb, in dem er gelernt hat? Das Klischee ist nie weit, wenn Menschen über Menschen befinden. So wird einem Marathonläufer gerne Durchhaltevermögen unterstellt, einem Unternehmensberater der Hang zur Zahlenhuberei und einer 30-jährigen Frau die baldige Schwangerschaft. Problematisch ist auch die Homogenitätsfalle. Man läuft Gefahr, sich für einen Klon seiner selbst zu entscheiden: Bei zwei gleich qualifizierten Kandidaten geben Personalverantwortliche lieber demjenigen den Zuschlag, der ihnen ähnlicher ist. Die gemeinsam besuchte Hochschule oder gemeinsame Bekannte können so zum Türöffner für den neuen Job werden – ohne dass dies irgendeine objektive Aussagekraft über die Eignung eines Bewerbers hätte.[7]

Subjektive Wahrnehmungen sind das Material, aus dem der einzelne Mensch sich allgemeine Gewissheiten formt. Sie verengen allerdings den Blick. So menschlich es ist, persönlich Erlebtes in die Beurteilung anderer einfließen zu lassen, so fehlerhaft kann das Ergebnis sein. Zu klein ist die Datenmenge der eigenen Erfahrung, als dass sie verlässliche Erkenntnisse hervorzubringen vermag. Was, wenn es Faktoren und Muster gibt, die sich der subjektiven Beobachtung entziehen? Wenn zum Beispiel auch mittelmäßige Grundschulnoten in Kombination mit der Existenz älterer Geschwister darauf schließen ließen, dass ein Kind sehr wahrscheinlich das Abitur schafft, obwohl es aus einer bildungsfernen Familie kommt? Oder wenn ein Bachelorstudent von der Fachhochschule, der in seiner Jugend mit einem bestimmten Elektronikbaukasten gebastelt hat, statistisch der bessere Programmierer wäre als der Masterabsolvent einer namhaften Universität?

Big Data verspricht, verlässlichere Vorhersagen zu treffen, als ein Mensch es je könnte. Denn die Treffsicherheit der Prognosen von selbstlernenden Computerprogrammen, die riesige Datenmengen nach Verhaltensmustern durchsuchen, ist ungleich besser als jede menschliche Intuition. So arbeitet der amerikanische Handelskonzern Target mit einem Softwareprogramm, das aus den Einkäufen seiner Kunden ihre aktuellen Lebensumstände ableitet. Das Programm kann beispielsweise anhand der Kaufgewohnheiten einer Frau erkennen, ob sie schwanger ist. Dabei geht es um Details wie etwa die Sorte einer Bodylotion: Frauen, die im dritten Monat schwanger sind, kaufen häufig parfümfreie Cremes, weil sich ihr Geruchssinn verändert. Target nutzt diese Erkenntnisse, um den werdenden Müttern passende Angebote zu unterbreiten.[8] Ein ganz anderes Beispiel für die Nutzung von Big Data liefert die Polizei in Zürich. Sie will Verbrechen verhindern, bevor diese überhaupt begangen werden. Dazu berechnet ein Computerprogramm, in welchen Wohngegenden es in Kürze mit hoher Wahrscheinlichkeit zu Einbrüchen kommen wird, und gibt den Polizisten zugleich konkrete Handlungsempfehlungen – offen patrouillieren, um potenzielle Täter abzuschrecken, oder Zivilfahnder schicken, um die Räuber auf frischer Tat zu ertappen. Das Züricher »Predictive Policing« scheint seine Wirkung nicht zu verfehlen, die Zahl der Einbrüche ist auf den niedrigsten Stand seit sechs Jahren gesunken.[9]

Würden die Lernergebnisse von Millionen Menschen in Korrelation zu ihrem späteren Berufsweg gesetzt, ließen sich auch daraus Kriterien für Erfolg und Misserfolg ableiten. So ergäbe sich die Möglichkeit, einen bisher »unentdeckten«, zum individuellen Profil passenden und somit auch erfolgversprechenden Bildungsweg einzuschlagen. Statt der Herkunft zählt dann viel stärker das Potenzial für die Zukunft.

Die Macht der Daten

Die meisten Schüler der Aspire ERES Grundschule im kalifornischen Oakland kommen aus sozial schwachen Milieus. Sie erhalten zu Hause kaum Unterstützung, laufen im Unterricht Gefahr, zu den Abgehängten zu gehören. Um genau das zu verhindern, hat sich die Schule die Macht der Daten zunutze gemacht: Neben dem Lehrpersonal, Sozialarbeitern und einer Direktorin beschäftigt sie einen Datenanalysten. Dessen Aufgabe ist es, die Erkenntnisse über das Lernverhalten und die Fortschritte aller Schüler regelmäßig zusammenzuführen.

Sein Report fußt auf Beobachtungen der Lehrer, auf Hausaufgaben- und Testergebnissen und insbesondere auf den Daten aus computergesteuerten Lernprogrammen.

Seit an der Aspire-Schule digital gelernt wird, ist Frontalunterricht passé. Stattdessen sind die Stunden in verschiedene Phasen aufgeteilt: Gruppenarbeit, Diskussion mit dem Lehrer sowie individuelles Lernen mit oder ohne Computer. So entsteht nicht nur Abwechslung, sondern auch eine riesige Datenmenge, die der Analyst auswertet. Alle zwei Wochen trifft er sich mit den Lehrern jeder Klasse und erläutert ihnen seine Erkenntnisse. Eine Tabelle macht den Leistungsstand aller Schüler in jeder Unterrichtseinheit per Ampelsystem sichtbar. Die Ursachen von Problemen werden so deutlich: Haben nur wenige Schwierigkeiten mit einer Lerneinheit, ist der Grund bei den einzelnen Schülern zu suchen. Geht es vielen Schülern so, dann stimmt meist die Unterrichtsmethode des Lehrers nicht. Bei Kindern, die in allen Fächern schlechte Leistungen zeigen, könnte das eher an persönlichen Problemen im sozialen Umfeld liegen. So geht das Kollegium jeder Auffälligkeit nach und vereinbart konkrete Maßnahmen, um den Unterricht oder die Situation eines Schülers zu verbessern.[10]

Kinder wie in Oakland aus dem Lern-Abseits zu holen, ist eine Herausforderung, die auch viele Lehrer in Deutschland kennen – und zwar nicht nur in Berlin-Neukölln oder Hamburg-Wilhelmsburg. So ähnlich die Situation diesseits und jenseits des Atlantiks ist, so unterschiedlich wird darauf reagiert. Vor allem der Umgang mit Daten ist in Deutschland ein anderer. So freigiebig die Deutschen in sozialen Medien mit ihren persönlichen Informationen sind, so sehr geizt man mit Daten, wenn es um Schule, Studium oder berufliche Weiterbildung geht. Transparenz im Bildungswesen empfinden die meisten als unangemessene Kontrolle; was im Klassenzimmer oder Hörsaal passiert, bleibt deshalb in der Regel verborgen. Weder bekommen Lehrer regelmäßig Informationen über den Fortschritt ihrer Schüler noch erhält ein Schulleiter systematische Rückmeldungen zum Tun seiner Lehrer. Anderswo hat man weniger Probleme damit, Leistung transparent zu machen. In den USA informieren Schulen sogar die Eltern täglich online über Hausaufgaben und Testergebnisse ihrer Kinder.[11] Auch in Estland verwenden Schulen schon seit Jahren flächendeckend elektronische Klassenbücher, die eine ähnliche Funktion haben wie der amerikanische Infoservice.[12]

Die Austin Peay State University (siehe Kapitel 7) geht einen Schritt weiter. Sie schafft nicht nur Transparenz über den Lernstand des Einzelnen, damit Lehrende geeignete Maßnahmen ergreifen können. Das Computerprogramm Degree Compass empfiehlt dort jedem Studenten ein auf ihn persönlich zugeschnittenes Curriculum. Mit einer Trefferquote von über 90 Prozent sagt das Programm sogar voraus, ob jemand einen Kurs gut besteht – bevor er diesen überhaupt begonnen hat.[13]

Vivienne Ming, Neurowissenschaftlerin und Start-up-Gründerin, nutzt digitale Möglichkeiten noch radikaler als Aspire und Austin Peay. Für sie sind Daten die Quelle für mehr Gerechtigkeit auf dem Weg zum passenden Job. Schon die Krankheit ihres Sohnes Felix zeigt, dass Ming mehr auf Daten vertraut als auf menschliches Urteilsvermögen; als er an Diabetes erkrankte, halfen ihm nicht Ärzte, sondern Algorithmen. Nach der Diagnose begann Ming, ihr Kind zu vermessen: Sie notierte täglich seine Mahlzeiten, führte akribisch Buch darüber, wann Felix spielte, wann er apathisch war. Sie versah ihn mit einem digitalen Blutzuckermessgerät und zeichnete permanent seinen Herzschlag auf. Doch die Ärzte wollten all die gesammelten Daten nicht nutzen, sie bestanden auf die herkömmliche Methode: Die Mutter sollte eine Woche lang drei Mal täglich den Blutzuckerwert ihres Kindes messen und in ein vorgefertigtes Papierformular eintragen. Ein Blatt mit wenigen Werten gegen Tabellen mit Massen von Daten, ein grober Umriss des kranken Sohnes gegen ein bis ins Detail vermessenes Kind – dieser unterschiedliche Umgang mit Felix' Krankheit zeigt den Kontrast zwischen der analogen und digitalen Welt. Vivienne Ming hat sich für Letztere entschieden. Ihr Sohn hat nun eine Insulinpumpe, die dank der Analysen seiner Mutter so programmiert ist, dass automatisch die richtige Dosis gespritzt wird, und zwar bevor er über- oder unterzuckert ist.[14]

So wie Vivienne Ming privat mit der Krankheit ihres Kindes umgegangen ist, agiert sie auch im Job. Als Chefwissenschaftlerin des Online-Personalvermittlers Gild und Gründerin des Start-ups Socos erstellt sie Prognosen über Karriereverläufe. Sie arbeitet dabei allein mit der Aussagekraft von Daten – und wirft vermeintliche Gewissheiten und Glaubensgrundsätze über den Haufen. Ihre Forschung hat sie gelehrt, dass nicht einmal ein Stanford-Abschluss in Informatik viel darüber verrät, ob jemand tatsächlich ein guter Programmierer wird. Arbeitgeber würden aus einer namhaften Universität im Lebenslauf Kompetenz ableiten, deren Renommee stellvertretend heranziehen, um die Fähigkeiten eines Bewerbers einzuschätzen, erklärt Ming. »Doch diese Gleichung geht meist nicht auf.«[15]

Die Datenbank von Vivienne Ming umfasst mittlerweile die Lebensläufe und digitalen Spuren von 70 Millionen Menschen. Algorithmen suchen hier nach versteckten Zusammenhängen: Ein Posting, ein Tweet oder die Wortwahl in einem Anschreiben geben Hinweise auf bisher verborgene Kompetenzen. Mit ihren Computerprogrammen findet Ming Jobs für Menschen, die von Personalvermittlern und Unternehmen übersehen werden, weil sie nicht den üblichen Suchkriterien entsprechen.[16]

Traditionell werden Daten in der Bildung erhoben, um vergangene Leistungen zu benoten und zu bewerten. Dabei könnte Big Data, wie die Beispiele gezeigt haben, auch zukünftige Leistungen befördern. An der Aspire-Schule ermöglichen Datenanalysten den Lehrern, die Stärken und Schwächen ihrer Schüler besser zu erkennen und darauf zu reagieren; die Software der Austin Peay State University berechnet und empfiehlt den individuell passendsten Bildungsweg; Vivienne Mings Algorithmen sorgen für die Vermittlung in geeignete Jobs.

Der Fluch der Daten

Big Data kann nur dann als Bildungsoptimierer funktionieren, wenn möglichst viele Menschen ihre Lerndaten zur Verfügung stellen. Der Gewinn einer besseren, auf die persönlichen Bedürfnisse ausgerichteten Bildung geht also notwendigerweise mit der Preisgabe der eigenen Daten einher – es droht der Kontrollverlust über sensible Informationen. »Kostenlose Weltverbesserung ist auf diesem Gebiet nicht zu haben«, schreiben Sascha Lobo und Kathrin Passig über Fluch und Segen des Internets.[17]

So soll das Netz bei der Suche nach einem Partner fürs Leben helfen, allzu detaillierte Informationen über sich selbst möchte man jedoch lieber nicht zur Verfügung stellen. Die Funktion des Spamfilters im Mailaccount wird geschätzt, aber die eigenen Nachrichten sollen bitte nicht durchleuchtet werden. Rasterfahndung und Vorratsdatenspeicherung gelten vielen als staatliche Eingriffe in die Privatsphäre, dennoch erwartet jeder, so gut wie irgend möglich vor terroristischen Anschlägen geschützt zu sein. Die Ansprüche an das digitale Zeitalter sind paradox. Eine Gesellschaft, die das Internet als modernen Lebensraum versteht, muss mit dieser Paradoxie umgehen.

Die Nebenwirkungen der digitalen Bildungsrevolution sind erheblich: Zu leicht werden irrelevante statistische

Zusammenhänge fehlinterpretiert. Zu leicht werden Menschen zu Opfern von Wahrscheinlichkeiten. Zu leicht können persönliche Informationen zweckentfremdet und missbraucht werden. Und zu leicht unterliegt man der Verlockung, seine Daten für gute Bildung zu verkaufen. Die negativen Folgen des Kontrollverlusts sind gravierend.

Irreführendes Big Data

Selbst Vorreiterinnen der Big-Data-Bewegung wie Vivienne Ming ist bewusst, dass Algorithmen nicht allwissend und die von ihnen erkannten Muster nicht immer aussagekräftig sind. So haben Mings Datenanalysen etwa gezeigt, dass Menschen mit einer Leidenschaft für eine bestimmte Internetseite mit japanischen Manga-Comics über besonders gute Programmierkenntnisse verfügen. »Offensichtlich liegt hier keine Kausalität vor«, kommentiert Ming diese Erkenntnis lakonisch.[18] Die Manga-Geschichte offenbart ein grundlegendes Problem von Big Data: Korrelationen sind keine Kausalitäten. Die Algorithmen erkennen zwar, ob ein Zusammenhang zwischen verschiedenen Ereignissen, Eigenschaften oder Verhaltensweisen existiert, nicht aber, ob es sich tatsächlich um Ursache und Wirkung handelt. Denn ein erkannter Zusammenhang kann auch von einem dritten Faktor abhängen. So wie bei den Störchen und den Babys. Zwar werden in Gegenden mit vielen Storchennestern mehr Kinder geboren. Der Grund dafür ist aber nicht das hohe Storchenaufkommen, sondern dass Störche viel häufiger auf dem Land nisten, wo die Geburtenrate höher ist als in der Stadt.

Zudem lassen sich solche durch Algorithmen gewonnene Erkenntnisse gezielt hintergehen. Wer als Programmierer entdeckt werden will, kann dafür sorgen, dass auf der besagten Manga-Seite seine digitalen Spuren zu finden sind. Zum besseren Programmierer wird er dadurch allerdings nicht. Vor allem aber können Daten sich auch selbst austricksen. Dieser sogenannte Echo-Effekt zeigt sich beispielsweise bei auf Algorithmen basierenden Übersetzungsprogrammen. So »erlernt« der Google Translator das Übersetzen durch den Abgleich von unzähligen mehrsprachigen Artikeln im Netz. Wikipedia ist hierfür eine wichtige Quelle, da die Plattform in vielen Sprachen verfügbar ist. Oft wurde für die dortigen Artikel aber bereits der Google Translator verwendet, sodass das Programm von sich selbst zu lernen versucht und Fehler sich verfestigen. Wer auf solche Übersetzungen vertraut, lässt sich von scheinbar unfehlbaren Algorithmen in die Irre führen.

Opfer der Wahrscheinlichkeiten

Computerbasierte Prognosen sind keine absoluten Wahrheiten, sie beruhen nur auf Wahrscheinlichkeiten. Es besteht immer das Risiko, dass eine Vorhersage auch einmal nicht zutrifft. Angenommen, ein Student der Gesundheitswissenschaften würde in seinem Fach mit einer 70-prozentigen Wahrscheinlichkeit scheitern, wäre aber in der Psychologie zu 90 Prozent erfolgreich. Dann würde die Software der Austin Peay State University ihm konsequenterweise empfehlen, das Fach zu wechseln. Für die überwiegende Mehrheit ist das zwar genau richtig, kann aber im Einzelfall immer noch die falsche Entscheidung sein. Denn einer von zehn Fachwechslern wird nicht erfolgreich sein; und drei von hundert würden in der Psychologie scheitern, obwohl sie ihr ursprüngliches Studium der Gesundheitswissenschaften sogar gemeistert hätten.

Was also, wenn ein Student der Empfehlung folgt, am Ende aber zu denen gehört, die nicht bestehen? Die Prognosen des Degree Compass mögen zwar vielen eine große Hilfe sein, Garantien sind sie aber nicht. Natürlich gibt es bei Dating-

Portalen ähnliche Risiken, bei der Partnersuche kostet das jedoch meist nur einen Abend. Für den Bildungssuchenden hingegen ist der Preis einer Fehlprognose deutlich höher, sie kann ihn sogar seine Karriere kosten.

Die Austin Peay State University möchte mit dem Degree Compass jedem Studenten die Ausbildung ermöglichen, die optimal zu seinem individuellen Potenzial passt. Big Data kann aber auch missbraucht werden. Da bewirbt sich zum Beispiel eine junge Frau mit so guten Schulnoten, dass sie normalerweise einen Studienplatz erhalten würde. Ihre Datenanalyse ergibt allerdings, dass sie im Studium mit hoher Wahrscheinlichkeit nur dann durchkommen wird, wenn die Hochschule erheblich in ihre Förderung investiert. Wie groß wird die Versuchung sein, solche Bewerber künftig auszusortieren? Immerhin müssen amerikanische Hochschulen einen Mindestanteil erfolgreicher Studenten nachweisen, um staatliche Fördermittel zu kassieren. Wenn ein Computerprogramm Kandidaten als Risiko identifizieren kann, werden sie dann vielleicht gar nicht mehr zugelassen oder müssen sie – ähnlich wie Risikopatienten bei Krankenversicherungen – höhere Gebühren zahlen? In diesem Fall würde man nicht für sein tatsächliches Verhalten bestraft, sondern bereits für ein statistisch vorhergesagtes. Der Einzelne wird so zum Opfer der Wahrscheinlichkeiten.

Solche Szenarien sind keine Science-Fiction. Bildungsinstitutionen folgen bereits in der analogen Welt ähnlichen Rationalitäten. Ein Beispiel hierfür ist das amerikanische Programm »No child left behind«, das im Jahr 2002 staatliche Mindeststandards für Schulen festlegte. Gelang es den Einrichtungen nicht, eine ausreichende Schülerzahl auf dieses Level zu bringen, wurden sie finanziell sanktioniert, der Schulleiter entlassen oder gleich die ganze Schule geschlossen. Die Reaktion: Die Lehrer unterstützten insbesondere solche Kinder, die zwar gerade unterhalb des Mindeststandards waren, diesen so aber mit hoher Wahrscheinlichkeit zum Ende des Schuljahres noch erreichen konnten. Voraussichtlich deutlich schlechtere oder deutlich bessere Schüler wurden nicht mehr gefördert; bei ihnen lohnte sich die Anstrengung nicht.[19]

Eigentlich bietet Big Data Chancen: weg vom Einheitslernen hin zu individueller Förderung; weg von sozialem Hintergrund und finanziellem Status hin zu Kompetenzen und Fähigkeiten als Kriterien beim Zugang zu Bildung und Jobs. Wenn aber Datenanalysen missbraucht werden, um die Schwächeren auszusortieren anstatt sie zu fördern, dann wird das Bildungssystem noch ungerechter, als es heute schon ist.

Gefangen im ewigen Gedächtnis

Das Internet vergisst nicht, das ist eine der wichtigsten Lehren des digitalen Zeitalters. Geschichten über Personalverantwortliche, die Facebook-Profile von Bewerbern durchsuchen, kennt jeder. Da kann ein gepostetes Foto von einer wilden Party aus Studentenzeiten zum Karrierekiller werden. Früher hieß es: »What happens in Vegas, stays in Vegas.« Heute gilt: »What happens in Vegas, stays on Facebook.« Diese Erfahrung hat sogar der Buckingham Palace gemacht: »Königshaus bestätigt Nacktbilder von Harry«, lautete die Schlagzeile, die 2012 um die Welt ging – ebenso wie die Fotos des Prinzen, der in einer Hotelsuite in Las Vegas beim Stripbilliard blankgezogen hatte.[20]

So wie ein einmal gepostetes Foto im Gedächtnis des Internets haften bleibt, lassen sich auch Lerndaten nicht mehr aus dem Netz schaffen. Jeder, der mit einem Lernprogramm arbeitet, produziert automatisch Daten, minütlich und massenhaft. Sie sind das Herzstück einer digitalisierten Bildung. Was durch die Schule hilft, kann auf dem späteren beruflichen

Weg allerdings zu einem Hindernis werden, wenn etwa potenzielle Arbeitgeber an die Daten herankommen und daraus ihre Rückschlüsse ziehen. Im Englischunterricht die Textseiten nur überflogen statt richtig durchgelesen, Shakespeare nie verstanden, Förderunterricht in der siebten Klasse, immer wieder Probleme mit der Mathematik – solche Details können für die Ewigkeit gespeichert werden. Firmen, die Lernsoftware vertreiben, tracken Schüler in immer mehr Fächern über immer längere Zeiträume. Der Anbieter ACT beispielsweise macht das von der dritten bis zur zehnten Klasse in Mathematik, Englisch und Naturwissenschaften.[21] Mit seiner gigantischen Datenbank will er den Einzelnen gezielt auf das College und den Beruf vorbereiten. Da bleibt ein berechtigtes Unwohlsein, was man noch alles mit den Daten machen könnte, wenn sie in die falschen Hände gerieten.

In Reaktion auf die verständliche Sorge vieler Eltern, das digitale Gedächtnis könnte ihren Kindern später einmal zum Nachteil gereichen, ist in den USA der Beruf des »Chief Privacy Officers« entstanden. Diese Führungskraft hat die Aufgabe, in Bildungsfirmen, Schulen und Ministerien den Schutz und die zweckgemäße Verwendung von Daten sicherzustellen. Dabei geht es aber ausdrücklich nicht darum, das Sammeln und Auswerten zu unterbinden – zu groß wären die Chancen, die vertan würden. Kathleen Styles, die erste Chief Privacy Officer des US-Bildungsministeriums, hat das treffend formuliert: »Der einzige Weg zur totalen Datensicherheit wäre, überhaupt keine Daten zu speichern und zu nutzen. Das ist einfach keine Option.«

Der Preis sind Daten

Mit Daten lässt sich viel Geld verdienen. Auch die großen MOOC-Anbieter Coursera und Udacity versuchen, daraus Kapital zu schlagen. Sie holen sich auf ihren Plattformen von den Kursteilnehmern die Einwilligung, persönliche Informationen an potenzielle Arbeitgeber zu verkaufen.[22] Für Top-Absolventen mag es ein Mehrwert sein, wenn eine Internet-Uni ihre Kontaktdaten an Unternehmen verschickt, zu denen sie selbst kaum Zugang hätten. Für weniger leistungsstarke Studierende sieht die Sache allerdings anders aus; sie haben kein Interesse daran, vollständig durchschaubar zu werden. Schließlich muss es ein Arbeitgeber nicht unbedingt wissen, wenn ein Seminarschein erst im dritten Anlauf geschafft wurde. Durch den Handel mit Daten könnten Lernplattformen im schlimmsten Fall zu einer Art Bildungs-Schufa mutieren, die Auskunft über die Einstellungswürdigkeit von Bewerbern anhand ihres Bildungswegs erteilt.

Digitale Bildung soll vor allem den Abgehängten, den finanziell Benachteiligten eine Chance auf Teilhabe eröffnen. Doch gerade sie sind darauf angewiesen, sich auf den im Netz gängigen Tauschhandel einzulassen: Daten gegen Zugang zu Bildung. Wer Geld hat, zahlt und behält die Hoheit über seine Daten. Wer kein Geld hat, der zahlt eben mit persönlichen Informationen und verliert die Kontrolle darüber. Das ist ein gefährlicher Pakt. Diejenigen, die sich ein Studium auf dem Campus in Oxford oder Harvard leisten können, müssen ihn nicht eingehen – vielen anderen aber bleibt keine andere Wahl.

Gegen die Datenkrake

Damit Big Data nicht in den digitalen Wilden Westen führt, ist Regulierung nötig. Keiner will die Datenkrake, die unbemerkt alles über uns sammelt und verkauft. Aber genauso wenig sollte die Angst vor Missbrauch den für gute Bildung nötigen Fortschritt verhindern. Gerade neuen Technologien wird hierzulande oft mit Angst begegnet. Daraus entspringt der Wunsch, alles möglichst detailliert zu regeln. Wenn allerdings berechtigtes Schutzinteresse in Überregulierung mündet, bleibt Innovation auf der Strecke – das darf uns in der Bildung nicht passieren. Um die Chancen der Digitalisierung zu nutzen und zugleich unsere Kinder zu schützen, brauchen wir eine politische Debatte, verbindliche Regeln, mehr Datensouveränität statt mehr Datenschutz und eine Selbstverpflichtung aller Beteiligten.

Politische Debatte. Wir müssen einen offenen und ehrlichen Dialog über den Umgang mit Daten und Datenschutz in der Bildung führen. Diese Diskussion wird keine einfache sein, denn sie berührt unsere Gesellschaft in ihrem innersten Kern – der Privatsphäre. Dieser Kern ist ein kompliziertes Konstrukt, da Privatheit von Person zu Person sehr unterschiedlich gelebt wird. Der eine baut eine hohe Mauer um seinen Garten, der andere sonnt sich in Badehose auf dem für jeden einsehbaren Balkon. Viele posten bei Facebook, in welchem Lokal sie gerade zu Abend essen, manche verweigern einen Eintrag ins örtliche Telefonbuch. Die Herausforderung besteht darin, eine Übereinkunft zu finden, in der sich die unterschiedlichen Bedürfnisse an Privatsphäre wiederfinden. Die schwierigen politischen Auseinandersetzungen um die Gesundheitskarte oder den elektronischen Personalausweis zeugen davon, wie sensibel dieses Thema in Deutschland ist. Eine schlichte Kopie der Regeln anderer Länder wird daher nicht funktionieren. In den USA mögen Eltern einen täglichen Onlinereport über den Leistungsstand ihres Kindes als selbstverständlichen Service verstehen, hierzulande würde so etwas als unangemessenes Kontrollinstrument empfunden. Eine groß angelegte deutsche Debatte ist deshalb der erste und wichtigste Schritt, um überhaupt ein breites Verständnis von und für Big Data in der Bildung zu schaffen. Chancen und Risiken müssen in Politik und Presse, in Schule und Hochschule jetzt zum Thema gemacht werden – und zwar bevor digitale Angebote flächendeckend eingeführt werden. Über die Folgen unseres Handelns sollten wir nicht erst dann nachdenken, wenn sie bereits eingetreten sind.

Verbindliche Regeln. Der Gesetzgeber ist gefordert, einen einheitlichen, transparenten und für alle Beteiligten verständlichen Rechtsrahmen für die Nutzung von Bildungsdaten zu schaffen. Dieses Feld darf der Staat nicht einzelnen Unternehmen und Anbietern überlassen, auch wenn diese es noch so gut meinen. Denn wenn jeder Selbstregulierung nach eigenem Gutdünken betreibt, fehlt es an möglichen staatlichen Sanktionen bei Missbrauch. Das endet in Misstrauen. Verbindliche Standards sind daher unerlässlich, erst recht, wenn es um die Daten Minderjähriger geht.

Das unrühmliche Ende von InBloom in den USA ist ein Lehrstück darüber, was passiert, wenn staatliche Regulierung fehlt. Als gemeinnützige Organisation wollte InBloom die Datenbanken verschiedener Lernprogramme zusammenführen, um die individuellen Schülerinformationen sicher und einfach für Lehrer zugänglich zu machen. Das Projekt wurde mit 100 Millionen US-Dollar von der renommierten Bill & Melinda Gates Foundation finanziert, gescheitert ist es trotzdem. Die Tatsache, dass ein einziger Anbieter über Unmengen an Lerndaten verfügen sollte, löste in der Öffentlichkeit Unbehagen aus.[23] Die Medien griffen das Thema auf, Gerüchte über unlautere Absichten von InBloom kursierten, und Eltern fürchteten um die Sicherheit der Daten ihrer Kinder. »In einem beispiellosen Schachzug wollen Schulbehörden einem neuen Privatunternehmen persönliche Schülerdaten anvertrauen, um eine landesweite Datenbank für Firmen aufzubauen, die mit staatlichen Schulen Geschäfte machen«, heizte die New Yorker Boulevardzeitung *DailyNews* die Stimmung an.[24] InBloom hatte gegen diese Angriffe keine Chance. Man konnte nicht einmal belegen, dass man sich an die Gesetze hielt, weil es noch keine Gesetze gab. Als die Bundesstaaten und Schulen der Reihe nach die Zusammenarbeit aufkündigten, musste die Organisation ihren Betrieb einstellen. Der Grund für das öffentliche Misstrauen lag in dem Mangel an verbindlichen Datenschutzregeln. Wo es keine Reglementierung gibt, ist auch keine Kontrolle möglich.[25] Das Vertrauen von Lehrern und Eltern in ein digitalisiertes Bildungswesen wird daher auch in Deutschland nur zu gewinnen sein, wenn bei der Speicherung und Verwendung von Daten gesetzlich klare Grenzen gezogen und Verstöße sanktioniert werden.

Mehr Datensouveränität statt mehr Datenschutz. Wir dürfen nicht vor allem das Generieren und Sammeln, sondern müssen die Nutzung und Weitergabe von Daten regulieren. Der heutige Datenschutz beschäftigt sich vornehmlich damit, welche Daten erhoben und wie lange sie gespeichert werden dürfen. Ein digitalisiertes Bildungssystem lebt von der Bereitschaft, persönliche Daten preiszugeben. Nur so lässt sich ein individuell zugeschnittenes Curriculum generieren. Allerdings sollten diese Daten nicht ohne unsere Zustimmung weitergegeben und von anderen verwertet werden können. Ein von mir genutztes Mathematikprogramm darf Lerndaten über mich sammeln und auswerten, die Universität, an der ich mich bewerbe, sollte diese Daten aber ohne mein explizites Einverständnis nicht in die Hände bekommen.

Gesetze müssen also Datensouveränität gewährleisten, nicht die Datennutzung durch überbordenden Datenschutz ausbremsen. Konkret sollte der Gesetzgeber festlegen, dass jeder Bürger Eigentümer seiner Daten bleibt, die Nutzungsrechte aber zeitweise und zu klar definierten Zwecken an Dritte abtreten kann. Jeder hat dann die Möglichkeit, für sich selbst und von Fall zu Fall zu entscheiden, ob er »datenintensiv« oder

»datensparsam« leben will – und wann er seine Daten komplett löschen lassen möchte. Ein solches Gesetz, das Dateneigentum sichert und zugleich Datennutzung ermöglicht, könnte die bisher scheinbar unvereinbaren Positionen – umfängliche Regulierung versus Laissez-faire-Prinzip – miteinander versöhnen. Damit jeder in der Lage ist, wohlüberlegte Entscheidungen zu treffen, muss Datensouveränität fester Bestandteil des schulischen Curriculums werden (siehe Kapitel 11).

Selbstverpflichtung. Wir brauchen ein Bekenntnis aller Beteiligten, Daten nicht zu missbrauchen. Gesetze alleine reichen nicht aus, auch die Bildungsinstitutionen haben ihren Teil zu einem fairen Umgang mit Daten beizutragen. Das heißt, Schulen, Universitäten und Bildungsunternehmen müssen eine Selbstverpflichtung abgeben, die erhobenen Daten nur zur Personalisierung von Lernwegen und Unterstützung der Lernenden zu nutzen – und sie nicht zur Stigmatisierung und Selektion einzusetzen. Wer schwächere Leistungen erbringt oder mehr Förderung braucht, darf am Ende nicht durch höhere Schul- oder Unigebühren bestraft oder erst gar nicht zugelassen werden. Denn Algorithmen sollen im Dienste des Lernens stehen und nicht zu hemmenden Kontrolleuren werden. In den USA ist nach dem Desaster mit InBloom eine solche Selbstverpflichtung eingeführt worden.[26] Was aber immer noch fehlt, ist eine unabhängige Instanz, die deren Einhaltung überprüft sowie die Bildungsanbieter und deren Algorithmen zertifiziert. Deutschland und Europa haben jetzt die Chance, es besser zu machen.

10 KEIN STEIN BLEIBT AUF DEM ANDEREN

Wie radikal sich unser Bildungssystem ändern wird

> »Die Zukunft heißt digitales Lernen. Es ist die wichtigste Innovation in der Bildung seit der Erfindung des Buchdrucks.«[1]
>
> Rafael Reif, Präsident des MIT

> »In 15 Jahren wird mehr als die Hälfte der amerikanischen Hochschulen bankrott sein.«[2]
>
> Clayton Christensen, Harvard-Professor und Autor des Buches *Disrupting Class*

In der Bildung steht die Zeit still. Wer zu Beginn des 20. Jahrhunderts in einen Tiefschlaf gefallen und heute wieder erwacht wäre, würde die Welt nicht wiedererkennen: Autos, Fernsehen, Computer, Smartphones – viele Dinge, die unseren Alltag prägen, würden den Zeitreisenden in großes Staunen versetzen. Beträte er hingegen ein Klassenzimmer oder einen Seminarsaal, wäre das meiste vertraut: Ein Lehrer oder Professor, dreißig Schüler oder Studenten, der Unterricht dauert 45 oder 90 Minuten, am Ende steht die gleiche Prüfung für alle. Unsere Bildungseinrichtungen funktionieren seit Jahrhunderten mehr oder minder gleich.

Digitale Welle

Noch gelingt es Schulen und Hochschulen, sich vor der digitalen Revolution zu verschanzen. Außerhalb ihrer Mauern aber schreitet die Entwicklung in einem rasanten Tempo voran. Sie verändert Leben und Arbeiten zusehends, und es ist nur eine Frage der Zeit, bis die Digitalisierungswelle auch das Bildungssystem erfassen wird. Die beschriebenen Szenen der Revolution haben deutlich gemacht, was auf uns zukommt.

Harvard für alle, maßgeschneidert für jeden. Die Digitalisierung versöhnt scheinbar Unversöhnliches: Massenhaft zugängliche und persönlich zugeschnittene Bildung ist dank Videos, Lernspielen und MOOCs kein Widerspruch mehr. Stars der digitalen Lehre wie Salman Khan oder Sebastian Thrun erreichen jenseits von Hörsaal oder Klassenzimmer Millionen Menschen. Mittels adaptiver Lernsoftware und intelligenter Algorithmen sind auf die Fähigkeiten und das Lerntempo des Einzelnen abgestimmte Aufgaben möglich. Das bisherige Lehrprinzip – für alle dieselbe Übung zur selben Zeit am selben Ort – hat ausgedient.

Spielerisches Lernen schlägt qualvolles Pauken, das Netzwerk schlägt den Einzelnen. Die Digitalisierung macht Lernen spielerischer und weniger einsam: Schule, Hochschule oder Weiterbildung können so gestaltet werden, dass sie motivieren und direktes Feedback ermöglichen. Im besten Fall erfasst die Lernenden ein »Flow«, der sie alles andere um sie herum vergessen lässt. Was die Computerspielindustrie längst erfolgreich umsetzt, können sich nun auch Bildungseinrichtungen zu eigen machen. Zudem entstehen Plattformen für den strukturierten Austausch der Lerner, dort spornt man sich gegenseitig an, erhält Unterstützung und entwickelt Sozialkompetenzen für die Arbeitswelt von morgen.

Raus aus dem Bildungsdschungel, Traumkandidat und Traumjob finden zusammen. Big Data und Algorithmen ebnen nicht nur den Weg zur passenden Bildung, sondern helfen auch, den passenden Job zu finden. Die Analyse und der Vergleich von Millionen von Datenpunkten weisen einen erfolgversprechenden Pfad durch den Bildungsdschungel gemäß individuellem Talent und Ziel. Der Arbeitgeber braucht nicht länger ein Abschlusszeugnis, um sich einen Eindruck von dem zu verschaffen, was ein Bewerber tatsächlich weiß und kann. Es ist wie bei einem guten Date – beide offenbaren ihre Vorlieben, Wünsche und Pläne und stellen fest: Es passt.

Die schützende Hand des Staates

Auf dem Weiterbildungsmarkt hat die digitale Revolution bereits begonnen. Das Lernen verlagert sich mehr und mehr ins Netz, das Interesse an den Präsenzseminaren der klassischen Anbieter sinkt, und ihre Umsätze brechen ein. In einigen Firmen gilt bereits das Online-First-Prinzip: Das digitale Angebot ist die Regel, wer noch eine traditionelle Fortbildung besuchen will, muss das extra begründen.

Über die Hochschulen und ganz besonders über die Schulen hingegen hielt der Staat lange seine schützende Hand und damit die digitale Konkurrenz fern. Grundlegende Veränderungen galten als nicht dringlich, das Risiko, ein in der Breite ordentlich funktionierendes System zu gefährden, als zu hoch. Die Rolle der althergebrachten Bildungsinstitutionen wurde weder in Frage gestellt noch von anderen angegriffen.

Entscheidend für die weitgehende Konkurrenzlosigkeit der öffentlichen Schulen und Hochschulen sind ihr Wissensmonopol, die staatliche Regulierung und die umfassende Bündelung der Angebote. Die Digitalisierung weicht diese Schutzwälle nun auf. Das Wissensmonopol bröckelt, spätestens seitdem Lernen nicht nur mit Lehrbüchern und Lehrern, sondern auch mit MOOCs und Erklärvideos möglich ist.[3]

Ebenso verlieren staatliche Vorgaben an Bedeutung. Zwar ist das deutsche Bildungswesen noch immer stark reguliert:

Lehrpläne und Schulabschlüsse sind gesetzlich festgelegt, die Kammern wachen darüber, wer sich Geselle oder gar Meister nennen darf, Akkreditierungsagenturen prüfen jeden einzelnen Studiengang auf die korrekte Vergabe von Bachelor- und Mastertiteln, der Anerkennungsprozess für eine nicht-staatliche Hochschule ist ebenso mühsam wie langwierig, und wer sich mit einem falschen akademischen Titel schmückt, kann im Gefängnis landen. All das soll der Qualitätssicherung dienen, schützt aber auch die Bildungsinstitutionen vor Konkurrenz. Grundlage der Regulierung ist Vertrauen – der Hochschulen in die Aussagekraft des Abiturs, der Arbeitgeber in den Wert der Ausbildungs- und Studienabschlüsse, jedes Einzelnen in den langfristigen Nutzen seiner Bildungsentscheidung. Doch digitale Alternativen stellen dieses Vertrauen jetzt in Frage: Wenn neue Arten der Zertifizierung aussagekräftiger sind als Zeugnisse und Diplome, wenn Microcredits und Kompetenzprofile auf Onlinenetzwerken mehr über die Qualifikation eines Bewerbers verraten als der klassische Lebenslauf, dann hat das tradierte System der staatlichen Vorgaben auf Dauer keinen Bestand.

Zudem löst sich die umfassende Bündelung der Hochschulangebote allmählich auf. Bislang gibt es akademische Bildung meist nur als Paket. So genügt es für einen Bachelor oder Master nicht, die entsprechenden Prüfungen zu bestehen. Wer einen solchen Abschluss möchte, muss das Gesamtpaket nehmen. Er muss die Auswahlkriterien der Hochschule erfüllen und die Studienordnung einhalten: die vorgeschriebenen Vorlesungen und Seminare belegen, Praktika absolvieren und eine festgelegte Anzahl von Kreditpunkten sammeln. Auch Jobvermittlung, Nahverkehrsticket, Wohnen, Essen, Sportangebote, Kindergärten, Bibliotheken und Rechenzentren gehören meist zum gebündelten Angebot. In den USA sind sogar Hotels, Museen, Theater, Kinos und Stadien für die hochschuleigenen Sportteams keine Seltenheit auf dem Campus. Wer den Studenten dort etwas Besonderes bieten will, baut mittlerweile schon Drehrestaurants oder Spaßbäder mit Wasserrutsche und Gegenstromanlage.[4]

In den meisten Universitäten gilt: Alles oder gar nichts, mit Angebot und Anerkennung von Teilleistungen tun sie sich schwer. Um etwa die seit Jahrzehnten beliebte und größte Harvard-Vorlesung, »Justice« von Michael Sandel,[5] zu hören, musste man bislang in einen Studiengang eingeschrieben sein. Das gefragte Spitzenprodukt war einzeln nicht zu haben. Diese weitreichende Paketierung schafft nicht nur hohe Hürden für neue Bildungsanbieter jenseits etablierter Hochschulen, sondern treibt auch die Kosten in die Höhe.

Selbst ohne Spaßbad und Entertainmentangebot finanziert der deutsche Steuerzahler ein Studienjahr an Universitäten in den forschungsintensiven naturwissenschaftlichen Fächern mit 10 000 Euro, in der Humanmedizin ist die Summe mehr als dreimal so hoch.[6] Schwer vermittelbar sind solche Beträge vor allem dann, wenn nur ein Bruchteil des Geldes in den für die Studierenden wichtigen Kernbereich der Lehre fließt. Vor diesem Hintergrund drehen jetzt erste Hochschulen an der Kostenschraube, das »Alles aus einer Hand«-Modell gerät unter Druck. Die University of Coventry in England etwa halbiert die Studiengebühren für all diejenigen, die auf IT- und Bibliothekservices sowie auf Sport- und Freizeitangebote verzichten.[7]

Die Digitalisierung verstärkt diese Dynamik: Wenn Zulassungshürden durch digital massenhaft verfügbare Angebote an Relevanz verlieren, wenn Studierende sich die besten Onlinekurse anderer Hochschulen gezielt aussuchen können, wenn immer mehr MOOCs ins Studium integriert und dort angerechnet werden,[8] dann wird das ehemals umfassende Bildungspaket der Hochschulen aufgeschnürt.

Die Konkurrenzlosigkeit der öffentlichen Bildungsinstitutionen wird durch die Digitalisierung massiv angegriffen. Etablierten Hochschulen erwächst in ihren Kernfunktionen Lehre und Zertifizierung Wettbewerb durch neue Akteure. Auch vor den Türen der Klassenzimmer wird der technische Fortschritt nicht Halt machen, schließlich hat heute fast jeder Schüler ein privates Handy oder Tablet in der Tasche.[9] Die digitalen Innovationen sind Wegbereiter einer neuen Pädagogik und ändern die Rolle der Lehrenden fundamental. Die Zeit wird nicht länger stillstehen: Kein Stein bleibt auf dem anderen.

Evolution im Klassenzimmer

Die Erfolgsgeschichte von New Classrooms und der New Yorker School of One (siehe Kapitel 4) beweist: Veränderungen sind nicht nur nötig, sondern auch möglich. Im Kern geht es dabei nicht um einen technischen, sondern um einen pädagogischen Wandel. Jeder Schüler wird individuell gefördert, kann in seinem eigenen Tempo lernen, wird immer wieder dort abgeholt, wo er gerade steht. Schwächere und weniger motivierte Schüler finden dadurch leichter Anschluss, stärkere können ihr ganzes Potenzial entfalten. Eine solche auf den Einzelnen zentrierte Pädagogik wäre auch mit analogen Mitteln möglich, nur fehlen dazu häufig die Ressourcen. Die Digitalisierung schafft die technischen Möglichkeiten, Lernen ohne dauerhafte Mehrkosten für jeden zu personalisieren; der Lehrer gewinnt so Zeit und kann sich besser auf den individuellen Schüler konzentrieren.

In den USA treiben vor allem die unabhängigen, aber öffentlich geförderten »Chartered Schools« die Entwicklung voran. Häufig in sozialen Brennpunkten gelegen, in denen die Standardbildung öffentlicher Schulen scheitert, experimentieren sie mit neuer Technik und neuen didaktischen Konzepten. Auch in Schwellen- und Entwicklungsländern, wo es an Lehrern, Schulgebäuden und Lernmaterial mangelt, wird aus der Not eine Tugend gemacht: Der massenhafte Bildungshunger ist dort nur durch digitale Medien zu stillen.

Orientierten sich einst andere Länder am Humboldtschen Bildungsideal und später an der Reformpädagogik, so ist unser Bildungssystem inzwischen in Gefahr, abgehängt zu werden. Abseits von wenigen Pilotschulen werden die digitalen Möglichkeiten in deutschen Klassenzimmern bisher kaum genutzt. Das Gefühl der Dringlichkeit fehlt. Die Lehrer kämpfen zwar mit mangelnder Disziplin und Konzentration der Schüler, mit großen und immer heterogeneren Klassen, mit Inklusion, Personalmangel und schlechter Betreuung; sie klagen über zeitfressende Verwaltungsaufgaben und wünschen sich mehr Raum für individuelle Förderung.[10] Doch die Erkenntnis, dass digitales Lernen keine zusätzliche Belastung, sondern ein Teil der Lösung ist, hat sich noch nicht durchgesetzt. Im Gegenteil: Deutsche Lehrer sind laut der internationalen Vergleichsstudie ICILS nicht nur schlechter ausgebildet im Umgang mit Computertechnologien, sondern auch deutlich medienskeptischer. Nirgendwo sonst werden die Risiken des digitalen Lernens – wie beispielsweise das Abkupfern von Internetquellen – so gefürchtet wie in Deutschlands Lehrerzimmern; auch sorgt man sich hierzulande besonders darum, dass organisatorische Probleme auftreten oder die neuen Medien nur ablenken könnten. Dabei gibt es kaum Erfahrungen mit deren Einsatz, denn in keinem anderen der zwanzig Vergleichsländer werden Computer seltener im Unterricht eingesetzt.[11]

An entsprechenden Schulungen haben in den vergangenen zwei Jahren nicht einmal 20 Prozent der Lehrkräfte teilgenommen. Zum Vergleich: In Australien bilden sich fast 60 Prozent der Pädagogen regelmäßig zum Einsatz von neuen Technologien im Unterricht fort. Zudem lässt die IT-Ausstattung zu wünschen übrig. Während etwa in Norwegen auf einen Schulcomputer nur zwei Schüler kommen, müssen sich hierzulande durchschnittlich zwölf Schüler ein Gerät teilen. Lediglich 1,6 Prozent der deutschen Jugendlichen geben an, in der Schule täglich mit dem Computer zu arbeiten. Auch bei der mindestens wöchentlichen Nutzung digitaler Medien liegt Deutschland mit knapp 30 Prozent der Schüler im Vergleich zu anderen Ländern weit zurück, die auf doppelt so hohe Werte kommen. Die Revolution im Klassenzimmer kommt als schleichende Evolution daher.[12]

Diese Zurückhaltung der deutschen Schulen ist keine Lösung. Schon heute funktionieren Kommunikation, alltäglicher Wissenserwerb und Arbeit nicht mehr ohne Smartphones und Tablets – das haben vor allem Kinder und Jugendliche verinnerlicht, die mit den digitalen Medien aufwachsen. Der Kontrast zwischen ihrer digitalen Lebenswirklichkeit und dem analogen Schulkosmos ist riesig. »Im Wettbewerb mit der attraktiven, suchterzeugenden digitalen Außenwelt ist die schulische Langeweile chancenlos«, sagt der renommierte kanadische Bildungsforscher Michael Fullan.[13] Wenn Lehrer den Kontakt zu ihren Schülern nicht verlieren wollen, weil Tafel, Handschrift und Schulbuch zu weit entfernt sind von Touchscreen, Tastatur und eReader, muss neue Technologie in den Unterricht eingebunden werden – und darf nicht länger mit Handyverboten aus dem Klassenzimmer verbannt werden.

Schulen, die ihrem Bildungsauftrag gerecht werden wollen, können die digitale Dynamik um sie herum nicht länger ignorieren. Andernfalls riskieren sie eine soziale Spaltung.[14] Gebildete Eltern wissen Nützliches und Schädliches besser zu sortieren, versorgen ihren Nachwuchs eher mit sinnvollen digitalen Lernmaterialien als mit unsinnigen Spielen. Kinder aus bildungsfernen Familien hingegen brauchen Unterstützung von außen, damit sie moderne Medien nicht nur zur Unterhaltung, sondern auch zum Lernen nutzen.

Vom Wissensvermittler zum Lernbegleiter

In der neuen Bildungswelt verändern sich auch Rolle, Aufgaben und Status der Lehrkräfte. Ihre *Rolle* wandelt sich, da sie von Wissensvermittlern zu Lernbegleitern werden: Wenn hochwertige Software und Videos Standardwissen vermitteln, dann müssen Lehrer und Professoren sich künftig weniger darum kümmern, sondern können stärker den Lernprozess stimulieren und orchestrieren. Statt Jahr für Jahr die gleichen Inhalte zu präsentieren, bleibt ihnen dann mehr Zeit für einzelne Schüler oder Studenten – auch um ihnen zu helfen, sich in der Masse der digitalen Lernmöglichkeiten zurechtzufinden. Auf ihren Wissensvorsprung können Lehrkräfte in Zeiten von Suchmaschinen und sozialen Netzwerken nicht mehr so leicht bauen, ihre Autorität beruht künftig auf der Fähigkeit, Orientierung und Feedback zu geben.

Die Digitalisierung wird unter den Lehrenden auch zu einer neuen *Aufgabenteilung* führen. Der Mathelehrer in der Schule um die Ecke vertraut in Zukunft auf ein interaktives Lernprogramm oder die professionelle Video-Erklärkunst eines Kollegen und konzentriert sich aufs Üben mit seinen Schülern oder die Korrektur der Klassenarbeiten. Während an Hochschulen noch über die Einheit von Lehre und Forschung gestritten wird, ist die Digitalisierung schon im Begriff, die Einheit der Lehre selbst aufzulösen. Das hat weitreichende Konsequenzen: Statt das komplette Paket vom Kursdesign über die Gestaltung der wöchentlichen Lehrveranstaltung und Betreuung der Studierenden bis hin zur Prüfung zu übernehmen, werden sich Dozenten künftig mehr auf ihre jeweiligen

Stärken fokussieren (müssen). Wenige werden didaktische Konzepte entwickeln, wenige ihr kommunikatives Geschick in einer Onlinevorlesung einsetzen, die meisten aber werden begleitende Tutorien anbieten oder die Bewertung der Hausarbeiten und Klausuren übernehmen. Zugespitzt bedeutet das: Einer steht im Rampenlicht und hat Millionen Zuschauer, der Rest sitzt am Küchentisch und korrigiert Millionen Examen.

Diese Hierarchisierung klingt nach didaktischer Fließbandarbeit und dem Ende der klassischen Universität. Doch letztlich ist eine solche Entwicklung auch eine schlüssige Antwort auf die heutigen Massen an Studierenden, die das jetzige System nicht mehr adäquat betreuen und ausbilden kann – »Forschendes Lernen« ist längst ein Ideal, das für die meisten Studierenden Illusion bleibt. Die Aufgaben aufzuteilen ist die konsequente Fortsetzung dessen, was bereits seinen Anfang genommen hat. Die Professorenschaft besteht in der Lehre – auch wenn es keiner aussprechen mag – schon heute aus zwei Lagern: den wenigen, die relevantes Wissen in Form von Lehrbüchern aufbereiten können und wollen, und den vielen, die dieses dann auf deren Basis vermitteln.

All das wird auch ökonomische Konsequenzen haben. Künftig wird sich nicht nur das Aufgabenprofil der Lehrer und Professoren stärker differenzieren, sondern auch ihr Einkommen und damit ihr *Status*. Anders als bei den überschaubaren Honoraren für Lehrbücher geht es hier um größere Dimensionen. Selbst wenn die Lizenzgebühren sehr gering sind, kommen bei hunderttausend Downloads von Unterrichtsmaterial oder ebenso vielen Zuhörern einer Onlinevorlesung schnell enorme Summen zusammen. Hätte jeder der alleine 20 Millionen Chinesen, die Michael Sandel online gesehen haben, nur zehn Cent gezahlt, hätte der Harvard-Professor dadurch sein Gehalt vervielfachen können.[15] An der Princeton University wird bereits erbittert darüber gestritten, ob diese Gelder wie bei einem klassischen Lehrbuch dem Professor zustehen oder der Hochschule, ohne deren Marke und Infrastruktur die Kursproduktion meist nicht möglich wäre.[16] Auf der anderen Seite verdient ein Korrektor mit Masterabschluss beim Onlinetest-Anbieter Pearson gerade einmal zwischen zehn und zwölf US-Dollar die Stunde, weit weniger als ein amerikanischer Bauarbeiter.[17]

Doch die digitale Revolution darf nicht zum politischen Sparprogramm werden. Dazu ist der weltweite Bedarf an guter Bildung und Betreuung viel zu groß. Statt der Verlockung zu erliegen, nur noch auf wenige Spezialisten der digitalen Lehre zu setzen, braucht es ein klares Bekenntnis: Technik ersetzt keine Pädagogen. Das erfordert aber auch mehr Ehrlichkeit auf Seiten der Lehrenden. Nicht jeder Professor ist ein leidenschaftlicher Forscher, nicht jeder Dozent tut sich im Hörsaal leicht. Statt Lehrkräfte einzusparen, müssen Aufgaben in Zukunft anders verteilt, Stellenprofile neu definiert werden. Den exzellenten Pädagogen, der bisher gerade an den Universitäten nicht die gleiche Wertschätzung erfahren hat wie der exzellente Forscher, mag diese Entwicklung trösten: Noch nie war guter Unterricht so sichtbar wie heute, noch nie stand die Qualität der Lehre so im Fokus des Interesses. Wer früher als Professor nur auf Anerkennung hoffen durfte, wenn die eigene Forschung in renommierten Fachzeitschriften erschien, kann heute mit seiner digitalen Lehre zum gut bezahlten Star werden.

Hochschulen unter Druck

Hochschule zu sein ist in Deutschland ein Privileg. Im Mittelalter war es der Papst, heute ist es das Wissenschaftsministerium, das diesen begehrten Status verleiht. Kriterium ist dabei weniger der gesellschaftliche Bedarf als die Erfüllung institutioneller Standards, die sich vor allem am Modell bestehender Universitäten oder Fachhochschulen orientieren. Die University of the People aus Kalifornien hätte es bei uns schwer. Für ein Studium an der Online-Hochschule ist lediglich ein Internetzugang nötig. Die ehrenamtlichen Lehrkräfte nutzen frei zugängliche Lernmaterialien, am Ende der bislang zwei kostenfreien Studiengänge steht ein Bachelor. Kein Hörsaal, keine fest angestellten Dozenten, keine Forschung – ist das noch Hochschule? Und darf es dafür einen akademischen Abschluss geben?[18]

Das ist für die Stellung der Hochschulen eine zentrale Frage. Der vertrauenswürdige und geschützte Abschluss ist ihr Alleinstellungsmerkmal an der Schnittstelle zwischen Bildung und Beruf. So wie Gesellen- und Meisterbrief im Handwerk sind Bachelor, Master oder Promotion in vielen Jobs Bewerbungsvoraussetzung, im öffentlichen Dienst sogar entscheidende Grundlage der Bezahlung. Natürlich wird es auch in Zukunft Zertifikate geben; ohne sie kann weder der Zugang zu weiterführender Bildung noch zum Arbeitsmarkt funktionieren. Diese Standards werden aber nicht mehr unbedingt die Schulen und Hochschulen als *abgebende* Institutionen in Form ihrer Abschlüsse setzen. In den USA bestimmt schon heute überwiegend die *aufnehmende* Institution die Spielregeln. Jede Hochschule legt individuelle Kriterien für die Auswahl ihrer Studierenden fest, bei denen die Schulnoten nur ein Element von mehreren sind. So ist der SAT-Score, das Ergebnis eines unabhängigen Studieneignungstests, häufig ähnlich relevant für die Uni-Zulassung wie der High-School-Abschluss.[19] Ein erfolgreiches Hochschulstudium wiederum reicht nicht immer aus, um auf dem Jobmarkt akzeptiert zu werden. Ein Anwalt beispielsweise muss unabhängig von seinen Uni-Noten das von der Berufspraxis verantwortete »Bar Exam« bestehen.[20]

Dank Big Data werden sich am Arbeitsmarkt orientierte Standards nun auch in der Breite durchsetzen. Die Digitalisierung hebelt die Bedeutung der bisherigen Abschlüsse aus: Neue, stärker am individuellen Können als am Bildungsweg angelehnte Zertifikate können sich etablieren (siehe Kapitel 8). Das hat weitreichende Konsequenzen für die Hochschulen, sie wandeln sich von unabhängigen Institutionen zu akademischen Dienstleistern. Während sie heute die Inhalte ihrer Bildungsangebote eigenständig festlegen und auf selbst gesteckte Ziele hin ausbilden, müssten sie dann ihre Studierenden auf extern definierte Standards vorbereiten. Die Hochschulen verlören dadurch ihr Alleinstellungsmerkmal: das Monopol auf die Ausgestaltung der Curricula und die Vergabe berufsqualifizierender Abschlüsse – und damit ihre Funktion als Nadelöhr auf dem Weg zu attraktiven Jobs. Anbieter, die bisher mangels staatlicher Anerkennung keinen Zugang zum akademischen Bildungsmarkt hatten, könnten sich dann in den direkten Wettbewerb mit den Hochschulen begeben. Wer besser auf das fremd vorgegebene Ziel vorbereitet – auf dem Campus oder übers Internet –, gewinnt. Ob ein Format wie die University of the People in Deutschland offiziell als Hochschule anerkannt wird, spielt in einem solchen Szenario keine Rolle mehr.

Das Bildungssystem der Zukunft wird von global agierenden Akteuren geprägt sein. Die Standards werden vor allem die setzen, die die Relevanz ihrer Kriterien belegen können oder in ihrer Branche den Arbeitsmarkt dominieren. Firmen wie Degreed, die millionenfach Bildungsdaten sammeln und zertifizieren, oder LinkedIn, die solche Daten mit Jobprofilen und Karriereverläufen abgleichen, ermitteln besser als die Hochschulen, welche Kompetenzen in einem Job wirklich erforderlich sind. Marktführer wie Airbus und Boeing definieren gemeinsam, was ein Flugzeugingenieur können muss – daran wird dann kein Weg vorbeigehen. Um weiterhin eine Rolle zu spielen, werden Hochschulen einen Teil ihrer Unabhängigkeit aufgeben und Allianzen mit Berufsverbänden oder großen Unternehmen schließen müssen. Ein Angebot wie der gemeinsam von Lufthansa und der Hochschule Worms getragene Bachelorstudiengang Aviation Management[21] ist dafür nur ein Beispiel: Die Marke Lufthansa hat am Arbeitsmarkt mehr Gewicht als die einer kleinen Hochschule.

Die klassischen Abschlüsse sind der bisher geschützte Kern der umfassenden Bildungspakete der Hochschulen. Geraten nun die Abschlüsse unter Druck, wird auch das Paket als Ganzes aufgeschnürt. Akteure, die durch die »Alles aus einer Hand«-Philosophie bislang ausgeschlossen waren, dringen in die Domäne der Hochschulen. Sie entwickeln alternative Angebote entlang der Bildungsbiografie: Big-Data-Analysen des Karrierenetzwerks LinkedIn geben Empfehlungen zur Hochschulwahl, bei der Entscheidung für geeignete Kurse hilft der ursprünglich an der Austin Peay State University entwickelte Degree Compass. Über Plattformen wie Coursera oder Lynda.com wird gute Bildung allgemein zugänglich, auf Kompetenzmessung und Zertifizierung spezialisierte Start-ups wie Smarterer oder Klout machen individuelles Können sichtbar, bevor Algorithmen wie die von Bright die Verbindung mit den passenden Arbeitgebern herstellen. Von wenigen internationalen Spitzenuniversitäten abgesehen, werden Hochschulen nicht mehr das gesamte Spektrum von der Beratung für das richtige Studienfach bis zur erfolgreichen Vermittlung in den Job abdecken können. Wenn sie in Zukunft keine Abschlüsse ohne Anschluss im Arbeitsmarkt vergeben möchten, müssen viele von ihnen ihr Angebot grundlegend überdenken.

Angriff ist die beste Verteidigung

Namhafte Experten sagen dem Hochschulsystem in seiner heutigen Form ein baldiges Ende voraus. »In 15 Jahren wird mehr als die Hälfte der amerikanischen Hochschulen bankrott sein«, prognostiziert etwa der Harvard-Professor Clayton Christensen. Seine eigene Universität allerdings dürfte von der digitalen Revolution ebenso wie Stanford, Princeton oder die ETH Zürich kaum gefährdet sein. Solche Spitzenhochschulen mögen digitale Angebote als attraktiven Zusatz beurteilen, können es sich aber leisten, im Kern zu bleiben, wie sie heute sind. Eine elitäre Campus-Uni, die sich wie Oxford explizit gegen digitale Komponenten, aber für eine sehr persönliche Betreuung und kleine Lerngruppen vor Ort entscheidet, wird auch künftig ihre Berechtigung und Nachfrage haben – als exklusives Lernerlebnis für wenige Auserwählte. In Deutschland finden sich solche Beispiele in kleinen, feinen Nischen. Das anthroposophische Studienmodell der privaten Uni Witten/Herdecke, die Hochschulen für Kirchenmusik oder einige der Kunsthochschulen könnten, solange es die Finanzierung erlaubt, auch in Zukunft alleinig auf den analogen Austausch auf dem Campus setzen.

Doch die Digitalisierung lässt auch Institutionen neuen Typs entstehen, die ohne Technologie niemals möglich gewesen wären. Die private Hochschule Minerva etwa baut ihr Geschäftsmodell auf einer nach neuesten didaktischen Erkenntnissen entwickelten Onlineplattform auf, über die das gesamte Studium organisiert wird. Im Vordergrund steht die Lehre via Internet – und interkulturelles Lernen vor Ort. Man verzichtet auf teure Hochschulbauten, unterhält stattdessen Studentenwohnheime in den Metropolen der Welt, neben San Francisco oder Buenos Aires bald auch in Berlin. Wer bei Minerva studiert, lernt in vier Jahren vier Städte, Kulturen und Sprachen kennen, während die Online-Lerngruppe, unterrichtet von fachlichen Koryphäen, konstant bleibt. Dieser Fokus aufs Wesentliche, auf Unterricht und Betreuung, ist auch ökonomisch interessant: Minerva verspricht seinen Studierenden Lehre auf internationalem Spitzenniveau, verlangt aber nur etwa die Hälfte der an Eliteuniversitäten üblichen Studiengebühren.[22]

Ein anderes, dank Digitalisierung mögliches Extrembeispiel wäre eine »Anerkennungshochschule«. Sie würde sich darauf spezialisieren, Vorkenntnisse in Kreditpunkte zu verwandeln und mittels eines Online-Kompetenztests ein persönliches Portfolio an Vorlesungen und Seminaren zu identifizieren, das für einen gewünschten Abschluss noch fehlt. Die notwendigen Kurse, um diese Lücke zu schließen, können als MOOCs meist auch aus der Ferne absolviert werden. Solche Hochschulen brauchen keine eigenen Professoren. Wie ein Makler vermitteln sie lediglich Bildungsinhalte und zertifizieren auf sehr individueller Ebene, dass das Können und Wissen einer bestimmten Person einem Hochschulabschluss gleichwertig ist. Im Extremfall müssen Studierende dazu, wie etwa an der amerikanischen Western Governors University, nicht ein einziges Mal einen Hörsaal betreten.[23]

Nicht jeder kann und muss sich vollkommen neu erfinden. Aber auch die bereits bestehenden Hochschulen, die sich nicht als Nischenangebot verstehen oder die gut situierte Elite adressieren, sollten dringend Strategien entwickeln, wie sie die unausweichliche Digitalisierung in ihr System integrieren. Für sie gilt: Angriff ist die beste Verteidigung. Getreu dem Motto »If you can't beat them, join them« hat sich beispielsweise die Arizona State University, mit knapp 70 000 Studierenden vor Ort die größte Campus-Hochschule der USA, auch auf den Weg ins digitale Massengeschäft gemacht. Im Rahmen ihrer »Global Freshman Academy« kann künftig jeder überall auf der Welt kostenfrei das erste Collegejahr komplett online absolvieren. Es gibt keine Aufnahmetests oder Zugangsbeschränkungen, über die endgültige Zulassung entscheidet nur die Leistung während dieses Jahres. Das Risiko für Studierende ist überschaubar; erst nach bestandener Prüfung fallen Gebühren an – und die sind mit weniger als 6000 US-Dollar für das erste Studienjahr moderat. Zum Vergleich: Das Präsenzstudium inklusive Unterkunft auf dem Campus kostet mehr als das Sechsfache. Die Onlinekurse sind vollständig auf das restliche reguläre Studium anrechenbar. Einen Kannibalisierungseffekt fürchtet man in Arizona nicht. Im Gegenteil: Vom digitalen Einstiegsjahr für jedermann verspricht sich die Hochschule positives Marketing und die Gewinnung neuer Studierender vor allem aus dem Ausland.[24]

Auch wenn in Deutschland aufgrund des staatlich finanzierten Hochschulsystems die amerikanischen Bankrott-Prognosen ins Leere laufen: Eine Digitalisierungsstrategie ist auch hierzulande essenziell für Hochschulen, damit sie sich bei immer mehr und immer vielfältigeren Studierenden auf Dauer behaupten können. Nicht jede Universität oder Fachhochschule muss sich vollständig digitalisieren, nicht jede selbst Onlinekurse produzieren, aber alle sollten sich über die eigenen strategischen Ziele klar sein und ihre Angebote entsprechend ausrichten. Noch haben laut einer aktuellen Umfrage vier von zehn deutschen Hochschulen keine solche Entscheidung getroffen.[25]

Digitale Märkte neigen zu Monopolen, auch in der Onlinelehre gilt das »The Winner takes it all«-Prinzip. Die Produzenten von MOOCs und Lernvideos werden meist über eine starke Marke verfügen und diese nutzen, um ihre Expertise weltweit bekannt zu machen. Stanford, das MIT und Harvard sind hier die Vorreiter. Nicht alles muss aber aus den USA kommen. Auch die TU9, die neun führenden technischen Universitäten in Deutschland, könnten beispielsweise ein Ingenieurstudium »made in Germany« global positionieren. Die Digitalisierung macht starke Marken stärker, lässt aber auch kleine spezialisierte Nischenanbieter groß werden: So könnte es der Bucerius Law School in Hamburg über Onlineangebote durchaus gelingen, den deutschen Standard für die Lehre in den Rechtswissenschaften zu prägen; ebenso weltweit der Universität Marburg in der Keltologie oder der TUM Weihenstephan im Bierbrauen. Dies würde nicht zuletzt auch dazu beitragen, sogenannte Orchideenfächer am Leben zu halten.

Die meisten Hochschulen werden in Zukunft verstärkt von anderen produzierte Inhalte nutzen und sich selbst mehr auf die Begleitung der Studierenden konzentrieren. Kleinere Fachhochschulen von der Nordseeküste bis zum Bodensee können sich so zusätzliche Vertiefungen leisten und dank gesparter Vorlesung mit besserer individueller Betreuung punkten. Möglicherweise werden sie sogar in einer Art Franchise-Modell den Abschluss einer anderen, markenstärkeren Hochschule vergeben: im Harz studiert, aber das Diplom aus Aachen oder Wien in der Tasche. Gerade der Bologna-Prozess bietet hier eine große Chance. Einst geschaffen, um die Mobilität der Studierenden innerhalb Europas zu befördern, ermöglicht dieser nun die Mobilität der Bildung selbst. Das Kreditpunktesystem erlaubt den Vergleich und die gegenseitige Anerkennung von Lernleistungen in ganz Europa.[26] Damit ist, anders als in den USA, die größte Hürde für die systematische Anrechnung von Onlinebildung auf reguläre Studiengänge bereits genommen. »Bologna Digital« kann aus dieser ungeliebten Reform doch noch eine Erfolgsgeschichte machen.[27]

Bislang sind die Widerstände gegen Veränderungen des klassischen Hochschulprofils enorm. Als die San José State University im Jahr 2013 den bereits erwähnten Kurs des Harvard-Professors Michael Sandel in ihr Curriculum übernehmen wollte, war die Empörung unter der eigenen Professorenschaft groß. Sie weigerte sich, den Kurs, der auf einem von Sandel vorproduzierten MOOC basieren sollte, zu unterrichten. Stattdessen warf sie ihrem Kollegen vor, sein Angebot gefährde ihre Jobs, demontiere die Arbeit ganzer Institute und schwäche letztlich die öffentliche Hochschulbildung.[28]

Dabei hätten die Studierenden durchaus profitieren können: jederzeit verfügbare Spitzenlehre aus der Ferne, dafür bessere persönliche Betreuung und mehr Vertiefungsangebote vor Ort. Sogar an der eigenen Hochschule hatte man zuvor positive Erfahrungen gesammelt; im gemeinsam mit der MOOC-Plattform edX angebotenen Kurs »Circuits and Electronics« fiel die Abbrecher- und Durchfallquote gegenüber der vorherigen Präsenzveranstaltung von über 40 auf unter zehn Prozent.[29] Dennoch sind Abwehrreaktionen wie in San José kein Einzelfall, denn der Strukturwandel durch die Digitalisierung betrifft unmittelbar den professoralen Status.

Nicht nur die Interessen der Professoren stehen den Interessen der Studierenden häufig im Wege. Gerade in Deutschland bremsen auch rechtliche Hürden digitale Bildung aus; vieles, was im analogen Zeitalter geschaffen wurde, passt nicht mehr. Ein Beispiel ist die Kapazitätsverordnung. Sie sollte dafür sorgen, dass sich nur so viele Studierende an einer Hochschule immatrikulieren dürfen, wie dafür auch Professoren und Räume vorhanden sind. Jetzt aber unterbindet diese Regulierung Innovation: Hochschulen fürchten, dass Studenten aufgrund der digital unbegrenzten Kapazitäten einen Studienplatz einklagen könnten – und setzen weiter ausschließlich auf die traditionelle Lehre. Auch die bisherigen Lehrverpflichtungsverordnungen, die den Umfang der zu leistenden Lehre regeln, wurden für die analoge Zeit entwickelt und lassen sich in ihrer jetzigen Form kaum auf digitale Formate anwenden. Zumindest stellen sich Hochschulen die Frage, wie viele Stunden ein Professor auf sein übliches Lehrdeputat angerechnet bekommt, wenn im Netz eine seiner Vorlesungen »läuft«. Ähnliches gilt für die Qualitätssicherung: Die bisherige Akkreditierungspraxis sieht für jeden Studiengang sogenannte »Begehungen vor Ort« vor – eine nicht zu unterschätzende Herausforderung für Onlineangebote von heute.[30]

Trotz Unsicherheiten, Hürden und Widerständen: Aussitzen lässt sich die digitale Bildungsrevolution nicht. Auch deutsche Schulen und Hochschulen werden sich ihr nicht entziehen können. Zu attraktiv sind die Chancen, zu dynamisch das Umfeld. Bildungsinstitutionen und Lehrkräfte brauchen jetzt die richtigen Rahmenbedingungen, damit sich ein »digitales Ökosystem« entwickeln kann. Faire Teilhabe für alle muss dabei die politische Leitschnur sein, nach der wir die digitale Revolution gestalten.

11 AUSSITZEN IST KEINE LÖSUNG

Was jetzt zu tun ist

> »Die reinste Form des Wahnsinns ist es, alles beim Alten zu lassen und zu hoffen, dass sich etwas ändert.«[1]
>
> Albert Einstein

Das Potenzial des digitalen Lernens zu heben ist nicht nur eine pädagogische, sondern vor allem auch eine politische Aufgabe. Ohne kluge Steuerung wird der Bildungserfolg künftig noch stärker von der sozialen Herkunft abhängen: Kinder aus bildungsbürgerlichen Elternhäusern werden sich die Vorteile individuell zugeschnittener Bildung zunutze machen, die anderen von fragwürdigen Computerspielen und Apps auf ihrem Smartphone vom Lernen abgehalten. Nicht-traditionelle Studierende finden an den meisten Hochschulen selten die nötige Begleitung und Betreuung, um sich die Chancen der Digitalisierung zu erschließen. Diejenigen, die sich bislang schon regelmäßig weitergebildet haben, haben es online noch leichter, während die bisherigen Weiterbildungsverlierer ohne Unterstützung auch in Zukunft auf der Strecke bleiben. Es ist an den Ministerien auf Bundes- und Landesebene, die richtigen Rahmenbedingungen zu schaffen, damit all das nicht passiert, sondern die Digitalisierung für mehr Teilhabe und Chancengerechtigkeit genutzt wird. Dazu braucht es keinen großen Masterplan mit Ewigkeitsanspruch, zumal er Tempo und Vielfalt der digitalen Entwicklung kaum standhalten könnte. Was jetzt zu tun ist, ist ebenso konkret wie dringlich.

1. Lösung statt Problem. Pädagogik vor Technik stellen. Jede Veränderung beginnt im Kopf – auch in der Politik. Sie muss die Digitalisierung als Chance begreifen und das öffentlich kommunizieren. Der digitale Wandel ist kein Problem, sondern Teil der Lösung für ein chancengerechtes Bildungssystem. Der Einsatz von Technik ist dabei kein Selbstzweck: In immer heterogeneren Lerngruppen geht es um gute Inklusion, gute Ganztagsschulen und gute individuelle Förderung in der Schule, um gute, auf die unterschiedlichen Bedürfnisse der Studierenden ausgerichtete Lehre an der Hochschule – und um Ideen, wie die Digitalisierung dabei helfen kann. Schulen und Hochschulen brauchen passende Digitalkonzepte für die praktische Unterrichtsgestaltung genauso wie für ihre Organisationsentwicklung; internationale Beispiele und Erfahrungen können hier helfen, den konkreten Nutzen für die Betroffenen greifbar zu machen. Veränderungen werden nur dann gelingen, wenn die Technik als Hilfsmittel und nicht als Ersatz für Lehrpersonal verstanden wird. Die Digitalisierung ist keine Einladung, unter dem Deckmantel des Fortschritts Kosten einzusparen. Ein solch klares politisches Bekenntnis ist essenziell für die digitale Zukunft des Bildungssystems.

2. In Menschen investieren. Digitale Qualifizierungsoffensive für Pädagogen starten. Ohne digital kompetente und in neuen pädagogischen Ansätzen versierte Lehrkräfte werden die besten politischen Ziele wirkungslos bleiben. Deshalb ist eine Reform der Aus- und Weiterbildung von Lehrern nötig. Sie muss sowohl die Vermittlung medienpädagogischer Grundkenntnisse und die kompetente Bedienung von Geräten (»learning to use technology«) beinhalten als auch die Integration und Nutzung digitaler Angebote im individuell fördernden Unterricht (»using technology to learn«). Geschult werden müssen aber nicht nur die künftigen Lehrkräfte, sondern auch die jetzigen. Am wirksamsten sind dabei Fortbildungen, die sich an ganze Kollegien richten und dadurch einen digitalen Schulentwicklungsprozess anstoßen. Zudem sollte es den Lehrern ermöglicht werden, sich über die Grenzen der eigenen Schultore hinweg zu vernetzen: Auf Onlineplattformen können sie Unterrichtsmaterialien und -konzepte mit Kollegen teilen und Erfahrungen austauschen.

3. Lernen fürs Leben. Schüler digitalkompetent und datensouverän machen. Digitale Kompetenz ist schon heute eine notwendige Bedingung für Teilhabe am politischen, ökonomischen und gesellschaftlichen Leben. IT-Kenntnisse sind in fast jedem Berufsfeld von zentraler Bedeutung, die sozialen Medien entwickeln sich zu Meinungsmachern und Trends verbreiten sich zunehmend über das Netz. Schule sollte daher Kinder so auf ihre digitalisierte Umwelt vorbereiten, dass sie nicht bloß zu Nutzern, sondern zu Teilhabern werden. Das bezieht sich weniger auf die Anwendung von technischen Geräten – hier ist die junge Generation der älteren ohnehin meist überlegen. Was Schüler lernen müssen, ist der reflektierte und verantwortungsvolle Umgang mit digitalen Medien: die Informationsmenge aus dem Internet zu filtern und souverän mit den eigenen Daten zu agieren. Die kritische Einordnung von Informationen erfordert Orientierung und Urteilsvermögen im digitalen Raum. Diese Fähigkeiten zu vermitteln muss essenzieller Teil des schulischen Bildungsauftrags werden. Digitale Ethik und Themen wie der Schutz der Privatheit, Chancen und Risiken von Big Data oder die rechtlichen, wirtschaftlichen und gesellschaftlichen Aspekte der Digitalisierung sollten regelmäßiger und curricular fest verankerter Teil des Schullalltags sein. Denn datensouverän agieren und digitalkompetent leben kann nur derjenige, der es gelernt hat.

4. Bildung braucht Inhalte. Analoges digital aufbereiten und offene Lernmaterialien fördern. Digitale Bildung benötigt entsprechend aufbereitete Inhalte. Die Methodik des traditionellen Lehrbuchs ist auf das digital personalisierte Lernen nicht anwendbar. Statt die Lernbausteine in einer fixen und für alle gleichen Reihenfolge anzuordnen, müssen sie flexibel kombinierbar werden. Die Schulbuchverlage sind deshalb gefordert, ihre Inhalte so zu modularisieren, dass sie für den einzelnen Schüler individuell zusammengestellt werden können. Zudem sollten auch die Potenziale frei zugänglicher Lernmaterialien (»Open Educational Resources«) besser genutzt werden; sie lassen sich übers Netz mit anderen Lehrkräften teilen und je nach konkretem didaktischen Zweck einfach kombinieren, anpassen und weiterentwickeln. Staatliche Förderprogramme oder Wettbewerbe können hier wichtige Impulse setzen und jenseits der Schule auch mögliches Marktversagen auffangen. Angebote für einen Online-MBA werden auch ohne öffentliche Gelder entstehen, digitale Fortbildungsmöglichkeiten für den Langzeitarbeitslosen eher nicht.

5. Ordnung in der Masse. Transparenz über Qualität digitaler Angebote schaffen. Lehrkräfte benötigen einheitliche und eindeutige Kriterien, anhand derer sie digitale Bildungsmaterialien einordnen und bewerten können. Mit der zunehmenden Menge an Angeboten wird es jedoch schwieriger, den Überblick über Qualität und Nutzen zu behalten. Der vom renommierten kanadischen Bildungswissenschaftler Michael Fullan entwickelte »Digital Innovation Index« schafft diesbezüglich Transparenz.[2] Auf diesem frei zugänglichen Portal können digitale Lernangebote entlang von drei Kriterien bewertet werden: Güte des pädagogischen Konzepts, Potenzial für einen Systemwechsel im Unterricht und Qualität der eingesetzten Technologie. Die Ergebnisse, auf praktischer Erfahrung beruhend, sind eine wertvolle Orientierung – für Lehrer ebenso wie für Produktentwickler und Investoren. Ein solches Instrument würde die Unsicherheit vieler Lehrkräfte lindern und auch in Deutschland dafür sorgen, dass neue Angebote leichter ihren Weg an die Schulen und Hochschulen finden, ohne dabei Qualitätsstandards in Frage zu stellen.

6. Vorfahrt für schnelles WLAN. Verschwendete Investitionen in Geräte vermeiden. Der schnelle und zuverlässige Netzzugang ist eine notwendige Bedingung, um Tablets und Smartphones im Unterricht sinnvoll nutzen zu können. Das heißt: Deutschland benötigt ein flächendeckendes WLAN für seine Schulen. Die Kosten hierfür liegen bei einigen 100 Millionen Euro pro Jahr. Das klingt viel, ist aber im Vergleich zu anderen Bildungsprojekten wie dem Ganztagsausbau durchaus bezahlbar. Doch im Kontext digitalisierter Bildung wird zumeist über die Ausstattung der Schüler mit Endgeräten diskutiert. Allein an den weiterführenden Schulen wären für eine vollständige Geräteversorgung der etwa 5,5 Millionen Schüler und die dafür notwendige technische Infrastruktur jährlich mehrere Milliarden Euro zu veranschlagen.[3] Eine gigantische Fehlinvestition – schließlich besitzt schon die große Mehrheit der Zwölfjährigen ein Smartphone.[4] Nur für die wenigen Jugendlichen, die nicht über die notwendige Hardware verfügen, müssten die Schulen dann noch ein Endgerät bereitstellen. Dass die Smartphones, Tablets und Laptops von unterschiedlichen Herstellern stammen, ist kein Problem: Webbasierte Lernsoftware und Applikationen bieten unabhängig vom jeweiligen Endgerät eine einheitliche Benutzeroberfläche. Gravierend hingegen sind die Unterschiede bei den Mobilfunkverträgen der Schüler: Nicht alle Eltern können oder wollen ihren Kindern eine Internetflatrate fürs Handy bezahlen, sei es aus finanziellen oder auch aus erzieherischen

Gründen. Deshalb braucht es für den Unterricht freies und schnelles WLAN für alle.

Eine Politik und Pädagogik, die auf private Geräte und webbasiertes Lernen setzt, entlastet die Bildungseinrichtungen auch von einem großen Teil des Wartungsaufwands. Wenn etwas nicht funktioniert, kümmern sich Experten der Onlineplattformen und Lernprogrammhersteller zentral um die Behebung des Problems. Lehrer müssen sich nicht länger um die Funktionstüchtigkeit von Computern kümmern. Die Service-Hotline ersetzt den bislang ohnehin meist fehlenden Systemadministrator vor Ort.

7. Ermöglichen statt verbieten. Rechtssicherheit für Schulen schaffen. Schulen sollten sich nicht vor der digitalen Außenwelt abschotten. Die weit verbreiteten, teilweise sogar gesetzlich verankerten Handyverbote sind der falsche Weg. In einem modernen Bildungssystem sind Smartphones Teil der Schulkultur, sie gehören nicht in die Tasche, sondern aufs Pult und dort sinnvoll eingesetzt. Damit ihre Nutzung im Unterricht möglich wird, benötigen die Bildungseinrichtungen Rechtssicherheit. Solange beispielsweise ungeklärt ist, wer für unerlaubte Downloads haftet, kann keinem Schulleiter verübelt werden, dass er freien WLAN-Zugang ablehnt. Auch das Urheberrecht muss an das digitale Zeitalter angepasst werden. In seiner jetzigen Form sind Austausch und Bearbeitung digitaler Lernmaterialien nur begrenzt möglich. Oft bewegen sich Lehrer in der rechtlichen Grauzone, wenn sie Materialien aus dem Netz in ihrem Unterricht verwenden. Hier ist ein sinnvoller Mittelweg zwischen der Wahrung nachvollziehbarer ökonomischer Interessen etwa der Schulbuchverlage und der leichteren Nutzung und Weiterentwicklung von Bildungsmedien in den Schulen notwendig.

8. Bürokratische Hürden abbauen. Unzeitgemäße Regulierung an Hochschulen überwinden. Auch die Hochschulen brauchen neue rechtliche Rahmenbedingungen. Vorschriften wie die Kapazitätsverordnung, die Lehrverpflichtungsverordnungen oder bestimmte Akkreditierungskriterien entstammen einer analogen Zeit. Weil das System bisher auf Präsenz ausgerichtet ist, tun sich viele Hochschulen mit digitalen Lehrangeboten schwer. Die unzeitgemäße und teilweise überbordende Regulierung sollte daher auf ihren heute notwendigen Kern reduziert werden. Konkret heißt das: Onlinelehre muss auf das Lehrdeputat anrechenbar sein – dadurch entstehen Anreize, Zeit in die Entwicklung digitaler Angebote zu investieren. Die Kapazitätsverordnung muss so verändert werden, dass Hochschulen keine Klagen mehr von abgelehnten Studienbewerbern befürchten müssen, wenn sie durch Onlineangebote Spielräume in der Präsenzlehre gewinnen. Auch das Akkreditierungswesen muss sich für digitale Studienmodelle öffnen und seine überwiegend für Präsenzstudiengänge entwickelten Kriterien mindestens durch entsprechende Experimentierklauseln flexibilisieren. Hier gilt es zudem, die gegenseitige Anerkennung von erworbenen Kompetenzen und modularen Bildungsbausteinen über Hochschul- und Landesgrenzen hinweg zu stärken. All das bedeutet einen Paradigmenwechsel: Künftig darf staatliche Regulierung nicht mehr als Innovationsbremse wirken, sondern sollte allein dem Schutz des Individuums dienen. Die Qualität der Ergebnisse, egal ob Hochschulabschluss oder Weiterbildungszertifikat, muss gesichert werden, der Weg dorthin aber frei gestaltbar sein.

9. Mut zur Innovation. Pädagogische Laboratorien und Gründerkultur fördern. Die Digitalisierung bietet die Möglichkeit, unser Bildungssystem zu einem Ideenlabor zu machen. Sie bringt nicht nur eine neue Qualität des Lernens mit sich, sondern auch eine Aufwertung der Lehre. Die Leistung des einzelnen Pädagogen ist in einer global vernetzten Welt sichtbarer, der Wettbewerb um die besten Konzepte endet nicht an den Toren der eigenen Schule oder Hochschule. Jenseits der Initiative einzelner Lehrer oder Professoren ist der Staat gefragt, alternative Modelle des Lehrens und Lernens zu fördern. Zum einen durch Leuchtturmprojekte wie wissenschaftlich begleitete Laborschulen oder eine deutsche School of One, die in der öffentlichen Debatte als Musterbeispiele dienen können; zum anderen durch »Bottom-up«-Initiativen. Hier können Innovationsfonds, Lehrpreise, Freisemesteroptionen oder zusätzliche Stundendeputate wirksame Anreize setzen, um beispielsweise Ansätze wie den Flipped Classroom, Peer Learning oder Peer Grading in der Praxis auszuprobieren und zu verbreiten. Die internationale Erfahrung zeigt, dass digitale Konzepte, die auf Kooperation setzen, die Qualität des Unterrichts steigern: Über Onlineportale wie Edthena findet systematische kollegiale Beratung statt, von Gewerkschaften und großen Stiftungen gemeinsam geförderte Plattformen wie BetterLesson machen erfolgreich erprobte Unterrichtsmodelle allen Lehrern qualitätsgesichert zugänglich.

Solche Start-ups sind die Wegbereiter von Innovationen in Schulen und Hochschulen. Gerade im Bildungsbereich haben junge Unternehmen hierzulande aber oft Schwierigkeiten, Wagniskapital zu erhalten und Vertriebswege für ihre Anwendungen zu finden. Einnahmen erzielen sie fast ausschließlich aus dem Privatbudget von Lehrern; Schulen und Ministerien treten bislang kaum als Abnehmer auf. So bleibt die Nachfrage beschränkt, und wo kein Markt ist, gibt es auch kein Geld privater Investoren. Doch die kreative Arbeit von Start-ups und der Fortschritt des digitalisierten Lernens bedingen einander. Deshalb sollte ein spezielles Förderprogramm für Gründer im Bildungsbereich aufgelegt werden, etwa in

Form eines staatlich getragenen Wagniskapitalfonds. Dieser Fonds könnte auch ein Wissenschaftsbudget beinhalten, das die Entwicklung digitaler Lehrmethoden an den Pädagogikfakultäten fördert.

10. Wissen über Wirkung. Praxisnahe Begleitforschung stärken. Die Digitalisierung im Bildungswesen muss durch Forschung begleitet und mit Empirie unterfüttert werden. Untersuchungen über den Einsatz digitaler Lernmaterialen und Unterrichtsmodelle sind nötig, um zu einer bestmöglichen Nutzung zu gelangen. Sogenannte Aktionsforschung, die keinen großen Aufwand erfordert, hilft bei der Weiterentwicklung bestehender Projekte und liefert Inspiration für neue Vorhaben. Sie ist wissenschaftlich zwar nicht so belastbar wie Langzeitstudien, dafür aber sehr praxistauglich, weil die Ergebnisse schnell verfügbar sind, Erfolgs- und Misserfolgsfaktoren unmittelbar aufgezeigt werden. Trotzdem sind auch Langzeituntersuchungen unabdingbar, um die dauerhafte Wirkung digitaler Lehrmittel und -methoden auf das Lernverhalten zu analysieren. Beide Arten von Begleitforschung müssen transparent gestaltet, für Politik und Praxis verständlich aufbereitet und vor allem bezahlt werden. Das Bundesbildungsministerium könnte hierzu ein Institut zur Evaluation und Entwicklung digitaler Pädagogikkonzepte schaffen und finanzieren. Denn gesellschaftliche Akzeptanz werden digitale Lernangebote nur durch eine verlässliche Qualitätssicherung finden – solides Wissen über ihre Wirkung ist dazu ein wesentlicher Schlüssel.

DANK

Ein tolles Team hat dieses Buch ermöglicht. Unser Dank gilt Alexa Meyer-Hamme, Martina Böttcher und Julia Behrens, die ihre pädagogische Fachkenntnis einbrachten, Fallstudien recherchierten, Texte entwarfen, Quellen nachforschten und unsere Argumente immer wieder hinterfragten. Ein besonderer Dank geht an Dagmar Rosenfeld, die maßgeblich für Schwung und Klarheit des Textes sorgte; an Julia Prosinger, deren unverblümte Kritik und offenes Lob eine große Hilfe waren; an unsere Lektorin Katharina Reinartz, die uns manches Mal dazu brachte, präziser zu formulieren; und an Klaudia Gollnick, die unser Team so engagiert betreute.

Wir haben versucht, mit der Dynamik in der Praxis Schritt zu halten: *Die digitale Bildungsrevolution* ist in nur sechs Monaten entstanden. Dieser Kraftakt hat allen Beteiligten viel Einsatz und Flexibilität abverlangt; dafür entschuldigen und bedanken wir uns gleichermaßen. Hoffentlich trägt das Resultat unserer Teamarbeit dazu bei, dass die Digitalisierung für bessere Bildung und mehr Chancengerechtigkeit in Deutschland genutzt wird. Dafür verwenden wir auch das Autorenhonorar.

Zu guter Letzt sind wir froh und dankbar, dass unsere Kollegen in der Bertelsmann Stiftung und im Centrum für Hochschulentwicklung, allen voran Ulrich Kober, Anette Stein, Frank Frick, Eric Thode, Robert Vehrkamp, Frank Ziegele und Ulrich Müller, mit ihrer großen Expertise und Erfahrung geholfen haben, unsere Argumente zu schärfen. Es ist ein Glück, dass es Institutionen wie die Bertelsmann Stiftung gibt, die uns weltweit Beispiele guter Praxis recherchieren ließ und die nötigen Freiräume ermöglichte, unsere Erkenntnisse aufzuschreiben und mit anderen zu teilen.

ANMERKUNGEN

1 Die Spielregeln ändern sich

1 Zitiert aus: Knop, Carsten (1999): Gates und Dell und die Angst vor dem unbekannten Tüftler. In: Frankfurter Allgemeine Zeitung, Ausgabe vom 27.08.1999, S. 16–25, hier: S. 23.

2 Zitiert aus: Guttmann, Katja (2014): New Classrooms. Lern-Spaß maßgeschneidert. In: Change. Das Magazin der Bertelsmann Stiftung, Ausgabe 3/2014, S. 23. Die School of One wird in Kapitel 4 ausführlich beschrieben.

3 Zitiert aus: Drösser, Christoph / Heuser, Uwe Jean (2013): Harvard für alle Welt. In: Die Zeit, Ausgabe vom 21.03.2013, S. 35. URL: http://www.zeit.de/2013/12/MOOC-Onlinekurse-Universitaeten.

4 Zitiert aus: Kloepfer, Inge (2015): Sebastian Thrun im Gespräch: »Ich will die Unilandschaft revolutionieren«. In: Frankfurter Allgemeine Sonntagszeitung, Ausgabe vom 11.01.2015, S. 17. URL: http://www.faz.net/-gql-7yf94. Die Darstellung dieses Falles beruht auf folgenden Quellen: boerse. ARD.de (2014, o.A.): Peter Thiel: Silicon Valleys Provokateur, Artikel vom 11.11.2014. URL: http://boerse.ard.de/boersenwissen/boersengeschichte-n/peter-thiel-silicon-valleys-provkateur100.html; ivywise.com: Admissions Statistics. URL: http://www.ivywise.com/admission_statistics.html; Leppin, Jonas (2012): Ex-Stanford-Professor Thrun: »Die Uni nutzt Methoden wie vor tausend Jahren«. In: Spiegel Online, Artikel vom 19.03.2012. URL: http://spon.de/adAVV; Lewin, Tamar (2012): Instruction for Masses Knocks Down Campus Walls. In: The New York Times, Ausgabe vom 05.03.2012, S. A11. URL: http://nyti.ms/11j6E1D; Miller, Claire C. / Bilton, Nick (2011):

Google's Lab of Wildest Dreams. In: The New York Times, Ausgabe vom 14.11.2011, S. A1. URL: http://nyti.ms/1AFlNwT; Stevens, Catherine: Online Education, Udacity, MOOC, Open Ed, Video vom 08.08.2012. URL: https://youtu.be/kp7DKzTxFSw.

5 Zitiert aus: Drösser, Christoph (2009): Direkter Draht zum Lehrer. Eine Onlineplattform soll Mathe-Nachhilfe überflüssig machen. In: Die Zeit, Ausgabe vom 30.12.2009, S. 64.

6 Zitiert aus: Gründerszene: Interview mit bettermarks-Geschäftsführer Arndt Kwiatkowski, Video vom 15.04.2010. URL: https://youtu.be/No-iSyuba7s.

7 Zitiert aus: Drösser (2009).

8 Zitat aus persönlichem Gespräch. Die Darstellung dieses Falles beruht auf folgenden Quellen: bettermarks (Hrsg.) (2013): Uruguay's Math Students Go Online With bettermarks, Pressemitteilung vom 24.04.2013. URL: http://bettermarks.com/press-releases/uruguay-s-math-students-go-online-bettermarks; Paul, Stefanie (2011): »Wir wollten lieber noch mal von vorne anfangen«. In: Berliner Zeitung, Ausgabe vom 20.06.2011, S. 13. URL: http://www.berliner-zeitung.de/archiv/arndt-kwiatkowski-hat-immoscout-24-gegruendet-und-verkauft-mit-seinem-neuen-start-up-unternehmen-hilft-er-jetzt-schuelern--wir-wollten-lieber-noch-mal-von-vorne-anfangen-,10810590,10793072.html.

9 Zitiert aus: Drell, Lauren (2012): Adaptive Learning: Why Your Kids Will Be Smarter Than You. In: Mashable.com, Beitrag vom 17.07.2012. URL: http://mashable.com/2012/07/17/knewton-adaptive-learning; Upbin, Bruce (2012): Knewton Is Building The World's Smartest Tutor. In: Forbes.com, Artikel vom 22.02.2012. URL: http://www.forbes.com/sites/bruceupbin/2012/02/22/knewton-is-building-the-worlds-smartest-tutor.

10 Zitiert aus: Upbin (2012).

11 Zitiert aus: Drell (2012).

12 Ferreira, Jose (2013): Big Data in Education: The 5 Types That Matter. In: The Knewton Blog, Beitrag vom 18.07.2013. URL: http://www.knewton.com/blog/ceo-jose-ferreira/big-data-in-education. Die Darstellung dieses Falles beruht auf folgenden Quellen: Education Growth Advisors (Hrsg.) (2013): Learning to Adapt: A Case for Accelerating Adaptive Learning in Higher Education. URL: http://www.georgiacolleges.org/members/sm_files/Adaptive%20Learning%20Report.pdf; Knewton (Hrsg.) (2012): Knewton Adaptive Learning. Building the World's Most Powerful Education Recommendation Engine. URL: http://www.knewton.com/wp-content/uploads/knewton-adaptive-learning-whitepaper.pdf; Knewton (Hrsg.) (2013): Knewton Case Study. Technology Helped More Arizona State University Students Succeed. URL: http://www.knewton.com/assets-v2/downloads/asu-case-study.pdf; Kolowich, Steve (2013): The New Intelligence. In: Inside Higher Ed, Artikel vom 25.01.2013. URL: https://www.insidehighered.com/news/2013/01/25/arizona-st-and-knewtons-grand-experiment-adaptive-learning; Liu, David (2014): Six Years of Knewton. In: The Knewton Blog, Beitrag vom 04.06.2014. URL: http://www.knewton.com/blog/knerds/six-years-of-knewton; Upbin (2012).

13 Vgl. aerzteblatt.de (2014, o.A.): Versicherung will Daten zu gesunder Lebensführung sammeln, Artikel vom 21.11.2014. URL: http://www.aerzteblatt.de/nachrichten/60965; Gröger, Anne-Christin (2014): Generali erfindet den elektronischen Patienten. In: sueddeutsche.de, Artikel vom 21.11.2014. URL: http://www.sueddeutsche.de/geld/neues-krankenversicherungsmodell-generali-erfindet-den-elektronischenpatienten-1.2229667.

14 Vgl. Kern, Ekkehard (2013): Die erste vom Fahrverhalten abhängige Versicherung. In: Die Welt Online, Artikel vom 15.11.2013. URL: http://www.welt.de/finanzen/versicherungen/article121912643/Die-erste-vom-Fahrverhalten-abhaengige-Versicherung.html; Reiche, Lutz (2013): Wer früher bremst,

zahlt weniger Prämie. In: Manager Magazin Online, Artikel vom 09.10.2013. URL: http://www.manager-magazin.de/finanzen/versicherungen/telematik-tarife-in-der-deutschen-kfz-versicherung-noch-nicht-in-sicht-a-926832.html.

15 Vgl. Hofmann, Jürgen (2010): Der Bildungsbegriff bei Wilhelm von Humboldt, Vortrag vom 08.01.2010. URL: http://www.humboldtgesellschaft.de/inhalt.php?name=humboldt#B.

16 Zitiert aus Kloepfer (2015).

2 Der Druck steigt

1 Zitiert aus: Steffen, Tilman (2009): Gegen Leistungsdruck und Studiengebühren. In: Zeit Online, Artikel vom 18.11.2009. URL: http://www.zeit.de/studium/hochschule/2009-11/bildungsstreik-demo.

2 Vgl. Statistisches Bundesamt (Hrsg.) (verschiedene Jahrgänge): Fachserie 11 Bildung und Kultur, Reihe 4.3.1.

3 Vgl. ebenda, Reihen 1 und 4.3.1; Kultusministerkonferenz (Hrsg.) (verschiedene Jahrgänge): Schüler, Klassen, Lehrer und Absolventen der Schulen. Dokumentation 164–206. URL: http://www.kmk.org/statistik/schule/statistische-veroeffentlichungen/schueler-klassen-lehrer-und-absolventen-der-schulen.html.

4 Vgl. Autorengruppe Bildungsberichterstattung (Hrsg.) (2014): Bildung in Deutschland 2014. Bielefeld: W. Bertelsmann Verlag, Tabelle E1-6web. URL: http://www.bildungsbericht.de/daten2014/e1_2014.xls; Statistisches Bundesamt (Hrsg.) (2015a): Bildung und Kultur. Schnellmeldung Integrierte Ausbildungsberichterstattung 2014.

5 Vgl. Statistisches Bundesamt (verschiedene Jahrgänge): Reihe 4.2.

6 Vgl. OECD (Hrsg.) (2015): Education at a Glance. Interim Report: Update of Employment and Educational Attainment

Indicators. Table 1.4., S. 10. URL: http://www.oecd.org/edu/EAG-Interim-report.pdf.

7 Vgl. Library of Congress (Hrsg.) (2015): S. 1373 – College for All Act (Introduced in Senate). URL: https://www.congress.gov/bill/114th-congress/senate-bill/1373.

8 Vgl. Maslen, Geoff (2012): Worldwide student numbers forecast to double by 2025. In: University World News, Artikel vom 19.02.2012. URL: http://www.universityworldnews.com/article.php?story=20120216105739999.

9 Vgl. Heckmann, Corinne / Maghnou, Soumaya (2015): How is the global talent pool changing (2013, 2030)? In: OECD (Hrsg.): Education Indicators In Focus No. 31, S. 2.

10 Vgl. Bradsher, Keith (2013): Next Made-in-China Boom: College Graduates. In: The New York Times, New York Edition, Ausgabe vom 17.01.2013, S. A1. URL: http://nyti.ms/10AymwL.

11 Vgl. Bundesagentur für Arbeit (Hrsg.) (2013): Gute Bildung – gute Chancen. Der Arbeitsmarkt für Akademikerinnen und Akademiker, S. 6.

12 Vgl. Ministry of Labour and Employment (Hrsg.) (2014): National Skill Development Policy Plan, S. 3. URL: http://labour.nic.in/upload/uploadfiles/files/NationalSkillDevelopmentPolicyMar.pdf.

13 Vgl. Morehouse, Christal / Clemens, Michael (2013): The Big Picture on Global Talent – How to better compete for, and grow talent. In: Bertelsmann Stiftung (Hrsg.) (2013): Competing for talent: The global struggle for the world's most valuable resource, S. 2–16, hier: S. 8ff. URL: https://www.bertelsmann-stiftung.de/fileadmin/files/Projekte/28_Einwanderung_und_Vielfalt/Salzburg_Papier.pdf.

14 Vgl. Bundesagentur für Arbeit (Hrsg.) (2013): S. 6; zu vermuten sind hierbei auch Verdrängungseffekte, die jedoch schwer quantifizierbar sind. Vgl. Kühne, Anja (2013): »Akademiker haben exzellente Chancen«. Interview mit Joachim Möller. In: Tagesspiegel Online, Artikel vom 10.10.2013. URL:

http://www.tagesspiegel.de/wissen/lohnt-sich-ein-studium-akademiker-haben-exzellente-chancen/8915818.html.

15 Vgl. Wössmann, Ludger / Piopiunik, Marc (2009): Was unzureichende Bildung kostet. Eine Berechnung der Folgekosten durch entgangenes Wirtschaftswachstum, S. 18ff. URL: http://www.bertelsmann-stiftung.de/fileadmin/files/BSt/Publikationen/GrauePublikationen/GP_Was_unzureichende_Bildung_kostet.pdf.

16 Vgl. Bundesagentur für Arbeit (2013): S. 16; CHE Centrum für Hochschulentwicklung (Hrsg.) (2014): Hochschulbildung wird zum Normalfall. Ein gesellschaftlicher Wandel und seine Folgen, S. 8f. URL: http://www.che.de/downloads/Hochschulbildung_wird_zum_Normalfall_2014.pdf.

17 Vgl. Röwert, Ronny / Lah, Wencke / Hachmeister, Cort-Denis (2015): Der CHE Numerus Clausus-Check 2015/16. CHE Arbeitspapier Nr. 184. URL: http://www.che.de/downloads/CHE_AP_184_Numerus_Clausus_Check_2015_16.pdf.

18 Vgl. etwa Stoldt, Till (2012): Studieren – als einer von Hunderttausenden. In: Die Welt Online, Artikel vom 08.10.2012. URL: http://www.welt.de/regionales/duesseldorf/article109689157/Studieren-als-einer-von-Hunderttausenden.html.

19 Vgl. Deutscher Akademischer Austauschdienst New Delhi (Hrsg.) (2012): Higher Education Institutions. URL: http://www.daaddelhi.org/imperia/md/content/passage-to-india/higher_education_institutions_.pdf; Study in USA (2014, o.A.): What is the world's toughest business school to get into? It is not Harvard, Beitrag vom 18.06.2014. URL: http://studyn.us/2014/06/18/worlds-toughest-business-school-get-harvard.

20 Vgl. Kultusministerkonferenz (verschiedene Jahrgänge); Statistisches Bundesamt (verschiedene Jahrgänge): Reihen 1 und 4.1.

21 Höhl, Simone (2010): Im Stadtteil-Check stecken Chancen. In: badische-zeitung.de, Artikel vom 08.12.2010. URL: http://www.badische-zeitung.de/freiburg/im-stadtteil-check-stecken-chancen-38609313.html.

22 Vgl. PISA-Konsortium Deutschland (Hrsg.) (2008): PISA 2006 in Deutschland. Die Kompetenzen der Jugendlichen im dritten Ländervergleich. Münster/New York: Waxmann. S. 88, 121, 141.

23 Vgl. Picht, Georg (1964): Die deutsche Bildungskatastrophe. Olten/Freiburg: Walter Verlag.

24 Vgl. CHE Centrum für Hochschulentwicklung (Hrsg.) (2014): S. 6.

25 Vgl. Complete College America (Hrsg.) (2011): Time is the Enemy, S. 6. URL: http://completecollege.org/docs/Time_Is_the_Enemy.pdf.

26 Vgl. Spiewak, Martin (2011): »Keine Angst vor Vielfalt«. Interview mit Andreas Helmke. In: Die Zeit, Ausgabe vom 15.12.2011, S. 52. URL: http://www.zeit.de/2011/51/Interview-Helmke.

27 Vgl. eigene Berechnung nach OECD (Hrsg.) (2014a): PISA 2012 Results: What Students Know and Can Do Student Performance in Mathematics, Reading and Science, Annex B1, Table I.2.1a, S. 298ff. URL: http://www.oecd-ilibrary.org/education/pisa-2012-results-what-students-know-and-can-do-volume-i-revised-edition-february-2014_9789264208780-en.

28 Vgl. eigene Berechnung nach OECD (Hrsg.) (2014a): Annex B1, Table I.4.1a, S. 375; OECD (Hrsg.) (2014b): Learning for Tomorrow's World. First Results from PISA 2013, Annex B1, Table 6.1, S. 443. URL: http://www.oecd-ilibrary.org/education/learning-for-tomorrow-s-world_9789264006416-en.

29 Vgl. Statistisches Bundesamt (Hrsg.) (2014): Bildungsfinanzbericht 2014, S. 28. URL: https://www.destatis.de/DE/Publikationen/Thematisch/BildungForschungKultur/BildungKulturFinanzen/Bildungsfinanzbericht1023206147004.pdf. In den Mitteln für tertiäre Bildungsinstitutionen sind 13,5 Milliarden Euro für Hochschulforschung nicht eingeschlossen.

30 Diese Summe ergibt sich aus folgenden jährlichen Einzelposten: bessere Betreuungsschlüssel in der Kita (5 Mrd. Euro),

Ganztagsschulausbau inkl. dazu notwendigem Personal (9 Mrd. Euro), Personalkosten für schulische Inklusion (0,7 Mrd. Euro) und zusätzliche Studienplätze für die Periode zwischen 2013 und 2023 (ca. 2,5 Mrd. Euro). Vgl. Bertelsmann Stiftung (Hrsg.) (2014): Zu wenig Erzieherinnen in Kitas. Qualität bleibt in der frühkindlichen Bildung oft auf der Strecke, Pressemitteilung vom 25.07.2014. URL: http://www.laendermonitor.de/typo3conf/ext/jp_downloadslm/pi1/download.php?datei=fileadmin/contents/downloads/start_aktuelles/14-07-25-Laendermonitor-Bund.pdf&ftype=pdf; Bundesministerium für Bildung und Forschung (2014): Verwaltungsvereinbarung zwischen Bund und Ländern gemäß Artikel 91b Abs. 1 Nr. 2 des Grundgesetzes über den Hochschulpakt 2020. S. 12. URL: http://www.bmbf.de/pubRD/Verwaltungsvereinbarung_Hochschulpakt_III_vom_11.12.2014.pdf; Klemm, Klaus (2012a): Was kostet der gebundene Ganztag? Berechnungen zusätzlicher Ausgaben für die Einführung eines flächendeckenden Ganztagsangebots in Deutschland, S. 6. URL: https://www.bertelsmann-stiftung.de/fileadmin/files/BSt/Publikationen/GrauePublikationen/Was_kostet_der_geb_Ganztag_Jun12.pdf; Klemm, Klaus (2012b): Zusätzliche Ausgaben für ein inklusives Schulsystem in Deutschland, S. 7. URL: http://www.bertelsmann-stiftung.de/fileadmin/files/BSt/Presse/imported/downloads/xcms_bst_dms_35784_35785_2.pdf.

31 Vgl. U.S. Department of Education (Hrsg.) (2013a): Digest of Education Statistics. Average graduate tuition and required fees in degree-granting postsecondary institutions, by control of institution and percentile: 1989–90 through 2012–13, Table 330.50. URL: http://nces.ed.gov/programs/digest/d13/tables/dt13_330.50.asp.

32 Vgl. Jacob, Peter (2015): There Are Now 50 Colleges That Charge More Than $60,000 Per Year. In: Business Insider

UK, Artikel vom 10.07.2014. URL: http://uk.businessinsider.com/50-colleges-charge-60000-dollars-2014-7.

33 Vgl. Denhart, Chris (2013): How The $1.2 Trillion College Debt Crisis Is Crippling Students, Parents And The Economy. In: Forbes.com, Artikel vom 07.08.2013. URL: http://onforb.es/1447Ozr.

34 Baumol, William J. / Bowen, William G. (1966): Performing Arts – The Economic Dilemma. A Study of Problems Common to Theater, Opera, Music and Dance. New York: The Twentieth Century Fund.

35 Vgl. U.S. Department of Education (Hrsg.) (2013b): Digest of Education Statistics. Total and current expenditures per pupil in public elementary and secondary schools: Selected years, 1919–20 through 2010–11. Table 236.55. URL: http://nces.ed.gov/programs/digest/d13/tables/dt13_236.55.asp; U.S. Department of Education (Hrsg.) (2013c): National Assessment of Educational Progress. Reading Age 17 Results; Mathematics Age 17 Results. URLs: http://www.nationsreportcard.gov/ltt_2012/age17r.aspx; http://www.nationsreportcard.gov/ltt_2012/age17m.aspx.

36 Vgl. Statistisches Bundesamt (Hrsg.) (2015b): Bildungsausgaben. Ausgaben je Schülerin und Schüler 2012, S. 8. URL: https://www.destatis.de/DE/Publikationen/Thematisch/BildungForschungKultur/BildungKulturFinanzen/AusgabenSchueler5217109127004.pdf.

37 Vgl. Statistisches Bundesamt (2014): S. 67.

3 Harvard für alle

1 Zitiert aus: Smale, Alison (2013): Davos Forum Considers Learning's Next Wave. In: The New York Times, New York Edition, Ausgabe vom 28.01.2013, S. B2. URL: http://nyti.ms/111uLb4.

2 Zitiert aus: Adams, Richard (2013): Sal Khan: the man who tutored his cousin – and started a revolution. In: theguardian.com, Artikel vom 23.04.2013. URL: http://gu.com/p/3f6zc/stw.
3 Zitiert aus: Cotterell, Adam (2013): 48 Idaho Schools »Flip the Classroom« and Pilot Khan Academy Online Learning. In: boisestatepublicradio.org, Artikel vom 03.09.2013. URL: http://boisestatepublicradio.org/post/48-idaho-schools-flip-classroom-and-pilot-khan-academy-online-learning. Die Darstellung dieses Falles beruht auf folgenden Quellen: Adams (2013); Cotterell (2013); Gates, Bill (2012): Salman Khan. Educator. In: time.com, Artikel vom 18.04.2012. URL: http://ti.me/13XVTcX; Murphy, Robert et al. (2014): Research on the Use of Khan Academy in Schools: Research Brief. URL: http://www.sri.com/work/publications/research-use-khan-academy-schools-research-brief.
4 Die Darstellung dieses Falles beruht auf folgenden Quellen: Pricelius, Christian: Bildung im Wandel – Digitale Nachhilfe auf dem Sofa, Video vom 11.02.2014. URL: http://dw.com/p/1B76g; sofatutor.com: Presse. URL: http://www.sofatutor.com/about/press; persönlicher Besuch bei sofatutor am 26.07.2013.
5 Zitiert aus: Grasberger, Lukas (2013): Urknall im Kinderzimmer. In: Wirtschaft und Wissenschaft, Heft 4/2013, S. 22f., hier: S. 23. URL: http://www.stifterverband.de/publikationen_und_podcasts/wirtschaft_und_wissenschaft/wuw_2013-04_schwerpunkt.pdf.
6 Zitiert aus: Haerdle, Benjamin (2013): Die Digitalisierung der Hochschule. In: Wirtschaft und Wissenschaft. Heft 4/2013, S. 11–16, hier: S. 16. URL: http://www.stifterverband.de/publikationen_und_podcasts/wirtschaft_und_wissenschaft/wuw_2013-04_schwerpunkt.pdf.
7 Die Darstellung dieses Falles beruht auf folgenden Quellen: Grasberger (2013); Haerdle (2013); Pinchuk Foundation:

6th Davos Philanthropic Roundtable »RevolutiOnline.edu – Online Education Changing the World«, Video vom 14.01.2013. URL: https://youtu.be/T6OXXZXBntA; thegoodmooc.com (2013, o.A.): A review of the Stanford AI Class, Beitrag vom 17.05.2013. URL: http://www.thegoodmooc.com/2013/05/a-review-of-stanford-ai-class.html; udacity.com: Differential Equations in Action. Making Math Matter. URL: https://www.udacity.com/course/differential-equations-in-action--cs222; youtube.com: Jörn Loviscach. URL: https://www.youtube.com/user/JoernLoviscach/about.

8 Vgl. coursera.org; Kloepfer (2015); wikipedia.org: Iversity. URL: https://de.wikipedia.org/wiki/Iversity. Die Autoren sind mit einem der iversity-Geschäftsführer persönlich gut bekannt, Jörg Dräger ist Mitglied des iversity-Beirats.

9 Vgl. Statistisches Bundesamt (Hrsg.) (2015c): Studierende. URL: https://www.destatis.de/DE/ZahlenFakten/Gesellschaft-Staat/BildungForschungKultur/Hochschulen/Tabellen/StudierendeInsgesamtBundeslaender.html.

10 Vgl. Wellgraf, Stefan (2013): Gangnam Style. In: pop-zeitschrift.de, Ausgabe Juni. URL: http://pop-zeitschrift.de/wp-content/uploads/2013/07/aufsatz-wellgraf-gangnam.pdf.

11 Vgl. Savidge, Martin (2012): Teacher Deanna Jump makes one million dollars selling school lesson plans. In: ABC Action News, Artikel vom 28.09.2012. URL: http://www.abcactionnews.com/news/education/teacher-deanna-jump-makes-one-million-dollars-selling-school-lesson-plans.

12 Vgl. The Institute of College Access & Success (Hrsg.) (2014): Quick Facts about Student Debt. URL: http://ticas.org/sites/default/files/pub_files/Debt_Facts_and_Sources.pdf.

13 Vgl. Shierholz, Heidi / Davis, Alyssa / Kimball, Will (2014): The Class of 2014. The Weak Economy Is Idling Too Many Young Graduates. In: EPI Briefing Paper No. 377, S. 12f. URL: http://s2.epi.org/files/2014/Classof2014FINAL.pdf.

14 Vgl. O'Shaughnessy, Lynn (2012): Janitors, clerks and waiters

with college degrees. In: cbsnews.com, Artikel vom 05.11.2012. URL: http://www.cbsnews.com/news/janitors-clerks-and-waiters-with-college-degrees.

15 Vgl. Klemm, Klaus / Klemm, Annemarie (2010): Ausgaben für Nachhilfe – teurer und unfairer Ausgleich für fehlende individuelle Förderung, S. 13–19. URL: https://www.bertelsmann-stiftung.de/fileadmin/files/BSt/Publikationen/GrauePublikationen/GP_Ausgaben_fuer_Nachhilfe.pdf.

4 Passend für jeden

1 Zitiert aus: Guttmann, Katja (2014): New Classrooms. Lern-Spaß maßgeschneidert. In: Change. Das Magazin der Bertelsmann Stiftung, Ausgabe 3/2014, S. 16–25, hier: S. 25.

2 Vgl. Davis, Michelle (2014): Study: Struggling Math Students Gain Using Personalized, Blended Program. In: Education Week, Beitrag vom 04.12.2014. URL: http://blogs.edweek.org/edweek/DigitalEducation/2014/12/study_struggling_math_students_1.html.

3 Die Fallbeschreibung ist eine weitgehend wörtliche, aber stark gekürzte Fassung der Reportage von Katja Guttmann (2014). Das »School of One«-Modell wurde mittlerweile in »Teach to One« umbenannt.

4 Schaefer, Jürgen (2014): Digital macht schlau! In: Geo, Ausgabe 12/2014, S. 28–46, hier: S. 33. URL: http://www.geo.de/GEO/heftreihen/geo_magazin/lernen-mit-neuen-medien-digital-macht-schlau-79266.html.

5 Trapp, Ernst Christian (1780/1977): Versuch einer Pädagogik. Unveränderter Nachdruck der Erstausgabe. Paderborn: Schöningh, S. 15.

6 Vgl. ebenda, S. 16f.

7 Vgl. Haase, Katrin (2015): Spotify: mittlerweile 15 Mio. Abonnenten, Mehrheit streamt mobil. In: musikmarkt.de, Artikel

vom 12.02.2015. URL: http://www.musikmarkt.de/Aktuell/News/Spotify-mittlerweile-15-Mio.-Abonnenten-Mehrheit-streamt-mobil.

8 Vgl. Artelt, Cordula et al. (Hrsg.) (2001): PISA 2000. Zusammenfassung zentraler Befunde. URL: https://www.mpib-berlin.mpg.de/Pisa/ergebnisse.pdf.

9 Vgl. Dräger, Jörg (2013): Jedem seine eigene Vorlesung. In: Die Zeit, Ausgabe vom 21.11.2013, S. 99. URL: http://www.zeit.de/2013/48/onlinekurse-personalisierung-bildung.

10 Vgl. knewton.com: Are there any subjects you can't learn on the Knewton platform? URL: http://www.knewton.com/platform/faq/are-there-any-subjects-you-cant-learn-on-the-knewton-platform; Straumsheim, Carl (2013): Pearson, Knewton Expand Adaptive Learning Partnership. In: Inside Higher Ed, Artikel vom 29.08.2013. URL: https://www.insidehighered.com/quicktakes/2013/08/29/pearson-knewton-expand-adaptive-learning-partnership; Straumsheim, Carl (2014): Elsevier and Knewton Announce Partnership. In: Inside Higher Ed, Artikel vom 13.06.2014. URL: https://www.insidehighered.com/quicktakes/2014/06/13/elsevier-and-knewton-announce-partnership.

11 Vgl. Christensen, Clayton M. (2008): Disrupting Class. How Disruptive Innovation Will Change the Way the World Learns. New York: McGraw-Hill, S. 111.

5 Qualität ohne Qual

1 Zitiert aus: Rockwell, Geoffrey M. / Kee, Kevin (2011): The Leisure of Serious Games. A Dialogue. In: Game Studies 11, Ausgabe 2 (Mai). URL: http://gamestudies.org/1102/articles/geoffrey_rockwell_kevin_kee.

2 Zitiert aus einem persönlichen Gespräch mit Thomas Bremer am 12.02.2015.

3 Zitiert aus einem persönlichen Gespräch mit Jans Vater (Name geändert).

4 Die Darstellung des Falles beruht auf folgenden Quellen: affectiva.com; persönlicher Besuch bei affectiva im MIT Media Lab am 04.10.2013.

5 Vgl. Malo, Steffen / Diener, Holger / Hambach, Sybille (2009): Spielend lernen in Alltag und Beruf. In: Sieck, Jürgen / Herzog, Michael A. (Hrsg.): Kultur und Informatik: Serious Games. Boizenburg: Verlag Werner Hülsbusch, S. 19–40.

6 Vgl. Crawford, Chris (1982): The Art of Computer Game Design. URL: http://www-rohan.sdsu.edu/~stewart/cs583/ACGD_ArtComputerGameDesign_ChrisCrawford_1982.pdf.

7 Vgl. Fullan, Michael (2012): Stratosphere. Integrating Technology, Pedagogy, and Change Knowledge. Toronto: Pearson, S. 29.

8 Vgl. OECD (Hrsg.) (2014c): Education at a Glance 2014: OECD Indicators, S. 403. URL: http://www.oecd.org/edu/Education-at-a-Glance-2014.pdf.

9 Trotz einer didaktischen Entwicklung in Richtung Individuelle Förderung bleibt Frontalunterricht nach den verfügbaren Quellen über alle Schulformen hinweg noch die am meisten verbreitete Unterrichtsform. Vgl. z.B. Götz, Thomas et al. (2005): Einsatz von Unterrichtsmethoden – Konstanz oder Wandel. In: Empirische Pädagogik 19, Ausgabe 4, S. 342–360, hier: S. 350.

10 Zitiert aus: Nguyen, Sophia (2015): Computing in the Classroom. In: Harvard Magazine, Ausgabe 2/2015, S. 48–54, hier: S. 50. URL: https://harvardmagazine.com/2015/03/computing-in-the-classroom.

11 Vgl. Craig, Ryan (2015): College disrupted. The great unbundling of higher education. New York: Palgrave Macmillan, S. 81f.

12 Vgl. LBS Westdeutsche Landesbausparkasse (Hrsg.) (2015): Schule ist für Kinder der Stressfaktor Nr. 1 (LBS Kinderbaro-

meter), Pressemitteilung vom 28.01.2015. URL: https://www.lbs.de/presse/p/presseinformationen/details_3042950.jsp.

13 Vgl. Robert Koch-Institut / Bundeszentrale für gesundheitliche Aufklärung (Hrsg.) (2008): Erkennen – Bewerten – Handeln: Zur Gesundheit von Kindern und Jugendlichen in Deutschland, S. 21ff. URL: http://www.rki.de/DE/Content/Gesundheitsmonitoring/Studien/Kiggs/Basiserhebung/GPA_Daten/PsychAuffaelligk.pdf.

14 Vgl. etwa Willis, Judy (2007): The Neuroscience of Joyful Education. In: Educational Leadership 64, Ausgabe 9. URL: https://www.psychologytoday.com/files/attachments/4141/the-neuroscience-joyful-education-judy-willis-md.pdf.

15 Vgl. Roth, Gerhard (2011): Lernen braucht Persönlichkeit. Wie Lernen gelingt. Stuttgart: Klett-Cotta, S. 182ff.

16 Vgl. Csikszentmihalyi, Mihaly (2007): Flow. Das Geheimnis des Glücks. Stuttgart: Klett-Kotta; Craig (2015): S. 90.

17 Vgl. Tanner, Nicole (2012): The Psychology of *The Sims*. In: The Sims Official Magazine, Ausgabe 1. URL: http://thesimsofficialmag.com/issue1/07_psychology.html.

18 Vgl. etwa Craig (2015): S. 80; Harrigan, Kevin A. et al. (2010): Addictive Gameplay: What Casual Game Designers Can Learn from Slot Machine Research, Konferenzbeitrag ACM FuturePlay 2010 International Conference on the Future of Game Design and Technology. URL: http://www.academia.edu/256033/_Addictive_Gameplay_What_Casual_Game_Designers_Can_Learn_from_Slot_Machine_Research.

19 Vgl. Scharnagl, Susanne et al. (2014): Sixth Graders Benefit from Educational Software when Learning about Fractions: A Controlled Classroom Study. In: Numeracy 7, Ausgabe 1. URL: http://scholarcommons.usf.edu/numeracy/vol7/iss1/art4.

20 Vgl. Weissman, Jordan (2014): The Decline of the American Book Lover. In: The Atlantic, Ausgabe vom 21.01.2014. URL: http://www.theatlantic.com/business/archive/2014/01/the-decline-of-the-american-book-lover/283222.

6 WeQ schlägt IQ

1 p2pu.org (Peer-2-Peer-University). URL: https://p2pu.org/en.
2 Tobin, Daniel R. (1998): Building Your Personal Learning Network. URL: http://www.tobincls.com/learningnetwork.htm.
3 Zitiert aus einem persönlichen Gespräch mit Markus Pott (Name geändert).
4 Die Darstellung dieses Falles beruht auf folgenden Quellen: stackexchange.com: Stackoverflow. URLs: http://stackoverflow.com/help/badges; http://stackexchange.com/leagues/1/week/stackoverflow; https://stackoverflow.com/questions.
5 Zitiert aus: Connected Learning Alliance: P2PU: Learning for everyone, by everyone, about almost anything, Video vom 23.05.2011. URL: https://vimeo.com/24114828.
6 Zitiert aus einem persönlichen Gespräch mit Philipp Schmidt am 12.03.2015.
7 Die Darstellung dieses Falles beruht auf folgenden Quellen: Ahn, June et al. (2013): Learner Participation and Engagement in Open Online Courses: Insights from the Peer 2 Peer University. In: Merlot Journal of Online Learning and Teaching 9, Ausgabe 2 (Juni 2013). URL: http://jolt.merlot.org/vol9no2/ahn_0613.htm; Ala-Mutka, Kirsti (2010): Learning in Informal Online Networks and Communities, S. 10f. URL: http://ftp.jrc.es/EURdoc/JRC56310.pdf; Connected Learning Alliance; Knight Foundation: Knight News Challenge on Libraries Winners 1. Online Learning @ The Public Library, Video vom 11.02.2015. URL: https://vimeo.com/119367429; p2pu.org: About Peer-2-Peer University. URL: https://p2pu.org/en/about.
8 Die Darstellung dieses Falles beruht auf folgenden Quellen: Kaplan, Frédéric / Bornet, Cyril (2014): A Preparatory Analysis of Peer-Grading for a Digital Humanities MOOC, Konferenzbeitrag Digital Humanities 2014. URL: http://infoscience.epfl.ch/record/200911/files/DHArchive.pdf; Kolowich, Steve (2012): Learning from Another. In: Inside Higher Ed, Artikel

vom 30.08.2012. URL: https://www.insidehighered.com/news/2012/08/30/first-humanities-mooc-professors-road-test-courseras-peer-grading-model; Suen, Hoi K. (2014): Peer Assessment for Massive Open Online Courses (MOOCs). In: The International Review of Research in Open and Distributed Learning 15, Ausgabe 3, S. 312–327; URL: http://www.irrodl.org/index.php/irrodl/article/view/1680/2904; Vogelsang, Tim / Ruppertz, Lara (2015): On the validity of peer grading and a cloud teaching assistant system, Konferenzbeitrag Learning Analytics And Knowledge 2015. URL: http://dl.acm.org/citation.cfm?doid=2723576.2723633; Luo, Heng (2014): Is Peer Grading a Valid Assessment Method for Massive Open Online Courses (MOOCs)? Konferenzbeitrag Emerging Technologies for Online Lerarning 2014. URL: http://olc.onlinelearningconsortium.org/conference/2014/et4online/peer-grading-valid-assessment-method-massive-open-online-courses-moocs; persönliches Gespräch mit Frédéric Kaplan am 23.01.2015.

9 Vgl. Van Noorden, Richard (2014): Global scientific output doubles every nine years. In: Nature News Blog, Artikel vom 07.05.2014. URL: http://blogs.nature.com/news/2014/05/global-scientific-output-doubles-every-nine-years.html.

10 Vgl. Drucker, Peter F. (2004): Post-Capitalist Society. London: Routlegde, S. 52f.

11 Vgl. Granovetter, Mark (1973): The Strength of Weak Ties. In: American Journal of Sociology 78, Ausgabe 6, S. 1360–1380.

12 Vgl. Hinssen, Peter (2014): The Network Always Wins. How to Survive in the Age of Uncertainty. Gent: Mach Media, S. 92ff.

13 Vgl. Hurrelmann, Klaus / Albrecht, Erik (2014): Die heimlichen Revolutionäre: Wie die Generation Y unsere Welt verändert. Weinheim: Beltz, S. 45ff.

14 Vgl. Light, Richard J. (2004): Making the Most of College: Students Speak Their Minds. Cambridge: Harvard University Press, S. 33f.

15 Vgl. Kerres, Michael / Rehm, Martin (2015): Soziales Lernen im Internet – Plattformen für das Teilen von Wissen in informellen und formellen Lernkontexten. In: HMD Praxis der Wirtschaftsinformatik 52, Ausgabe 1, S. 33–45.
16 Vgl. Nolte, Julia (2010): Büffeln ohne Ende. Fernstudien sind beliebt – doch warum werden sie so oft abgebrochen? In: Die Zeit, Ausgabe vom 22.12.2010, S. 75. URL: http://www.zeit.de/2010/52/C-Fernuni.
17 Vgl. leuphana.de: Leuphana University's Digital School. URL: http://digital.leuphana.com/about; persönliches Gespräch mit Christian Friedrich am 20.03.2015.
18 Vgl. Piech, Chris et al. (2013): Tuned Models of Peer Assessment in MOOCs. Konferenzbeitrag Educational Data Mining 2013. URL: http://web.stanford.edu/~cpiech/bio/papers/tuningPeerGrading.pdf.
19 Vgl. Kaplan / Bornet (2014).
20 Vgl. Luo (2014).
21 Vgl. Kolowich (2012).
22 Vgl. Suen (2014).
23 Vgl. Hinssen (2014): S. 115f.
24 Der Begriff WeQ ist aus einer Initiative des Genisis Institute for Social Innovation and Impact Strategies entstanden. Vgl. http://genisis-institute.org/603.html.

7 Orientierung für Orientierungslose

1 Kommentar bei Young, Jeffrey R. (2011): The Netflix Effect. When Software Suggests Students' Courses. In: The Chronicle of Higher Education, Artikel vom 10.04.2011. URL: http://chronicle.com/article/The-Netflix-Effect-When/127059.
2 Complete College America (Hrsg.) (2014): Four-Year-Myth. Make College More Affordable. Restore the Promise of

Graduating on Time, S. 8. URL: http://completecollege.org/wp-content/uploads/2014/11/4-Year-Myth.pdf.

3 Zitiert aus einem persönlichen Gespräch mit Christian Denley am 24.02.2015.

4 Die Darstellung dieses Falles beruht auf folgenden Quellen: Denley, Tristan (2013): Degree Compass: A Course Recommendation System. In: Educause Review Online, Artikel vom 04.09.2013. URL: http://www.educause.edu/ero/article/degree-compass-course-recommendation-system; Denley, Tristan (2014): How Predictive Analytics and Choice Architecture Can Improve Student Success. In: Research & Practice in Assessment 9, S. 61–69. URL: http://www.rpajournal.com/dev/wp-content/uploads/2014/10/Volume9.pdf; Parry, Marc (2012): Please Be eAdvised. In: The New York Times, Ausgabe vom 22.07.2012, S. ED24. URL: http://nyti.ms/MHQad6; Shapiro, Doug et al. (2014): Signature Report 7. Some College, No Degree: A National View of Students with Some College Enrollment, but No Completion. Herndon: National Student Clearinghouse Research Center. URL: http://nscresearchcenter.org/wp-content/uploads/NSC_Signature_Report_7.pdf; persönliches Gespräch mit Tristan Denley am 24.02.2015.

5 Dabei handelt es sich um knapp 70 000 Präsenzstudenten und über 10 000 Online-Studenten. Vgl. Arizona State University (Hrsg.) (2014): Annual Report. URL: https://annualreport.asu.edu/numbers/enrollment.

6 Vgl. asu.edu (Arizona State University): Academic Programs. URL: https://students.asu.edu/programs.

7 Vgl. asu.edu (Arizona State University): How does eAdvisor™ benefit me? URL: https://eadvisor.asu.edu.

8 Vgl. Marcus, Jon (2012): Student advising plays key role in college success – just as it's being cut. In: nbcnews.com, Artikel vom 13.11.2012. URL: http://usnews.nbcnews.com/_news/2012/11/13/15140302-student-advising-plays-key-role-in-college-success-just-as-its-being-cut.

9 Vgl. Parry (2012).
10 Vgl. Marcus (2012).
11 Vgl. Arizona State University (2014).
12 Vgl. Heublein, Ulrich et al. (2014): Die Entwicklung der Studienabbruchquoten an den deutschen Hochschulen. Statistische Berechnungen auf der Basis des Absolventenjahrgangs 2012. In: Forum Hochschule 4/2014, S. 3f. URL: http://www.dzhw.eu/pdf/pub_fh/fh-201404.pdf.
13 Vgl. Heublein, Ulrich et al. (2010): Ursachen des Studienabbruchs in Bachelor- und in herkömmlichen Studiengängen. Ergebnisse einer bundesweiten Befragung von Exmatriklierten des Studienjahres 2007/08. In: Forum Hochschule 2/2012, S. 21ff. URL: http://www.dzhw.eu/pdf/pub_fh/fh-201002.pdf.
14 Vgl. Autorengruppe Bildungsberichterstattung (2014): S. 131.
15 Vgl. Middendorff, Elke et al. (2013): Die wirtschaftliche und soziale Lage der Studierenden in Deutschland 2012. 20. Sozialerhebung des Deutschen Studentenwerks durchgeführt durch das HIS-Institut für Hochschulforschung. Bonn / Berlin: Bundesministerium für Bildung und Forschung, S. 254. URL: http://www.sozialerhebung.de/download/20/Soz20_Haupt_Internet_A5.pdf.
16 Vgl. Bispinck, Reinhard et al. (2012): Bachelor, Master und Co. Einstiegsgehälter und Arbeitsbedingungen von jungen Akademikerinnen und Akademikern. Eine Analyse auf Basis der WSI-Lohnspiegel-Datenbank (Hans-Böckler-Stiftung), S. 3. URL: http://www.lohnspiegel.de/dateien/einstiegsgehaelter-fuer-akademiker-innen.
17 Vgl. Statistisches Bundesamt (Hrsg.) (2013): Hochschulen auf einen Blick, S. 36. URL: https://www.destatis.de/DE/Publikationen/Thematisch/BildungForschungKultur/Hochschulen/BroschuereHochschulenBlick0110010137004.pdf.
18 Vgl. hochschulkompass.de: Was kann man wo studieren? URL: http://www.hochschulkompass.de/studium/suche/

erweiterte-suche.html; Hochschulrektorenkonferenz (Hrsg.) (2014): Statistische Daten zu Studienangeboten an Hochschulen in Deutschland. Studiengänge, Studierende, Absolventinnen und Absolventen. In: Statistiken zur Hochschulpolitik 1/2014, S. 9. URL: http://www.hrk.de/uploads/media/HRK_Statistik_Studienangebote_WiSe_2014_2015_01.pdf.

19 Vgl. Heublein (2010): S. VII.

20 Vgl. Vanderbilt, Tom (2013): The Science Behind the Netflix Algorithms That Decide What You'll Watch Next. In: Wired, Artikel vom 08.07.2013. URL: http://www.wired.com/2013/08/qq_netflix-algorithm; Young, Jeffrey (2011).

21 Vgl. Singlebörsen-Vergleich (Hrsg.) (2014): Der Online-Dating-Markt 2013–2014, S. 1, 4. URL: http://www.singleboersen-vergleich.de/presse/online-dating-markt-2013-2014.pdf.

22 Vgl. Klette, Kathrin (2014): Partnersuchdienste: Dating nach Zahlen. In: Otto, Philipp / iRights.Media (Hrsg.): Das Netz 2014/2015. URL: http://irights-media.de/webbooks/jahresrueckblick1415/chapter/irights-media-philipp-otto-das-netz-20142015-partnersuchdienste-dating-nach-zahlen.

23 Vgl. Singlebörsen-Vergleich (2014): S. 5.

24 Vgl. Leszczynski, Ulrike von (2013): Bessere Ehen nach Kennenlernen per Online-Dating. In: Die Welt Online, Artikel vom 04.06.2013. URL: http://www.welt.de/gesundheit/psychologie/article116792257/Bessere-Ehen-nach-Kennenlernen-per-Online-Dating.html.

25 Vgl. Coughlan, Sean (2014): Google reveals most searched-for universities. In: bbc.com, Artikel vom 24.09.2014. URL: http://www.bbc.com/news/business-29240959.

26 Suchabfrage am 03.08.2015.

27 Vgl. hochschulkompass.de.

28 Vgl. studium-interessentest.de; Information aus einem Mitarbeitertelefonat am 26.03.2015.

29 Vgl. che-ranking.de. Das CHE Centrum für Hochschulentwicklung ist eine gemeinsame Tochterorganisation der Bertelsmann

Stiftung und der Hochschulrektorenkonferenz. Einer der Autoren ist Geschäftsführer der gemeinnützigen Einrichtung.

30 Vgl. skilledup.com. Nach Fertigstellung des Textes hat die Plattform ihr Geschäftsmodell weiterentwickelt.

8 Perfektes Paar

1 Blake, David: Degreed – The Digital Lifelong Diploma, Video vom 01.11.2012. URL: https://youtu.be/vyw5hCAg8Co.

2 Zitiert aus: Bryant, Adam (2013): In Head-Hunting, Big Data May Not Be Such a Big Deal. Interview mit Laszlo Bock. In: The New York Times, Ausgabe vom 20.06.2013, S. F6. URL: http://nyti.ms/12c9iWV.

3 Vgl. collegeboard.org: CLEP. URL: https://clep.collegeboard.org. Das College Level Examination Program (CLEP) erlaubt an circa 1700 Testzentren in den USA, standardisierte Prüfungen in 33 Fächern abzulegen, ohne dass man sich für den dazugehörigen Kurs einschreiben und Studiengebühren bezahlen muss. Ein CLEP-Test kostet rund 80 US-Dollar. Besteht man, wird die Prüfung mit der entsprechenden Anzahl an Kreditpunkten beglaubigt. An rund 2900 Hochschulen in den USA lassen sich diese Leistungen anrechnen, wodurch sich die Studiendauer dort erheblich verkürzt.

4 Die Darstellung dieses Falles beruht auf folgenden Quellen: doityourselfdegree.com; European Commission / Cedefop / ICF International (Hrsg.) (2014): European inventory on validation of non-formal and informal learning 2014. Country report France, S. 14. URL: http://libserver.cedefop.europa.eu/vetelib/2014/87058_FR.pdf; Fox Business: Cutting college costs with the do-it-yourself degree, Video vom 19.09.2013. URL: http://video.foxbusiness.com/v/2682277528001/cutting-college-costs-with-the-do-it-yourself-degree.

5 Zitiert aus: KaplanIncMedia: Degreed, Demo Day, Video vom 13.09.2013. URL: https://youtu.be/ofNDotbaVKk.
6 Ebenda.
7 Die Darstellung dieses Falles beruht auf folgenden Quellen: degreed.com: What is Degreed? URL: https://degreed.com/about; KaplanIncMedia; strictlyvc.com (2015, o.A.): Strictly VC: March 19, 2015. New Fundings, Beitrag vom 19.03.2015. URL: http://www.strictlyvc.com/2015/03/19/strictlyvc-march-19-2015.
8 Zitiert aus: smarterer.com: Our Story. URL: http://smarterer.com/company.
9 Die Darstellung dieses Falles beruht auf folgenden Quellen: Empson, Rip (2012): No Resumes, Just Skills: Smarterer Grabs $1.75M From True, Google Ventures; Tony Conrad Joins Board. In: Techcrunch, Artikel vom 05.06.2012. URL: http://on.tcrn.ch/l/ov9L; Kirsner, Scott (2014): Pluralsight picks up Smarterer, focused on skill tests, for $75 million. In: The Boston Globe, Beta Boston, Artikel vom 19.11.2014. URL: http://www.betaboston.com/innovation-economy/2014/11/19/pluralsight-picks-up-smarterer-focused-on-skill-tests-for-75-million; smarterer.com.
10 Vgl. Jeff Weiners Tweet vom 06.02.2014. URL: https://twitter.com/jeffweiner/status/431569788884619264.
11 Die Darstellung dieses Falles beruht auf folgenden Quellen: Barille, Parker (2014): Welcome Bright to the LinkedIn Family. In: LinkedIn Official Blog, Beitrag vom 06.02.2014. URL: http://blog.linkedin.com/2014/02/06/welcome-bright-to-the-linkedin-family; Empson, Rip (2014): LinkedIn Snatches Up Data Savvy Job Search Startup Bright.com For $120M, In It's Largest Acquisition To Date. In: Techcrunch, Artikel vom 06.02.2014. URL: http://on.tcrn.ch/l/ZUE6; Kapko, Matt (2015): Why LinkedIn spent big on Lynda.com. In: CIO, Artikel vom 16.04.2015. URL: http://www.cio.com/article/2911194/social-media/why-linkedin-spent-big-on-lynda-com.html;

Lunden, Ingrid (2015): LinkedIn Extends Self-Service Profile Widget To College And University Sites, No LinkedIn Visit Required. In: Techcrunch, Artikel vom 18.03.2015. URL: http://tcrn.ch/1xxyjxb; linkedin.com: Add to Profile. URL: https://addtoprofile.linkedin.com; ebenda: Bright.com. URL: https://www.linkedin.com/company/bright.com.

12 Vgl. Bryant (2013).

13 Zitiert aus: Alvares de Souza Soares, Philipp (2012): Der gläserne Bewerber. In: Die Zeit, Ausgabe vom 29.09.2012, S. 77f. URL: http://www.zeit.de/2012/37/C-Aufmacher-Klout-Score.

14 Vgl. klout.com: Der Klout Score. URL: https://klout.com/corp/score.

15 Vgl. Staufenbiel Institut (Hrsg.) (2015): JobTrends Deutschland 2015, S. 59. URL: https://www.staufenbiel.de/fileadmin/fm-dam/PDF/Publikationen_SS15/JobTrends_2015_Freigabe.pdf.

16 Vgl. Vereinigung der Bayerischen Wirtschaft (Hrsg.) (2012): Arbeitslandschaft 2035, S. 64. URL: http://www.prognos.com/uploads/tx_atwpubdb/121218_Prognos_Studie_vbw_Arbeitslandschaft_2035.pdf.

17 Vgl. Teichler, Ulrich (2008): Der Berufseinstieg von Hochschulabsolventen im europäischen Vergleich, Konferenzbeitrag Ausbildungsqualität und Berufserfolg bayerischer Hochschulabsolventen, S. 5. URL: http://www.bap.ihf.bayern.de/fileadmin/user_upload/BAP_Dateien/Tagungen/Ergebnisse-BAP/Vortrag_Teichler.pdf. Der Experte hat seither keine substantiellen Veränderungen festgestellt.

18 Vgl. Reichelt, Malte / Vicari, Basha (2014): Im Osten sind vor allem Ältere für ihre Tätigkeit formal überqualifiziert. In: IAB-Kurzbericht, Ausgabe 25, S. 1. URL: http://doku.iab.de/kurzber/2014/kb2514.pdf.

19 Vgl. Rhein, Thomas / Stüber, Heiko (2014): Bei Jüngeren ist die Stabilität der Beschäftigung gesunken. In: IAB-Kurzbericht, Ausgabe 3, S. 1. URL: http://doku.iab.de/kurzber/2014/kb0314.pdf.

20 Vgl. Cappelli, Peter (2012): Why Good People Can't Get Jobs: The Skills Gap and What Companies Can Do About It. Philadelphia: Wharton Digital Press, S. 10.

21 Vgl. UN-DESA/OECD (Hrsg.) (2013): World Migration in Figures, Konferenzbeitrag United Nations High-Level Dialogue on Migration and Development, S. 3. URL: http://www.oecd.org/els/mig/World-Migration-in-Figures.pdf.

9 Der gläserne Lerner

1 Zitiert aus: Fleisher, Lisa (2014): Big Data Enters the Classroom. Technological Advances and Privacy Concerns Clash. In: The Wall Street Journal Online, Artikel vom 23.03.2014. URL: http://on.wsj.com/1w1Ejzf.

2 Zitiert aus: GDI Impuls Nr. 1/2014, S. 7.

3 Zitiert aus: Pletter, Roman (2014): Ist er besser als wir? In: Die Zeit, Ausgabe vom 26.07.2014, S. 19–21. URL: http://www.zeit.de/2014/29/computer-roboter-konkurrenz/komplettansicht.

4 Die Darstellung dieses Falles beruht auf folgenden Quellen: Morgenroth, Markus (2014): Sie kennen dich! Sie haben dich! Sie steuern dich!, München: Droemer Knaur, S. 104ff.; Peck, Don (2013): They're Watching You at Work. In: The Atlantic, Ausgabe Dezember. URL: http://www.theatlantic.com/magazine/archive/2013/12/theyre-watching-you-at-work/354681; Pletter (2014).

5 Vgl. Lohr, Steve (2013): Big Data, Trying to Build Better Workers. In: The New York Times, Ausgabe vom 20.04.2013, S. BU4. URL: http://nyti.ms/14F1PaQ.

6 Vgl. Maaz, Kai / Baeriswyl, Franz / Trautwein, Ulrich (2011): Herkunft zensiert? Leistungsdiagnostik und soziale Ungleichheiten in der Schule. URL: https://www.vodafone-stiftung.de/uploads/tx_newsjson/herkunft_zensiert_2012.pdf.

7 Vgl. z.B.: Dunn, Shari (2014): Will Algorithms Replace Resumes? In: tweetingforchange.com, Beitrag vom 09.04.2014. URL: http://bit.ly/1SsPhq4; Hartmann, Michael (2002): Der Mythos von den Leistungseliten. Spitzenkarrieren und soziale Herkunft in Wirtschaft, Politik, Justiz und Wissenschaft. Frankfurt/M.: Campus.

8 Vgl. Heuser, Uwe Jean (2015): Wir werden vermessen. In: Die Zeit, Ausgabe vom 12.02.2015, S. 19–21. URL: http://www.zeit.de/2015/07/datenanalyse-mensch-verhalten-vorhersage-freiheit.

9 Vgl. Schindler, Jörg / Wiedmann-Schmidt, Wolf (2015): Im roten Bereich. In: Der Spiegel, Ausgabe vom 28.02.2015, S. 50–54. URL: http://www.spiegel.de/spiegel/print/d-132040367.html.

10 Vgl. http://aspirepublicschools.org; schoolzilla.org; persönlicher Schulbesuch am 12.02.2013.

11 Vgl. Balkam, Stephen (2014): Learning the Lessons of the InBloom Failure. In: Huffington Post Blog, Beitrag vom 24.04.2014. URL: http://huff.to/1jXThPi.

12 Vgl. e-estonia.com: e-School. URL: https://e-estonia.com/component/e-school.

13 Vgl. apsu.edu (Austin Peay State University): Degree Compass and My Future. URL: http://www.apsu.edu/academic-affairs/degree-compass-and-my-future.

14 Vgl. Kucklick, Christoph (2014): Die granulare Gesellschaft. Wie das Digitale unsere Gesellschaft auflöst. Berlin: Ullstein, S. 7ff.

15 Zitiert aus: Dunn (2014).

16 Vgl. ebenda.

17 Lobo, Sascha / Passig, Kathrin (2012): Internet. Segen oder Fluch. Berlin: Rowohlt, S. 122.

18 Zitiert aus: Peck (2013).

19 Vgl. Neal, Derek / Schanzenbach, Diane W. (2010): Left Behind by Design: Proficiency Counts and Test-based Accoun-

tability. In: The Review of Economics and Statistics 92, Ausgabe 2 (Mai), S. 263–283. URL: http://www.sesp.northwestern.edu/docs/publications/1128718468551ec75b5f701.pdf.

20 Vgl. Ternieden, Hendrik (2012): Harry in Vegas: Comeback des Party-Prinzen. In: Spiegel Online, Artikel vom 22.08.2012. URL: http://spon.de/adJEy.

21 Vgl. Fleisher (2014).

22 Vgl. Jones-Bey, Lal (2012): Coursera and your career. In: Coursera Blog, Beitrag vom 04.12.2012. URL: http://blog.coursera.org/post/37200369286/coursera-and-your-career.

23 Vgl. Solove, Daniel (2014): Why Did inBloom Die? A Hard Lesson About Education Privacy. In: LinkedIn Pulse, Beitrag vom 24.04.2014. URL: https://www.linkedin.com/pulse/20140429042326-2259773-why-did-inbloom-die-a-hard-lesson-about-education-privacy.

24 Chapman, Ben / Lestch, Corinne (2013): New York parents furious at program, inBloom, that compiles private student information for companies that contract with it to create teaching tools. In: New York Daily News, Artikel vom 13.03.2013. URL: http://www.nydailynews.com/new-york/student-data-compiling-system-outrages-article-1.1287990.

25 Vgl. Solove (2014).

26 Vgl. Future of Privacy Forum / The Software & Information Industry Association: Student Privacy Pledge. K-12 School Service Provider Pledge to Safeguard Student Privacy. URL: http://studentprivacypledge.org/?page_id=45.

10 Kein Stein bleibt auf dem anderen

1 Zitiert aus: Furger, Michael (2015): Wichtigste Erfindung seit dem Buchdruck. Interview mit Rafael Reif. In: Neue Zürcher Zeitung, Ausgabe vom 31.01.2015, S. 24.

2 Zitiert aus: The Economist (2014, o.A.): The digital degree. The staid higher-education business is about to experience a welcome earthquake. In: The Economist, Ausgabe vom 28.06.2014, S. 21.

3 Vgl. Friedman, Thomas L. (2013): The Professors' Big Stage. In: The New York Times, Ausgabe vom 06.03.2013, S. A23. URL: http://nyti.ms/XRQGOa.

4 Vgl. Craig, Ryan (2014): Lazy Rivers. In: UV Letters, Beitrag vom 10.10.2014. URL: http://universityventures.com/publications.php?title=lazy-rivers.

5 Vgl. Makarchev, Nikita (2007): Sandel Wins Enrollment Battle. In: The Harvard Crimson, Artikel vom 26.09.2007. URL: http://www.thecrimson.com/article/2007/9/26/sandel-wins-enrollment-battle-justice-triumphs.

6 Vgl. Statistisches Bundesamt (2014): S. 67.

7 Vgl. Craig (2015): S. 112f.

8 Vgl. Stifterverband für die Deutsche Wissenschaft / McKinsey&Company (Hrsg.) (2015): Hochschul-Bildungs-Report 2020. Quartäre Bildung – Fokus 2014. Trend zur digitalen Bildung. URL: http://hochschulbildungsreport2020.de/handlungsfeld/quartaere-bildung/fokus/2014.html.

9 Vgl. Bitkom (Hrsg.) (2015): Fast alle Schüler nehmen ihr Handy mit in die Schule, Pressemitteilung vom 17.02.2015. URL: https://www.bitkom.org/Presse/Presseinformation/Pressemitteilung_1246.html.

10 Vgl. Vodafone Stiftung (Hrsg.) (2012): Lehre(r) in Zeiten der Bildungspanik: Eine Studie zum Prestige des Lehrerberufs und zur Situation an den Schulen in Deutschland, S. 8ff. URL: https://www.vodafone-stiftung.de/uploads/tx_newsjson/allensbach_04_2012.pdf.

11 Vgl. Bos, Wilfried et al. (Hrsg.) (2014): ICILS 2013. Computer- und informationsbezogene Kompetenzen von Schülerinnen und Schülern in der 8. Jahrgangsstufe im internationalen Vergleich. Münster/New York: Waxmann, S. 179, 203ff.

12 Vgl. ebenda: S. 161, 185, 212.
13 Fullan (2012): S. 14.
14 Vgl. Bos (2014): S. 284ff.
15 Vgl. Friedman (2013).
16 Vgl. Wenner, Allie (2015): Paying for MOOCs. A University plan triggers faculty debate over royalties, control of online courses. In: Princeton Alumni Weekly, Artikel vom 01.04.2015. URL: http://paw.princeton.edu/issues/2015/04/01/pages/9448/index.xml.
17 Vgl. Strauss, Valerie (2015): Congratulations to me. I have been offered a position as a professional scorer by Pearson. In: The Washington Post Blogs, Beitrag vom 14.04.2015. URL: http://wapo.st/1IZbEQc; U. S. Department of Labor. Bureau of Labor Statistics (Hrsg.) (2014): Occupational Employment and Wages, Construction Laborers. URL: http://www.bls.gov/oes/current/oes472061.htm.
18 Angelehnt an: Dräger, Jörg (2014): Für Hochschulen neuen Typs. In: Handelsblatt, Ausgabe vom 21.01.2014, S. 48.
19 Vgl. collegeboard.org: College Search. Test Scores & Selectivity. URL: https://bigfuture.collegeboard.org/college-search.
20 Vgl. educationusa.de: Bar Exam. URL: http://www.educationusa.de/tests/licensingberufszulassung/bar-exam.
21 Vgl. lufthansa.com: Aviation Management bei SunExpress. URL: https://www.be-lufthansa.com/jobs-und-ausbildung/studium/wirtschaftswissenschaften/aviation-management.
22 Vgl. minerva.kgi.edu (Minerva Schools at KGI): A Unique Undergraduate Education. URL: https://www.minerva.kgi.edu/about.
23 Vgl. Elkana, Yehuda / Klöpper, Hannes (2012): Die Universität im 21. Jahrhindert. Für eine neue Einheit von Lehre, Forschung und Gesellschaft. Hamburg: Edition Körber-Stiftung, S. 444ff.; wgu.edu (Western Governors University): A School Unlike Other Schools. URL: http://www.wgu.edu/about_WGU/overview.

24 Vgl. Arizona State University (2014); Byrne, John A. (2015): Arizona State, edX to offer entire freshman year of college online. In: fortune.com, Artikel vom 22.04.2015. URL: http://for.tn/1DNlkMB.

25 Vgl. Praschl, Peter (2015): Summa cum Loading. In: Die Welt, Ausgabe vom 12.03.2015, S. 26f.

26 Vgl. Konferenz der für die Hochschulen zuständigen europäischen Ministerinnen und Minister (Hrsg.) (2009): Bologna-Prozess 2020 – der Europäische Hochschulraum im kommenden Jahrzehnt. Kommuniqué vom 28. und 29. April 2009. URL: http://www.ehea.info/Uploads/LEUVEN/2009_Leuven_Louvain-la-Neuve_Kommunique_April09_DE.pdf.

27 Angelehnt an: Dräger, Jörg / Müller-Eiselt, Ralph (2014): Lieber Harvard als Hannover. In: The European, Artikel vom 24.06.2014. URL: http://de.theeuropean.eu/joerg-draeger/8586-bologna-digital-revolution-an-eu-hochschulen.

28 Lewin, Tamar (2013): Professors at San Jose State Criticize Online Courses. In: The New York Times, Ausgabe vom 03.05.2013, S. A12. URL: http://nyti.ms/107Tx3J.

29 Vgl. Ghadiri, Khosrow et al. (2014): The Transformative Potential of Blended Learning Using MIT edX's 6.002x Online MOOC Content Combined with Student Team-Based Learning in Class, S. 1. URL: https://www.edx.org/sites/default/files/upload/ed-tech-paper.pdf.

30 Vgl. Dräger, Jörg / Friedrich, Julius-David / Müller-Eiselt, Ralph (2014): Digital wird normal. Wie die Digitalisierung die Hochschulbildung verändert. URL: http://che.de/downloads/Im_Blickpunkt_Digital_wird_normal.pdf.

11 Aussitzen ist keine Lösung

1 In zahlreichen Internetquellen wird dieses Zitat Albert Einstein zugeschrieben.
2 Vgl. Fullan, Michael / Donnelly, Katelyn (2013): Alive in the Swamp. Assessing Digital Innovation in Education. London: Nesta. URL: http://www.michaelfullan.ca/wp-content/uploads/2013/06/13_Alive_in_the_Swamp.pdf.
3 Vgl. Breiter, Andreas (2015, in Vorbereitung): Chancen der Digitalisierung für individuelle Förderung. Szenarien lernförderlicher IT-Infrastrukturen in Schulen. Betriebskonzepte, Ressourcenbedarf und Handlungsempfehlungen.
4 Vgl. Bitkom (Hrsg.) (2014): Smartphone und Internet gehören für Kinder zum Alltag. Pressemitteilung vom 28.04.2014. URL: https://www.bitkom.org/Presse/Presseinformation/Pressemitteilung_4137.html.

LITERATURVERZEICHNIS

Adams, Richard (2013): Sal Khan: the man who tutored his cousin – and started a revolution. In: theguardian.com, Artikel vom 23.04.2013. URL: http://gu.com/p/3f6zc/stw.

aerzteblatt.de (2014, o.A.): Versicherung will Daten zu gesunder Lebensführung sammeln, Artikel vom 21.11.2014. URL: http://www.aerzteblatt.de/nachrichten/60965.

Ahn, June et al. (2013): Learner Participation and Engagement in Open Online Courses: Insights from the Peer 2 Peer University. In: Merlot Journal of Online Learning and Teaching 9, Ausgabe 2 (Juni). URL: http://jolt.merlot.org/vol9no2/ahn_0613.htm.

Ala-Mutka, Kirsti (2010): Learning in Informal Online Networks and Communities. URL: http://ftp.jrc.es/EURdoc/JRC56310.pdf.

Alvares de Souza Soares, Philipp (2012): Der gläserne Bewerber. In: Die Zeit, Ausgabe vom 29.09.2012, S. 77f. URL: http://www.zeit.de/2012/37/C-Aufmacher-Klout-Score.

Artelt, Cordula et al. (Hrsg.) (2001): PISA 2000. Zusammenfassung zentraler Befunde. URL: https://www.mpib-berlin.mpg.de/Pisa/ergebnisse.pdf.

Arizona State University (Hrsg.) (2014): Annual Report. URL: https://annualreport.asu.edu/numbers/enrollment.

Autorengruppe Bildungsberichterstattung (Hrsg.) (2014): Bildung in Deutschland 2014 (Tabelle E1-6web). URL: http://www.bildungsbericht.de/daten2014/e1_2014.xls.

Balkam, Stephen (2014): Learning the Lessons of the InBloom Failure. In: Huffington Post Blog, Beitrag vom 24.04.2014. URL: http://huff.to/1jXThPi.

Barille, Parker (2014): Welcome Bright to the LinkedIn Family. In: LinkedIn Official Blog, Beitrag vom 06.02.2014. URL:

http://blog.linkedin.com/2014/02/06/welcome-bright-to-the-linkedin-family.

Baumol, William J. / Bowen, William G. (1966): Performing Arts – The Economic Dilemma. A Study of Problems Common to Theater, Opera, Music and Dance. New York: The Twentieth Century Fund.

Bertelsmann Stiftung (Hrsg.) (2014): Zu wenig Erzieherinnen in Kitas. Qualität bleibt in der frühkindlichen Bildung oft auf der Strecke, Pressemitteilung vom 25.07.2014. URL: http://www.laendermonitor.de/typo3conf/ext/jp_downloadslm/pi1/download.php?datei=fileadmin/contents/downloads/start_aktuelles/14-07-25-Laendermonitor-Bund.pdf&ftype=pdf.

bettermarks (Hrsg.) (2013): Uruguay's Math Students Go Online With bettermarks, Pressemitteilung vom 24.04.2013. URL: http://bettermarks.com/press-releases/uruguay-s-math-students-go-online-bettermarks.

Bispinck, Reinhard et al. (2012): Bachelor, Master und Co. Einstiegsgehälter und Arbeitsbedingungen von jungen Akademikerinnen und Akademikern. Eine Analyse auf Basis der WSI-Lohnspiegel-Datenbank. URL: http://www.lohnspiegel.de/dateien/einstiegsgehaelter-fuer-akademiker-innen.

Bitkom (Hrsg.) (2014): Smartphone und Internet gehören für Kinder zum Alltag, Pressemitteilung vom 28.04.2014. URL: https://www.bitkom.org/Presse/Presseinformation/Pressemitteilung_4137.html.

Bitkom (Hrsg.) (2015): Fast alle Schüler nehmen ihr Handy mit in die Schule, Pressemitteilung vom 17.02.2015. URL: https://www.bitkom.org/Presse/Presseinformation/Pressemitteilung_1246.html.

boerse.ARD.de (2014, o.A.): Peter Thiel: Silicon Valleys Provokateur, Artikel vom 11.11.2014. URL: http://boerse.ard.de/boersenwissen/boersengeschichte-n/peter-thiel-silicon-valleys-provkateur100.html.

Bos, Wilfried et al. (Hrsg.) (2014): ICILS 2013. Computer- und informationsbezogene Kompetenzen von Schülerinnen und

Schülern in der 8. Jahrgangsstufe im internationalen Vergleich. Münster/New York: Waxmann.

Bradsher, Keith (2013): Next Made-in-China Boom: College Graduates. In: The New York Times, Ausgabe vom 17.01.2013, S. A1. URL: http://nyti.ms/10AymwL.

Breiter, Andreas (2015, in Vorbereitung): Chancen der Digitalisierung für individuelle Förderung. Szenarien lernförderlicher IT-Infrastrukturen in Schulen. Betriebskonzepte, Ressourcenbedarf und Handlungsempfehlungen.

Bryant, Adam (2013): In Head-Hunting, Big Data May Not Be Such a Big Deal, Interview mit Laszlo Bock. In: The New York Times, Ausgabe vom 20.06.2013, S. F6. URL: http://nyti.ms/12c9iWV.

Bundesagentur für Arbeit (Hrsg.) (2013): Gute Bildung – gute Chancen. Der Arbeitsmarkt für Akademikerinnen und Akademiker.

Bundesministerium für Bildung und Forschung (2014): Verwaltungsvereinbarung zwischen Bund und Ländern gemäß Artikel 91b Abs. 1 Nr. 2 des Grundgesetzes über den Hochschulpakt 2020. URL: http://www.bmbf.de/pubRD/Verwaltungsvereinbarung_Hochschulpakt_III_vom_11.12.2014.pdf.

Byrne, John A. (2015): Arizona State, edX to offer entire freshman year of college online. In: fortune.com, Artikel vom 22.04.2015. URL: http://for.tn/1DNlkMB.

Cappelli, Peter (2012): Why Good People Can't Get Jobs: The Skills Gap and What Companies Can Do About It. Philadelphia: Wharton Digital Press.

Chapman, Ben / Lestch, Corinne (2013): New York parents furious at program, inBloom, that compiles private student information for companies that contract with it to create teaching tools. In: New York Daily News, Artikel vom 13.03.2013. URL: http://www.nydailynews.com/new-york/student-data-compiling-system-outrages-article-1.1287990.

CHE Centrum für Hochschulentwicklung (Hrsg.) (2014): Hochschulbildung wird zum Normalfall. Ein gesellschaftlicher Wandel und seine Folgen. URL: http://www.che.de/downloads/Hochschulbildung_wird_zum_Normalfall_2014.pdf.

Christensen, Clayton M. (2008): Disrupting Class. How Disruptive Innovation Will Change the Way the World Learns. New York: McGraw-Hill.

Complete College America (2011): Time is the Enemy. URL: http://completecollege.org/docs/Time_Is_the_Enemy.pdf.

Complete College America (2014): Four-Year-Myth. Make College More Affordable. Restore the Promise of Graduating on Time. URL: http://completecollege.org/wp-content/uploads/2014/11/4-Year-Myth.pdf.

Cotterell, Adam (2013): 48 Idaho Schools »Flip the Classroom« And Pilot Khan Academy Online Learning. In: boisestatepublicradio.org, Artikel vom 03.09.2013. URL: http://boisestatepublicradio.org/post/48-idaho-schools-flip-classroom-and-pilot-khan-academy-online-learning.

Coughlan, Sean (2014): Google reveals most searched-for universities. In: bbc.com, Artikel vom 24.09.2014. URL: http://www.bbc.com/news/business-29240959.

Crawford, Chris (1982): The Art of Computer Game Design. URL: http://www-rohan.sdsu.edu/~stewart/cs583/ACGD_ArtComputerGameDesign_ChrisCrawford_1982.pdf.

Csikszentmihalyi, Mihaly (2007): Flow. Das Geheimnis des Glücks. Stuttgart: Klett-Cotta.

Craig, Ryan (2014): Lazy Rivers. In: UV Letters, Beitrag vom 10.10.2014. URL: http://universityventures.com/publications.php?title=lazy-rivers.

Craig, Ryan (2015): College disrupted. The great unbundling of higher education. New York: Palgrave Macmillan.

Davis, Michelle (2014): Struggling Math Students Gain Using Personalized, Blended Program. In: Education Week, Beitrag vom 04.12.2014. URL: http://blogs.edweek.org/edweek/DigitalEducation/2014/12/study_struggling_math_students_1.html.

Denhart, Chris (2013): How The $1.2 Trillion College Debt Crisis Is Crippling Students, Parents And The Economy. In: Forbes.com, Artikel vom 07.08.2013. URL: http://onforb.es/1447Ozr.

Denley, Tristan (2013): Degree Compass: A Course Recommendation System. In: Educause Review Online, Artikel vom 04.09.2013. URL: http://www.educause.edu/ero/article/degree-compass-course-recommendation-system.

Denley, Tristan (2014): How Predictive Analytics and Choice Architecture Can Improve Student Success. In: Research & Practice in Assessment 9, S. 61–69. URL: http://www.rpajournal.com/dev/wp-content/uploads/2014/10/Volume9.pdf.

Deutscher Akademischer Austauschdienst New Delhi (Hrsg.) (2012): Higher Education Institutions. URL: http://www.daaddelhi.org/imperia/md/content/passage-to-india/higher_education_institutions_.pdf.

Dräger, Jörg (2013): Jedem seine eigene Vorlesung. In: Die Zeit, Ausgabe vom 21.11.2013, S. 99. URL: http://www.zeit.de/2013/48/onlinekurse-personalisierung-bildung.

Dräger, Jörg (2014): Für Hochschulen neuen Typs. In: Handelsblatt, Ausgabe vom 21.01.2014, S. 48.

Dräger, Jörg / Friedrich, Julius-David / Müller-Eiselt, Ralph (2014): Digital wird normal. Wie die Digitalisierung die Hochschulbildung verändert. URL: http://che.de/downloads/Im_Blickpunkt_Digital_wird_normal.pdf.

Dräger, Jörg / Müller-Eiselt, Ralph (2014): Lieber Harvard als Hannover. In: The European, Artikel vom 24.06.2014. URL: http://de.theeuropean.eu/joerg-draeger/8586-bologna-digital-revolution-an-eu-hochschulen.

Drell, Lauren (2012): Adaptive Learning: Why Your Kids Will Be Smarter Than You. In: Mashable.com, Beitrag vom 17.07.2012. URL: http://mashable.com/2012/07/17/knewton-adaptive-learning.

Drösser, Christoph (2009): Direkter Draht zum Lehrer. Eine Onlineplattform soll Mathe-Nachhilfe überflüssig machen. In: Die Zeit, Ausgabe vom 30.12.2009, S. 64.

Drösser, Christoph / Heuser, Uwe Jean (2013): Harvard für alle Welt. In: Die Zeit, Ausgabe vom 21.03.2013, S. 35. URL: http://www.zeit.de/2013/12/MOOC-Onlinekurse-Universitaeten.

Drucker, Peter F. (2004): Post-Capitalist Society. London: Routlegde.

Dunn, Shari (2014): Will Algorithms Replace Resumes? In: tweetingforchange.com, Beitrag vom 09.04.2014. URL: http://bit.ly/1SsPhq4.

Education Growth Advisors (Hrsg.) (2013): Learning to Adapt: A Case for Accelerating Adaptive Learning in Higher Education. URL: http://www.georgiacolleges.org/members/sm_files/Adaptive%20Learning%20Report.pdf.

Elkana, Yehuda / Klöpper, Hannes (2012): Die Universität im 21. Jahrhundert. Für eine neue Einheit von Lehre, Forschung und Gesellschaft. Hamburg: Edition Körber-Stiftung.

Empson, Rip (2012): No Resumes, Just Skills: Smarterer Grabs $1.75M From True, Google Ventures; Tony Conrad Joins Board. In: Techcrunch, Artikel vom 05.06.2012. URL: http://on.tcrn.ch/l/ov9L.

Empson, Rip (2014): LinkedIn Snatches Up Data Savvy Job Search Startup Bright.com For $120M, In It's Largest Acquisition To Date. In: Techcrunch, Artikel vom 06.02.2014. URL: http://on.tcrn.ch/l/ZUE6.

European Commission / Cedefop / ICF International (Hrsg.) (2014): European inventory on validation of non-formal and informal learning 2014. Country report France. URL: http://libserver.cedefop.europa.eu/vetelib/2014/87058_FR.pdf.

Ferreira, Jose (2013): Big Data in Education: The 5 Types That Matter. In: The Knewton Blog, Beitrag vom 18.07.2013. URL: http://www.knewton.com/blog/ceo-jose-ferreira/big-data-in-education.

Fleisher, Lisa (2014): Big Data Enters the Classroom. Technological Advances and Privacy Concerns Clash. In: The Wall Street Journal Online, Artikel vom 23.03.2014. URL: http://on.wsj.com/1w1Ejzf.

Friedman, Thomas L. (2013): The Professors' Big Stage. In: The New York Times, Ausgabe vom 06.03.2013, S. A23. URL: http://nyti.ms/XRQGOa.

Fullan, Michael (2012): Stratosphere. Integrating Technology, Pedagogy, and Change Knowledge. Toronto: Pearson.

Fullan, Michael / Donnelly, Katelyn (2013): Alive in the Swamp. Assessing Digital Innovation in Education. London: Nesta. URL: http://www.michaelfullan.ca/wp-content/uploads/2013/06/13_Alive_in_the_Swamp.pdf.

Furger, Michael (2015): Wichtigste Erfindung seit dem Buchdruck, Interview mit Rafael Reif. In: Neue Zürcher Zeitung, Ausgabe vom 31.01.2015, S. 24.

Gates, Bill (2012): Salman Khan. Educator. In: time.com, Artikel vom 18.04.2012. URL: http://ti.me/13XVTcX.

Ghadiri, Khosrow et al. (2014): The Transformative Potential of Blended Learning Using MIT edX's 6.002x Online MOOC Content Combined with Student Team-Based Learning in Class. URL: https://www.edx.org/sites/default/files/upload/ed-tech-paper.pdf.

Götz, Thomas et al. (2005): Einsatz von Unterrichtsmethoden – Konstanz oder Wandel. In: Empirische Pädagogik 19, Ausgabe 4, S. 342–360.

Granovetter, Mark (1973): The Strength of Weak Ties. In: American Journal of Sociology 78, Ausgabe 6, S. 1360–1380.

Grasberger, Lukas (2013): Urknall im Kinderzimmer. In: Wirtschaft und Wissenschaft, Ausgabe 4, S. 22f. URL: http://www.stifterverband.de/publikationen_und_podcasts/wirtschaft_und_wissenschaft/wuw_2013-04_schwerpunkt.pdf.

Gröger, Anne-Christin (2014): Generali erfindet den elektronischen Patienten. In: sueddeutsche.de, Artikel vom 21.11.2014. URL: http://www.sueddeutsche.de/geld/neues-krankenversicherungsmodell-generali-erfindet-den-elektronischen-patienten-1.2229667.

Guttmann, Katja (2014): New Classrooms. Lern-Spaß maßgeschneidert. In: Change. Das Magazin der Bertelsmann Stiftung, Ausgabe 3, S. 16–25.

Haase, Katrin (2015): Spotify: mittlerweile 15 Mio. Abonnenten, Mehrheit streamt mobil. In: musikmarkt.de, Artikel vom 12.02.2015. URL: http://www.musikmarkt.de/Aktuell/News/Spotify-mittlerweile-15-Mio.-Abonnenten-Mehrheit-streamt-mobil.

Haerdle, Benjamin (2013): Die Digitalisierung der Hochschule. In: Wirtschaft und Wissenschaft, Ausgabe 4, S. 11–16. URL: http://www.stifterverband.de/publikationen_und_podcasts/wirtschaft_und_wissenschaft/wuw_2013-04_schwerpunkt.pdf.

Harrigan, Kevin A. et al. (2010): Addictive Gameplay: What Casual Game Designers Can Learn from Slot Machine Research, Konferenzbeitrag ACM FuturePlay 2010 International Conference on the Future of Game Design and Technology. URL: http://www.academia.edu/256033/_Addictive_Gameplay_What_Casual_Game_Designers_Can_Learn_from_Slot_Machine_Research.

Hartmann, Michael (2002): Der Mythos von den Leistungseliten. Spitzenkarrieren und soziale Herkunft in Wirtschaft, Politik, Justiz und Wissenschaft. Frankfurt/M.: Campus.

Heckmann, Corinne / Maghnou, Soumaya (2015): How is the global talent pool changing (2013, 2030)? In: OECD (Hrsg.): Education Indicators In Focus, Ausgabe 31.

Heublein, Ulrich et al. (2010): Ursachen des Studienabbruchs in Bachelor- und in herkömmlichen Studiengängen. Ergebnisse einer bundesweiten Befragung von Exmatrikulierten des Studienjahres 2007/08. In: DZHW (Hrsg.): Forum Hochschule, Ausgabe 2. URL: http://www.dzhw.eu/pdf/pub_fh/fh-201002.pdf.

Heublein, Ulrich et al. (2014): Die Entwicklung der Studienabbruchquoten an den deutschen Hochschulen. Statistische Berechnungen auf der Basis des Absolventenjahrgangs 2012. In: DZHW (Hrsg.): Forum Hochschule, Ausgabe 4. URL: http://www.dzhw.eu/pdf/pub_fh/fh-201404.pdf.

Heuser, Uwe Jean (2015): Wir werden vermessen. In: Die Zeit, Ausgabe vom 12.02.2015, S. 19–21. URL: http://www.zeit.de/2015/07/datenanalyse-mensch-verhalten-vorhersage-freiheit.

Hinssen, Peter (2014): The Network Always Wins. How to Survive in the Age of Uncertainty. Gent: Mach Media.

Hochschulrektorenkonferenz (Hrsg.) (2014): Statistische Daten zu Studienangeboten an Hochschulen in Deutschland. Studiengänge, Studierende, Absolventinnen und Absolventen. In: Statistiken zur Hochschulpolitik, Ausgabe 1. URL: http://www.hrk.de/uploads/media/HRK_Statistik_Studienangebote_WiSe_2014_2015_01.pdf.

Höhl, Simone (2010): Im Stadtteil-Check stecken Chancen. In: badische-zeitung.de, Artikel vom 08.12.2010. URL: http://www.badische-zeitung.de/freiburg/im-stadtteil-check-stecken-chancen--38609313.html.

Hofmann, Jürgen (2010): Der Bildungsbegriff bei Wilhelm von Humboldt, Vortrag vom 08.01.2010. URL: http://www.humboldtgesellschaft.de/inhalt.php?name=humboldt#B.

Hurrelmann, Klaus / Albrecht, Erik (2014): Die heimlichen Revolutionäre: Wie die Generation Y unsere Welt verändert. Weinheim: Beltz.

Jacob, Peter (2015): There Are Now 50 Colleges That Charge More Than $60,000 Per Year. In: Business Insider UK, Artikel vom 10.07.2014. URL: http://uk.businessinsider.com/50-colleges-charge-60000-dollars-2014-7.

Jones-Bey, Lal (2012): Coursera and your career. In: Coursera Blog, Beitrag vom 04.12.2012. URL: http://blog.coursera.org/post/37200369286/coursera-and-your-career.

Kaplan, Frédéric / Bornet, Cyril (2014): A Preparatory Analysis of Peer-Grading for a Digital Humanities MOOC, Konferenzbeitrag Digital Humanities 2014. URL: http://infoscience.epfl.ch/record/200911/files/DHArchive.pdf.

Kapko, Matt (2015): Why LinkedIn spent big on Lynda.com. In:

CIO, Artikel vom 16.04.2015. URL: http://www.cio.com/article/2911194/social-media/why-linkedin-spent-big-on-lynda-com.html.

Kern, Ekkehard (2013): Die erste vom Fahrverhalten abhängige Versicherung. In: Die Welt Online, Artikel vom 15.11.2013. URL: http://www.welt.de/finanzen/versicherungen/article121912643/Die-erste-vom-Fahrverhalten-abhaengige-Versicherung.html.

Kerres, Michael / Rehm, Martin (2015): Soziales Lernen im Internet – Plattformen für das Teilen von Wissen in informellen und formellen Lernkontexten. In: HMD Praxis der Wirtschaftsinformatik 52, Ausgabe 1, S. 33–45.

Kirsner, Scott (2014): Pluralsight picks up Smarterer, focused on skill tests, for $75 million. In: The Boston Globe, Beta Boston, Artikel vom 19.11.2014. URL: http://www.betaboston.com/innovation-economy/2014/11/19/pluralsight-picks-up-smarterer-focused-on-skill-tests-for-75-million.

Klemm, Klaus / Klemm, Annemarie (2010): Ausgaben für Nachhilfe – teurer und unfairer Ausgleich für fehlende individuelle Förderung. URL: https://www.bertelsmann-stiftung.de/fileadmin/files/BSt/Publikationen/GrauePublikationen/GP_Ausgaben_fuer_Nachhilfe.pdf.

Klemm, Klaus (2012a): Was kostet der gebundene Ganztag? Berechnungen zusätzlicher Ausgaben für die Einführung eines flächendeckenden Ganztagsangebots in Deutschland. URL: https://www.bertelsmann-stiftung.de/fileadmin/files/BSt/Publikationen/GrauePublikationen/Was_kostet_der_geb_Ganztag_Jun12.pdf.

Klemm, Klaus (2012b): Zusätzliche Ausgaben für ein inklusives Schulsystem in Deutschland. URL: http://www.bertelsmann-stiftung.de/fileadmin/files/BSt/Presse/imported/downloads/xcms_bst_dms_35784_35785_2.pdf.

Klette, Kathrin (2014): Partnersuchdienste: Dating nach Zahlen. In: Otto, Philipp / iRights.Media (Hrsg.): Das Netz 2014/2015.

URL: http://irights-media.de/webbooks/jahresrueckblick1415/chapter/irights-media-philipp-otto-das-netz-20142015-partnersuchdienste-dating-nach-zahlen.

Kloepfer, Inge (2015): Sebastian Thrun im Gespräch: »Ich will die Unilandschaft revolutionieren«. In: Frankfurter Allgemeine Sonntagszeitung, Ausgabe vom 11.01.2015, S. 17. URL: http://www.faz.net/-gql-7yf94.

Knewton (Hrsg.) (2012): Knewton Adaptive Learning. Building the World's Most Powerful Education Recommendation Engine. URL: http://www.knewton.com/wp-content/uploads/knewton-adaptive-learning-whitepaper.pdf.

Knewton (Hrsg.) (2013): Knewton Case Study. Technology Helped More Arizona State University Students Succeed. URL: http://www.knewton.com/assets-v2/downloads/asu-case-study.pdf.

Knop, Carsten (1999): Gates und Dell und die Angst vor dem unbekannten Tüftler. In: Frankfurter Allgemeine Zeitung, Ausgabe vom 27.08.1999, S. 18.

Kolowich, Steve (2012): Learning from Another. In: Inside Higher Ed, Artikel vom 30.08.2012. URL: https://www.insidehighered.com/news/2012/08/30/first-humanities-mooc-professors-road-test-courseras-peer-grading-model.

Kolowich, Steve (2013): The New Intelligence. In: Inside Higher Ed, Artikel vom 25.01.2013. URL: https://www.insidehighered.com/news/2013/01/25/arizona-st-and-knewtons-grand-experiment-adaptive-learning.

Konferenz der für die Hochschulen zuständigen europäischen Ministerinnen und Minister (Hrsg.) (2009): Bologna-Prozess 2020 – der Europäische Hochschulraum im kommenden Jahrzehnt, Kommuniqué vom 28. und 29. April 2009. URL: http://www.ehea.info/Uploads/LEUVEN/2009_Leuven_Louvain-la-Neuve_Kommunique_April09_DE.pdf.

Kucklick, Christoph (2014): Die granulare Gesellschaft. Wie das Digitale unsere Gesellschaft auflöst. Berlin: Ullstein.

Kühne, Anja (2013): »Akademiker haben exzellente Chancen«, Interview mit Joachim Möller. In: Tagesspiegel Online, Artikel vom 10.10.2013. URL: http://www.tagesspiegel.de/wissen/lohnt-sich-ein-studium-akademiker-haben-exzellente-chancen/8915818.html.

Kultusministerkonferenz (Hrsg.) (verschiedene Jahrgänge): Schüler, Klassen, Lehrer und Absolventen der Schulen. Dokumentation 164–206. URL: http://www.kmk.org/statistik/schule/statistische-veroeffentlichungen/schueler-klassen-lehrer-und-absolventen-der-schulen.html.

LBS Westdeutsche Landesbausparkasse (Hrsg.) (2015): Schule ist für Kinder der Stressfaktor Nr. 1, Pressemitteilung vom 28.01.2015. URL: https://www.lbs.de/presse/p/presseinformationen/details_3042950.jsp.

Leppin, Jonas (2012): Ex-Stanford-Professor Thrun: »Die Uni nutzt Methoden wie vor tausend Jahren«. In: Spiegel Online, Artikel vom 19.03.2012. URL: http://spon.de/adAVV.

Leszczynski, Ulrike von (2013): Bessere Ehen nach Kennenlernen per Online-Dating. In: Die Welt Online, Artikel vom 04.06.2013. URL: http://www.welt.de/gesundheit/psychologie/article116792257/Bessere-Ehen-nach-Kennenlernen-per-Online-Dating.html.

Lewin, Tamar (2012): Instruction for Masses Knocks Down Campus Walls. In: The New York Times, Ausgabe vom 05.03.2012, S. A11. URL: http://nyti.ms/11j6E1D.

Lewin, Tamar (2013): Professors at San Jose State Criticize Online Courses. In: The New York Times, Ausgabe vom 03.05.2013, S. A12. URL: http://nyti.ms/107Tx3J.

Library of Congress (Hrsg.) (2015): S.1373 – College for All Act (Introduced in Senate). URL: https://www.congress.gov/bill/114th-congress/senate-bill/1373.

Light, Richard J. (2004): Making the Most of College: Students Speak Their Minds. Cambridge: Harvard University Press.

Liu, David (2014): Six Years of Knewton. In: The Knewton Blog,

Beitrag vom 04.06.2014. URL: http://www.knewton.com/blog/knerds/six-years-of-knewton.

Lobo, Sascha / Passig, Kathrin (2012): Internet. Segen oder Fluch. Berlin: Rowohlt.

Lohr, Steve (2013): Big Data, Trying to Build Better Workers. In: The New York Times, Ausgabe vom 20.04.2013, S. BU4. URL: http://nyti.ms/14F1PaQ.

Lunden, Ingrid (2015): LinkedIn Extends Self-Service Profile Widget To College And University Sites, No LinkedIn Visit Required. In: Techcrunch, Artikel vom 18.03.2015. URL: http://tcrn.ch/1xxyjxb.

Luo, Heng (2014): Is Peer Grading a Valid Assessment Method for Massive Open Online Courses (MOOCs)? Konferenzbeitrag Emerging Technologies for Online Lerarning 2014. URL: http://olc.onlinelearningconsortium.org/conference/2014/et4online/peer-grading-valid-assessment-method-massive-open-online-courses-moocs.

Nguyen, Sophia (2015): Computing in the Classroom. In: Harvard Magazine, Ausgabe 2, S. 48–54. URL: https://harvardmagazine.com/2015/03/computing-in-the-classroom.

Maaz, Kai / Baeriswyl, Franz / Trautwein, Ulrich (2011): Herkunft zensiert? Leistungsdiagnostik und soziale Ungleichheiten in der Schule. URL: https://www.vodafone-stiftung.de/uploads/tx_newsjson/herkunft_zensiert_2012.pdf.

Makarchev, Nikita (2007): Sandel Wins Enrollment Battle. In: The Harvard Crimson, Artikel vom 26.09.2007. URL: http://www.thecrimson.com/article/2007/9/26/sandel-wins-enrollment-battle-justice-triumphs.

Malo, Steffen / Diener, Holger / Hambach, Sybille (2009): Spielend lernen in Alltag und Beruf. In: Sieck, Jürgen / Herzog, Michael A. (Hrsg.): Kultur und Informatik: Serious Games. Boizenburg: Verlag Werner Hülsbusch, S. 19–40.

Marcus, Jon (2012): Student advising plays key role in college success – just as it's being cut. In: nbcnews.com, Artikel vom 13.11.2012. URL: http://usnews.nbcnews.com/_news/2012/11/13/15140302-student-advising-plays-key-role-in-college-success-just-as-its-being-cut.

Maslen, Geoff (2012): Worldwide student numbers forecast to double by 2025. In: University World News, Artikel vom 19.02.2012. URL: http://www.universityworldnews.com/article.php?story=20120216105739999.

Middendorff, Elke et al. (2013): Die wirtschaftliche und soziale Lage der Studierenden in Deutschland 2012. 20. Sozialerhebung des Deutschen Studentenwerks durchgeführt durch das HIS-Institut für Hochschulforschung. URL: http://www.sozialerhebung.de/download/20/Soz20_Haupt_Internet_A5.pdf.

Miller, Claire C. / Bilton, Nick (2011): Google's Lab of Wildest Dreams. In: The New York Times, Ausgabe vom 14.11.2011, S. A1. URL: http://nyti.ms/1AFlNwT.

Ministry of Labour and Employment (Hrsg.) (2014): National Skill Development Policy Plan. URL: http://labour.nic.in/upload/uploadfiles/files/NationalSkillDevelopmentPolicyMar.pdf.

Morehouse, Christal / Clemens, Michael (2013): The Big Picture on Global Talent – How to better compete for, and grow talent. In: Bertelsmann Stiftung (Hrsg.) (2013): Competing for talent: The global struggle for the world's most valuable resource, S. 2–16. URL: https://www.bertelsmann-stiftung.de/fileadmin/files/Projekte/28_Einwanderung_und_Vielfalt/Salzburg_Papier.pdf.

Morgenroth, Markus (2014): Sie kennen dich! Sie haben dich! Sie steuern dich! München: Droemer Knaur.

Murphy, Robert et al. (2014): Research on the Use of Khan Academy in Schools: Research Brief. URL: http://www.sri.com/work/publications/research-use-khan-academy-schools-research-brief.

Neal, Derek / Schanzenbach, Diane W. (2010): Left Behind by Design: Proficiency Counts and Test-based Accountability. In:

The Review of Economics and Statistics 92, Ausgabe 2 (Mai), S. 263–283. URL: http://www.sesp.northwestern.edu/docs/publications/1128718468551ec75b5f701.pdf.

Nolte, Julia (2010): Büffeln ohne Ende. Fernstudien sind beliebt – doch warum werden sie so oft abgebrochen? In: Die Zeit, Ausgabe vom 22.12.2010, S. 75. URL: http://www.zeit.de/2010/52/C-Fernuni.

OECD (Hrsg.) (2014a): PISA 2012 Results: What Students Know and Can Do. Student Performance in Mathematics, Reading and Science. URL: http://www.oecd-ilibrary.org/education/pisa-2012-results-what-students-know-and-can-do-volume-i-revised-edition-february-2014_9789264208780-en.

OECD (Hrsg.) (2014b): Learning for Tomorrow's World. First Results from PISA 2003. URL: http://www.oecd-ilibrary.org/education/learning-for-tomorrow-s-world_9789264006416-en.

OECD (Hrsg.) (2014c): Education at a Glance 2014: OECD Indicators. URL: http://www.oecd.org/edu/Education-at-a-Glance-2014.pdf.

OECD (Hrsg.) (2015): Education at a Glance. Interim Report: Update of Employment and Educational Attainment Indicators.

O'Shaughnessy, Lynn (2012): Janitors, clerks and waiters with college degrees. In: cbsnews.com, Artikel vom 05.11.2012. URL: http://www.cbsnews.com/news/janitors-clerks-and-waiters-with-college-degrees.

Parry, Marc (2012): Please Be eAdvised. In: The New York Times, Ausgabe vom 22.07.2012, S. ED24. URL: http://nyti.ms/MHQad6.

Paul, Stefanie (2011): »Wir wollten lieber noch mal von vorne anfangen«. In: Berliner Zeitung, Ausgabe vom 20.06.2011, S. 13. URL: http://www.berliner-zeitung.de/archiv/arndt-kwiatkowski-hat-immoscout-24-gegruendet-und-verkauft-mit-seinem-neuen-start-up-unternehmen-hilft-er-jetzt-schuelern-wir-wollten-lieber-noch-mal-von-vorne-anfangen-,10810590,10793072.html.

Peck, Don (2013): They're Watching You at Work. In: The Atlantic, Ausgabe Dezember. URL: http://www.theatlantic.com/magazine/archive/2013/12/theyre-watching-you-at-work/354681.

Picht, Georg (1964): Die deutsche Bildungskatastrophe. Olten/Freiburg: Walter Verlag.

Piech, Chris et al. (2013): Tuned Models of Peer Assessment in MOOCs, Konferenzbeitrag Educational Data Mining 2013. URL: http://web.stanford.edu/~cpiech/bio/papers/tuningPeerGrading.pdf.

PISA-Konsortium Deutschland (Hrsg.) (2008): PISA 2006 in Deutschland. Die Kompetenzen der Jugendlichen im dritten Ländervergleich. Münster/New York: Waxmann.

Pletter, Roman (2014): Ist er besser als wir? In: Die Zeit, Ausgabe vom 26.07.2014, S. 19–21. URL: http://www.zeit.de/2014/29/computer-roboter-konkurrenz/komplettansicht.

Praschl, Peter (2015): Summa cum Loading. In: Die Welt, Ausgabe vom 12.03.2015, S. 26f.

Reiche, Lutz (2013): Wer früher bremst, zahlt weniger Prämie. In: Manager Magazin Online, Artikel vom 09.10.2013. URL: http://www.manager-magazin.de/finanzen/versicherungen/telematik-tarife-in-der-deutschen-kfz-versicherung-noch-nicht-in-sicht-a-926832.html.

Reichelt, Malte / Vicari, Basha (2014): Im Osten sind vor allem Ältere für ihre Tätigkeit formal überqualifiziert. In: IAB-Kurzbericht, Ausgabe 25. URL: http://doku.iab.de/kurzber/2014/kb2514.pdf.

Rhein, Thomas / Stüber, Heiko (2014): Bei Jüngeren ist die Stabilität der Beschäftigung gesunken. In: IAB-Kurzbericht, Ausgabe 3. URL: http://doku.iab.de/kurzber/2014/kb0314.pdf.

Robert Koch-Institut / Bundeszentrale für gesundheitliche Aufklärung (Hrsg.) (2008): Erkennen – Bewerten – Handeln: Zur Gesundheit von Kindern und Jugendlichen in Deutschland. URL: http://www.rki.de/DE/Content/Gesundheitsmonitoring/

Studien/Kiggs/Basiserhebung/GPA_Daten/PsychAuffaelligk.pdf.

Rockwell, Geoffrey M. / Kee, Kevin (2011): The Leisure of Serious Games. A Dialogue. In: Game Studies 11, Ausgabe 2 (Mai). URL: http://gamestudies.org/1102/articles/geoffrey_rockwell_kevin_kee.

Röwert, Ronny / Lah, Wencke / Hachmeister, Cort-Denis (2015): Der CHE Numerus Clausus-Check 2015/16. In: CHE Arbeitspapier Nr. 184. URL: http://www.che.de/downloads/CHE_AP_184_Numerus_Clausus_Check_2015_16.pdf.

Roth, Gerhard (2011): Lernen braucht Persönlichkeit. Wie Lernen gelingt. Stuttgart: Klett-Cotta.

Savidge, Martin (2012): Teacher Deanna Jump makes one million dollars selling school lesson plans. In: ABC Action News, Artikel vom 28.09.2012. URL: http://www.abcactionnews.com/news/education/teacher-deanna-jump-makes-one-million-dollars-selling-school-lesson-plans.

Schaefer, Jürgen (2014): Digital macht schlau! In: Geo, Ausgabe 12, S. 28–46. URL: http://www.geo.de/GEO/heftreihen/geo_magazin/lernen-mit-neuen-medien-digital-macht-schlau-79266.html.

Scharnagl, Susanne et al. (2014): Sixth Graders Benefit from Educational Software when Learning about Fractions: A Controlled Classroom study. In: Numeracy 7, Ausgabe 1. URL: http://scholarcommons.usf.edu/numeracy/vol7/iss1/art4.

Schindler, Jörg / Wiedmann-Schmidt, Wolf (2015): Im roten Bereich. In: Der Spiegel, Ausgabe vom 28.02.2015, S. 50–54. URL: http://www.spiegel.de/spiegel/print/d-132040367.html.

Shapiro, Doug et al. (2014): Signature Report 7. Some College, No Degree: A National View of Students with Some College Enrollment, but No Completion. URL: http://nscresearchcenter.org/wp-content/uploads/NSC_Signature_Report_7.pdf.

Shierholz, Heidi / Davis, Alyssa / Kimball, Will (2014): The Class Of 2014. The Weak Economy Is Idling Too Many Young Graduates. In: EPI Briefing Paper No. 377. URL: http://s2.epi.org/files/2014/Classof2014FINAL.pdf.

Singlebörsen-Vergleich (Hrsg.) (2014): Der Online-Dating-Markt 2013–2014. URL: http://www.singleboersen-vergleich.de/presse/online-dating-markt-2013-2014.pdf.

Smale, Alison (2013): Davos Forum Considers Learning's Next Wave. In: The New York Times, Ausgabe vom 28.01.2013, S. B2. URL: http://nyti.ms/111uLb4.

Solove, Daniel (2014): Why Did inBloom Die? A Hard Lesson About Education Privacy. In: LinkedIn Pulse, Beitrag vom 24.04.2014. URL: https://www.linkedin.com/pulse/20140429042326-2259773-why-did-inbloom-die-a-hard-lesson-about-education-privacy.

Spiewak, Martin (2011): »Keine Angst vor Vielfalt«, Interview mit Andreas Helmke. In: Die Zeit, Ausgabe vom 15.12.2011, S. 52. URL: http://www.zeit.de/2011/51/Interview-Helmke.

Statistisches Bundesamt (Hrsg.) (2013): Hochschulen auf einen Blick. URL: https://www.destatis.de/DE/Publikationen/Thematisch/BildungForschungKultur/Hochschulen/BroschuereHochschulenBlick0110010137004.pdf.

Statistisches Bundesamt (Hrsg.) (2014): Bildungsfinanzbericht 2014. URL: https://www.destatis.de/DE/Publikationen/Thematisch/BildungForschungKultur/BildungKulturFinanzen/Bildungsfinanzbericht1023206147004.pdf.

Statistisches Bundesamt (Hrsg.) (2015a): Bildung und Kultur. Schnellmeldung Integrierte Ausbildungsberichterstattung 2014.

Statistisches Bundesamt (Hrsg.) (2015b): Bildungsausgaben. Ausgaben je Schülerin und Schüler 2012. URL: https://www.destatis.de/DE/Publikationen/Thematisch/BildungForschungKultur/BildungKulturFinanzen/AusgabenSchueler5217109127004.pdf.

Statistisches Bundesamt (Hrsg.) (2015c): Studierende. URL: https://www.destatis.de/DE/ZahlenFakten/GesellschaftStaat/

BildungForschungKultur/Hochschulen/Tabellen/StudierendeInsgesamtBundeslaender.html.

Statistisches Bundesamt (Hrsg.) (verschiedene Jahrgänge): Fachserie 11 Bildung und Kultur, Reihen 1, 4.1, 4.2 und 4.3.1.

Staufenbiel Institut (Hrsg.) (2015): JobTrends Deutschland 2015. URL: https://www.staufenbiel.de/fileadmin/fm-dam/PDF/Publikationen_SS15/JobTrends_2015_Freigabe.pdf.

Steffen, Tilman (2009): Gegen Leistungsdruck und Studiengebühren. In: Zeit Online, Artikel vom 18.11.2009. URL: http://www.zeit.de/studium/hochschule/2009-11/bildungsstreik-demo.

Stifterverband für die Deutsche Wissenschaft / McKinsey&Company (Hrsg.) (2015): Hochschul-Bildungs-Report 2020. Quartäre Bildung – Fokus 2014. Trend zur digitalen Bildung. URL: http://hochschulbildungsreport2020.de/handlungsfeld/quartaere-bildung/fokus/2014.html.

Stoldt, Till (2012): Studieren – als einer von Hunderttausenden. In: Die Welt Online, Artikel vom 08.10.2012. URL: http://www.welt.de/regionales/duesseldorf/article109689157/Studieren-als-einer-von-Hunderttausenden.html.

Straumsheim, Carl (2013): Pearson, Knewton Expand Adaptive Learning Partnership. In: Inside Higher Ed, Artikel vom 29.08.2013. URL: https://www.insidehighered.com/quicktakes/2013/08/29/pearson-knewton-expand-adaptive-learning-partnership.

Straumsheim, Carl (2014): Elsevier and Knewton Announce Partnership. In: Inside Higher Ed, Artikel vom 13.06.2014. URL: https://www.insidehighered.com/quicktakes/2014/06/13/elsevier-and-knewton-announce-partnership.

Strauss, Valerie (2015): Congratulations to me. I have been offered a position as a professional scorer by Pearson. In: The Washington Post Blogs, Beitrag vom 14.04.2015. URL: http://wapo.st/1IZbEQc.

strictlyvc.com (2015, o.A): Strictly VC: March 19, 2015. New Fundings, Beitrag vom 19.03.2015. URL: http://www.strictlyvc.com/2015/03/19/strictlyvc-march-19-2015.

Study in USA (2014, o.A.): What is the world's toughest business school to get into? It is not Harvard, Beitrag vom 18.06.2014. URL: http://studyn.us/2014/06/18/worlds-toughest-business-school-get-harvard.

Suen, Hoi K. (2014): Peer Assessment for Massive Open Online Courses (MOOCs). In: The International Review of Research in Open and Distributed Learning 15, Ausgabe 3, S. 312–327. URL: http://www.irrodl.org/index.php/irrodl/article/view/1680/2904.

Tanner, Nicole (2012): The Psychology of The Sims. URL: http://thesimsofficialmag.com/issue1/07_psychology.html.

Teichler, Ulrich (2008): Der Berufseinstieg von Hochschulabsolventen im europäischen Vergleich, Konferenzbeitrag Ausbildungsqualität und Berufserfolg bayerischer Hochschulabsolventen. URL: http://www.bap.ihf.bayern.de/fileadmin/user_upload/BAP_Dateien/Tagungen/Ergebnisse-BAP/Vortrag_Teichler.pdf.

Ternieden, Hendrik (2012): Harry in Vegas: Comeback des Party-Prinzen. In: Spiegel Online, Artikel vom 22.08.2012. URL: http://spon.de/adJEy.

The Economist (2014, o.A.): The digital degree. The staid higher-education business is about to experience a welcome earthquake. In: The Economist, U.S. Edition, Ausgabe vom 28.06.2014, S. 21.

thegoodmooc.com (2013, o.A.): A review of the Stanford AI Class, Beitrag vom 17.05.2013. URL: http://www.thegoodmooc.com/2013/05/a-review-of-stanford-ai-class.html.

The Institute of College Access & Success (Hrsg.) (2014): Quick Facts about Student Debt. URL: http://ticas.org/sites/default/files/pub_files/Debt_Facts_and_Sources.pdf.

Tobin, Daniel R. (1998): Building Your Personal Learning Network. URL: http://www.tobincls.com/learningnetwork.htm.

Trapp, Ernst Christian (1780/1977): Versuch einer Pädagogik.

Unveränderter Nachdruck der Erstausgabe. Paderborn: Schöningh.

UN-DESA / OECD (Hrsg.) (2013): World Migration in Figures, Konferenzbeitrag United Nations High-Level Dialogue on Migration and Development. URL: http://www.oecd.org/els/mig/World-Migration-in-Figures.pdf.

Upbin, Bruce (2012): Knewton Is Building The World's Smartest Tutor. In: Forbes.com, Artikel vom 22.02.2012. URL: http://www.forbes.com/sites/bruceupbin/2012/02/22/knewton-is-building-the-worlds-smartest-tutor.

U.S. Department of Education (Hrsg.) (2013a): Digest of Education Statistics. Average graduate tuition and required fees in degree-granting postsecondary institutions, by control of institution and percentile: 1989–90 through 2012–13, Table 330.50. URL: http://nces.ed.gov/programs/digest/d13/tables/dt13_330.50.asp.

U.S. Department of Education (Hrsg.) (2013b): Digest of Education Statistics. Total and current expenditures per pupil in public elementary and secondary schools: Selected years, 1919–20 through 2010–11, Table 236.55. URL: http://nces.ed.gov/programs/digest/d13/tables/dt13_236.55.asp.

U.S. Department of Education (Hrsg.) (2013c): National Assessment of Educational Progress. Reading Age 17 Results; Mathematics Age 17 Results. URL: http://www.nationsreportcard.gov/ltt_2012/age17r.aspx; URL: http://www.nationsreportcard.gov/ltt_2012/age17m.aspx.

U.S. Department of Labor. Bureau of Labor Statistics (Hrsg.) (2014): Occupational Employment and Wages, Construction Laborers. URL: http://www.bls.gov/oes/current/oes472061.htm.

Vanderbilt, Tom (2013): The Science Behind the Netflix Algorithms That Decide What You'll Watch Next. In: Wired, Artikel vom 08.07.2013. URL: http://www.wired.com/2013/08/qq_netflix-algorithm.

Van Noorden, Richard (2014): Global scientific output doubles every nine years. In: Nature News Blog, Artikel vom 07.05.2014. URL: http://blogs.nature.com/news/2014/05/global-scientific-output-doubles-every-nine-years.html.

Vereinigung der Bayerischen Wirtschaft (Hrsg.) (2012): Arbeitslandschaft 2035. URL: http://www.prognos.com/uploads/tx_atwpubdb/121218_Prognos_Studie_vbw_Arbeitslandschaft_2035.pdf.

Vodafone Stiftung (Hrsg.) (2012): Lehre(r) in Zeiten der Bildungspanik: Eine Studie zum Prestige des Lehrerberufs und zur Situation an den Schulen in Deutschland. URL: https://www.vodafone-stiftung.de/uploads/tx_newsjson/allensbach_04_2012.pdf.

Vogelsang, Tim / Ruppertz, Lara (2015): On the validity of peer grading and a cloud teaching assistant system, Konferenzbeitrag Learning Analytics And Knowledge 2015. URL: http://dl.acm.org/citation.cfm?doid=2723576.2723633.

Weissman, Jordan (2014): The Decline of the American Book Lover. In: The Atlantic, Ausgabe vom 21.01.2014. URL: URL: http://www.theatlantic.com/business/archive/2014/01/the-decline-of-the-american-book-lover/283222.

Wellgraf, Stefan (2013): Gangnam Style. In: pop-zeitschrift.de, Ausgabe Juni. URL: URL: http://www.pop-zeitschrift.de/wp-content/uploads/2013/07/aufsatz-wellgraf-gangnam.pdf.

Wenner, Allie (2015): Paying for MOOCs. A University plan triggers faculty debate over royalties, control of online courses. In: Princeton Alumni Weekly, Artikel vom 01.04.2015. URL: http://paw.princeton.edu/issues/2015/04/01/pages/9448/index.xml.

Willis, Judy (2007): The Neuroscience of Joyful Education. In: Educational Leadership 64, Ausgabe 9. URL: https://www.psychologytoday.com/files/attachments/4141/the-neuroscience-joyful-education-judy-willis-md.pdf.

Wössmann, Ludger / Piopiunik, Marc (2009): Was unzureichende Bildung kostet. Eine Berechnung der Folgekosten durch entgangenes Wirtschaftswachstum. http://www.bertelsmann-stiftung.de/fileadmin/files/BSt/Publikationen/GrauePublikationen/GP_Was_unzureichende_Bildung_kostet.pdf.

Young, Jeffrey R. (2011): The Netflix Effect. When Software Suggests Students' Courses. In: The Chronicle of Higher Education, Artikel vom 10.04.2011. URL: http://chronicle.com/article/The-Netflix-Effect-When/127059.

Alle Webadressen: Stand Juli 2015.